딸에게 힘이 되는 아빠의 직장 생활 안내서

딸에게 힘이 되는
아빠의 직장 생활 안내서

김화동

김화동

민음인

때맞춘 잔소리로 옆길로 새지 않게 도와준

이 글의 첫 독자인 아내와

이 책을 쓰는 동기가 되어 준 세 딸에게

머리말

세상의 모든 아버지를 대신하여

둘째 딸 은지가 취직을 했다. 어려운 취업 전선이라 걱정이 많았는데 다행히 일자리를 얻었다. 학교 다닐 때도 가끔 아버지로서 충고를 해 주곤 했다. 가령, 정직이 최선이다, 언제나 겉과 속이 같은 단무지 같은 사람이 되어라, 등 뒤에서 남의 말 하지 마라, 성실하지 않은 사람은 어디서도 환영받지 못한다, 책을 읽을 때는 연필로 의미 있는 곳에 밑줄을 긋고 나중에 다시 읽어 보아라, 아무리 내 돈 주고 사 먹는 음식이지만 종업원들도 좀 생각해서 식탁을 너무 어지르지는 마라, 신발을 가지런히 정돈해라, 집에 들어오고 나갈 때는 반드시 부모에게 인사해라 등등. 얼마나 효과가 있었는지는 모르겠다. 아마 건성으로 들었으리라. 하지만 '밥상머리 교육'이란 말도 있듯이 가끔은 아버지의 얘기를 떠올리기도 했을 것이다.

그런 생각에서 딸의 연수가 끝나고 정식 발령이 날 무렵, 회사 생활에 잘 적응했으면 하는 마음에서 평소 생각해 오던 요령(염두에 둬야 할 사항)을 메모해 봤다. 스무 가지가 훌쩍 넘었지만, 한눈에 들어오게 하려고 열여덟 가지로 압축하여 A4 용지 한 장에 담았다. 출근길에 매일 보고 나가도록 옷장 앞면에 붙여 주었더니 반응이 나쁘지 않은 것 같았다. 내친김에 비슷한 처지에 있는 동년배들에게도 참고가 되었으면 해서 좀 더 체계적으로 다듬어 보기로 했다. 딸에게 주는 것과 같은 마음을 담아서.

그러던 차에 『인생이 왜 짧은가(세네카의 행복론)』라는 책 중 한 대목이 금방 눈에 들어왔다.

"인간은 어디서 은밀히 여가 시간을 보내든 간에 자신의 재능과 목소리와 조언으로 개인과 인류에 봉사할 수 있도록 은거해야 할 것이다. 관직 후보자를 소개하고, 피고인을 변호하고, 전쟁과 평화를 결정하는 투표를 하는 사람만이 국가에 봉사하는 것은 아니다. 젊은이를 격려하고, 좋은 스승이 이토록 모자란 상황에서 젊은이의 마음속에 미덕을 심어 주고, 돈과 사치를 향해 돌진하는 자를 붙들고 제지하고 다른 방법이 없으면 지연시키기라도 하는 사람은 그가 비록 사인(私人)이라 할지라도 공익을 위해 일하는 것이다."

나는 무릎을 치면서 내 처지에 견주어 봤다. 이 작업은 지난 32년간 공직 생활의 연장이다!

나는 1980년 행정고시 합격 후, 중앙 부처 공무원으로서 32년을 근무하고 지난 3월에 차관급을 끝으로 퇴직했다. 15년은 상사를 모신 하위직이었고, 10년의 중간 관리직(과장, 국장)을 거쳐, 마지막 몇 년은 윗사람보다는 아랫사람이 더 많은 고위직까지 경험했다. 여기 정리한 내용은 그 경험을 바탕으로 하고 있다. 물론 공무원 조직과 일반 회사는 성격이 많이 다르다. 일의 목적과 대상 고객이 다르고, 구성원들의 생각이 다르고, 조직 문화도 다르다. 보수 체계와 성과 보상 방법도 다르다. 하지만 위계질서 아래 임무를 수행하고 결과를 만들어 낸다는 점에서 기본 작동 원리는 유사하다고 생각한다.

다만, 한 가지 위험 부담은 있다. 내가 회사의 속살을 접한 경험이 없기 때문에 나의 조언이 회사의 현실과 괴리된 부분이 있을 수 있다는 점이다. 그럴 경우에도 엄밀한 잣대로 정·오답 식으로 따지기보다는 큰 방향성에서 공감할 수 있다면 더 바랄 것이 없겠다.

"세상에서 가장 쉬운 일은 남에게 충고하는 것"이란 말이 있다. 또 "요청하지 않는 충고는 하지 마라."는 충고도 있다. 그 대상이 누구이든 조언이나 충고를 하는 데에는 위험이 따른다. 하지만 경험 있는 사람이 그런 내용을 정리하여 공유할 수 있다면 나름 유용한 면도 있지 않을까? 젊은이들이 일에서 성과를 내고 보람을 찾을 수 있도록 경험을 다듬어 전해 주는 것은 앞선 자의 임무라 해도 틀리지 않는다. 더욱이 그것이 우리 젊은이들의 사회생활에 도움이 될 수 있다면.

여기 나열하는 것은 어떤 '능력'에 대한 것들은 아니다. 모두 직장 생활 혹은 삶의 '기본'과 '원칙' 그리고 '방향'에 대한 것들이다. 직장인의

'됨됨이'에 대한 강조라고 해도 되겠다. 시대에 뒤쳐진 고리타분한 얘기로 치부하는 이도 있겠지만, 기본은 그렇게 쉽게 바뀌지 않는다는 게 내 생각이다. '원판 불변의 법칙'이 적용되는 몇 안 되는 분야이고, 이런 것을 자식에게 가르쳐 주는 일이야말로 아버지가 할 일이다. 이 책에는 그런 마음을 담았다.

때로 자잘한 어려움을 겪겠지만 둘째 딸이 회사 생활에 순조롭게 적응해 나갔으면 좋겠다. 물론 입사 3년차를 맞이하는 큰딸도 한 번 읽기를 권한다. 아니, 여러 번 읽기를 권한다. 실은 32년 공직 생활을 한 나도 앞으로 다시 일자리를 찾았을 때 이런 기본 원칙을 잊지 않아야겠다고 새삼 다짐하고 있다. 내가 자식에게 조언하면서 그 말을 나 자신이 듣고 있는 꼴이다. 그래서 사람은 가르치면서 배운다고 했던 모양이다.

우리 집 두 딸을 포함한 수많은 젊은 직장인들에게 이 책이 현실적인 도움이 되기를 바란다. 그리하여 직장에서 하루의 절반 이상을 보내는 그들의 생활이 좀 더 행복해졌으면 한다. 이 책을 쓰는 일은 애정이 깃든 작업이었다.

2013년 9월 김화동

차례

머리말 세상의 모든 아버지를 대신하여 —— 6

은지에게 너를 위해 디딤돌을 놓았다 —— 12

1부 준비 미래를 위한 초석을 다져라

생각과 계획에 집중하라 —— 19
타인의 기대를 넘어서라 —— 34
상사도 칭찬에 목말라 한단다 —— 52
인사는 때로 불공평하다 —— 70
아빠와 차 한 잔, 첫 번째 —— 79

2부 실무 차돌 같이 단단한 기본기를 갖춰라

언제나 15분의 여유를! —— 85
메모해야 살아남는다 —— 97
스피치 능력은 향상시킬 수 있다 —— 107
보고는 타이밍이다 —— 125
아빠와 차 한 잔, 두 번째 —— 139

3부 처세 기꺼이 쐐기돌 역할을 맡아라

혼자 밥 먹지 마라 —— 145
말할 필요가 없을 때는 침묵하라 —— 159
친절과 겸손은 사람을 머물게 한다 —— 172
승진의 비결은 있다 —— 187
팀워크가 최우선이다 —— 202
아빠와 차 한 잔, 세 번째 —— 215

4부 자기계발&삶의 자세 무뎌지면 숫돌로 날을 세워라

웃음으로 하루를 열고 미소로 하루를 닫아라 —— 221
독서는 자신에 대한 R&D투자다 —— 230
변화를 바란다면 네모 사과를 떠올려라 —— 244
자신의 생각을 글로 써 보라 —— 255
당장 하고 싶은 일을 하라 —— 266

다시 은지에게 그리고 지금은 사랑할 때다 —— 278

감사의 말 —— 281
추천의 말 —— 284
참고 문헌&주석 —— 287

은지에게

너를 위해 디딤돌을 놓았다

취업 축하한다. 여기까지 오느라고 수고 많았다. 4년간 학점을 관리하고, 지긋지긋한 스펙 쌓느라 들인 시간과 노력이 어쨌든 아깝진 않았구나. 토익 시험을 치렀고, 도무지 머리에 그려지지 않는 한자 공부에도 애를 먹었다. 인턴 생활도 도움이 될 수 있다 해서 회사 몇 곳을 거쳤다. 취업 적성 시험 보느라 새로 수험서를 사서 보기도 했다. 동아리 모임에도 참가했고, 입사 지원서도 여러 차례 제출했다. 쓸 말이 많지 않았던 탓에 자기소개서를 작성하기가 수월하지만은 않았고, 어떤 때는 최종 면접까지 가서 기대에 부풀기도 했지만, 출근하라는 연락은 끝내 오지 않았다.

이번 입사는 그래서 더 고맙다. 신입 사원 연수를 떠나기 위해 입고 나선 까만 투피스에 흰 블라우스의 회사원 정장이 잘 어울려 보였다. 한편으론 그 정장 속에 교차하는 기대와 불안을 읽을 수 있었다. 이렇게 해서 '직장인'이 되고, '회사원'이 되어 가는 모양이다. 너는 이제 회사라는 운동장에 들어서는 자격을 얻었다. 집이나 학교와는 모든 게 다른 환경에 놓일 것이다. 앞으로 회사 생활에 어떻게 적응할 것인가, 거기서 자신이 얼마나 성장할 것인가는 너에게 닥친 새로운 도전 과제이다.

혹여 도움이 될까 해서 열여덟 가지 조언을 준비해 봤다. 특이한 것은 없다. 누구나 생각할 수 있는 평범한 내용이다. 왜 하필 열여덟 가지냐고 물으면 솔직히 대답이 궁하다. 아버지로서, 사회생활의 선배로서 이것만은 뺄 수 없다고 생각한 것을 메모하고 비슷한 것끼리 묶어 봤더니 최종 열여덟 가지로 압축되었다. 너무 많으면 무게가 없고 너무 적으면 단조로울 것 같은데, 이 정도면 그런 위험을 피할 수 있을 것처럼 느껴졌다. 이 밖에도 소홀히 할 수 없는 항목들이 수도 없이 많지만, 이쯤에서 멈추도록 하겠다. 실은 이 아버지도 이 모든 항목들을 늘 실천해 오지는 못했다.

이제 너는 집과 학교라는 따뜻하고 친숙한 '안전지대'에서 벗어나 현실적 삶이 치열하게 부딪치는 직장이라는 '전투 지역'으로 이동해야 한다. 긴장하지 않으면 위험에 빠질 수 있다. 아버지의 조언이 포탄이 난무하는 전장에서의 필수품인 비상식량과 실탄 역할을 하길 바란다. 특히 나의 개인적인 이야기는 그렇다 쳐도, 내가 이 책에서 인용하는 일화와 사례 그리고 명언과 명구 중 어느 하나라도 네가 이 험한 세상을 살아가는 데 보탬이 된다면 글 쓴 보람이 있겠다.

명색이 '조언'이다 보니 '해라'라는 명령어가 들어가는 곳이 너무 많구나. 미안하다. 그렇지 않아도 신경 써야 할 것이 널려 있고, 아직 회사 생활에 적응도 덜 된 너에게 무거운 짐을 하나 더 얹어 주는 꼴이 되어서. 하지만 이 조언은 너를 위해 아버지가 눈 비벼 가면서 새벽같이 일어나 말은 열여덟 줄의 김밥이라 생각해다오. 한 줄 한 줄 말면서 속만 채운 것이 아니라 정성도 함께 담았다는 점을 이해해 줬으면 좋겠다. 속이 각기 다르므로 혹 옆구리가 터진 것이 있더라도 함부로 버리지 말고 찬찬히 먹기 바란다. 골고루 먹되, 양이 많으면 동료들에게도 나눠 주어라. 순서를 고집할 필요 없이 우선 구미에 당기거나, 코앞에 닥친 문제에 도움이 될 만한 것부터 집어도 좋다.

각 조언의 배치와 분류에 대해 조금 설명하고 넘어가는 게 좋겠다. 처음엔 내 경험상 그저 중요하다고 생각하는 것들을 일정한 순서 없이 나열했었다. 하지만 연관성이 높은 것끼리 묶으면 좀 더 이해하기 쉬울 것 같아 크게 네 부분으로 분류해 봤다. 직장 생활의 사이클을 고려한 구분이었다. 처음 직장에 발을 들여놓았을 때의 준비 자세, 본격적으로 업무를 추진할 때의 기본기 다지기, 다른 구성원들과의 관계가 회사 생활의 성패를 좌우하는 관건임을 고려한 조직 안 자신의 위치 설정, 그리고 끊임없는 자기계발과 변화를 강조하는 순서로 재편되었다.

그런 가운데 각 파트의 중심 메시지는 돌에서 비유를 찾았다. 어떤 고리로 연결할까 하는 고민을 안고 대모산에 올랐을 때 바위와 발바

닥에 부딪히는 차돌멩이와 낮은 돌담, 등산객이 쌓아 올린 돌탑을 보면서 스친 생각 때문이다. 처음 시작할 때는 멀리 보고 기초를 튼튼히 해야 한다는 의미에서 '초석(주춧돌)'을 연상했다. 일을 처리할 때에는 단단해야 한다는 뜻에서 '차돌'이 적격으로 떠올랐다. 걸림돌이 되지 말고 드러나지 않게 기여하라는 의미에서 조직 안 자신의 위치를 '쐐기돌'에 비유했다. 직장인의 무덤인 매너리즘에 빠지지 않고 부단히 자신을 연마하여 날카로움을 회복해야 한다는 의미에서는 '숫돌'이 제격이었다.

돌은 어딜 가나 흔하게 볼 수 있다. 이 글의 내용도 그렇다. 오랜 세월 풍파에 시달려도 자신의 정체성을 잘 유지하는 돌처럼, 여기 열여덟 가지 조언도 성공하는 회사 생활을 위한 변함없는 원칙들이다. 돌은 쓰임새도 다양하다. 건물을 짓고, 탑이나 담장을 쌓고, 길 위의 이정표가 되고, 정원을 장식하고, 변치 않을 언약의 증거가 되고, 때로는 예술품의 소재가 된다. 이 글의 열여덟 가지 주제도 이처럼 다양하게 응용할 수 있다.

비록 판타지 속 '마법의 돌'은 아니지만, 여기 옮겨 놓은 네 개의 돌—초석, 차돌, 쐐기돌, 숫돌—은 직장 생활의 고비 고비에서 네가 한 단계 딛고 일어설 디딤돌은 될 것이다.

이제, 의심하지 말고 힘차게 내딛어라.

1부 준비

미래를 위한
초석을 다져라

프로야구 선수들은 4월 개막에 대비하여 겨울철에 일찌감치 몸을 만들기 시작한다. 처음에는 배팅이나 피칭보다는 달리기, 윗몸일으키기 등으로 기본 체력을 축적한다. 에너지를 저축하는 것이나 다름없다. 그때 적립한 계좌에서 시즌 내내 에너지를 인출하여 경기를 치른다고 해도 과언이 아니다. 오프 시즌에 몸만들기를 소홀히 하면 정작 본 시즌에 돌입해서는 좋은 성적을 내기 어렵다. 다른 스포츠 종목도 대동소이하다.

직장 생활도 마찬가지이다. 다만, 한 시즌이 아니라 30년 이상을 내다보고 체력을 다져야 한다. 직장인들의 '몸 만들기'는 일에 대한 태도나 조직의 작동 원리에 대한 기본적 이해라 할 수 있다. 비록 한 시즌이 부진했다 해도 다음 시즌에 제대로 몸을 만들면 만회할 기회가 생기듯이 직장에서도 늘 새롭게 시작할 수 있다. 다행인 것은 직장인들에게는 프로 선수보다 평균적으로 더 긴 시즌이 그 앞에 놓여 있다는 점이다.

생각과 계획에
집중하라

일을 시작하기 전에 그날 할 일을 생각하라. 그날 할 일의 목록을 작성하고 우선순위를 매긴 뒤, 그에 따라 하나하나 일을 처리하면 능률을 극대화할 수 있다. 일 잘하는 사람들의 업무 처리 방식이다.

토머스 제퍼슨은 아침에 무엇을 했을까

"사람 밑에 사람 없고 사람 위에 사람 없다." 미국 독립 선언문의 기초자이자 버지니아 대학교의 설립자였던 토머스 제퍼슨이 남긴 불후의 명언이다. 또 그는 제3대 대통령으로 현재까지도 미국의 역대 대통령 중에서 가장 훌륭한 사람 중 하나로 인정받고 있다.

제퍼슨은 박학다식한 사람으로 대통령직 외에도 여러 분야에서 탁월한 재능을 발휘했다. 그는 원예가였고 법률가였으며 그 외에도 건축가, 과학자, 고고학자, 고생물학자, 작가, 발명가, 농장주, 외교관, 음악가였다. 1962년 존 F. 케네디 대통령이 백악관 만찬에서 마흔아홉 명의 노벨상 수상자들을 환영할 때, "나는 토머스 제퍼슨 대통령이 이곳에서 혼자 식사한 경우를 제외한다면, 역대 백악관에서 열린 만찬 참석자 중 여러분들이 최고의 재능과 지식의 총집합체라고 생각합니다."라고 평가할 정도였다.

그가 이렇게 다양한 분야에서 뛰어난 업적을 남길 수 있었던 이유 중 하나는 "오늘 할 수 있는 일을 내일로 미루지 마라."는 자신의 말을 실천했기 때문일 것이다. 실제로 그는 매일 동트기 전에 일어나 그날 할 일에 대한 목록을 작성하고 그것을 실천했다.

💬 5분 전에 출근하며 맘 졸이지 마라

200년 전 토머스 제퍼슨처럼 새벽에 일어나 '아침형 인간'이 되라는 건 아니다. 하지만 그가 이른 아침에 할 일 목록을 작성했던 데 비해 오늘날 우리는 어떠한지 한번 돌아볼 필요는 있다.

회사나 기관 성격에 따라 아침 출근 시간은 다르다. 8시일 수도 있고 9시인 곳도 많다. 물론 겉으로 드러난 시간과 실제 출근 시간이 다를 수도 있다. 또 회사 방침과 상관없이 교통 사정이나 아침 운동 등을 이유로 아주 일찍 출근하는 사람들도 있다. 여기선 일일이 그런 구체적인 걸 따질 생각은 없다.

어쨌거나 늘 출근 시간 5분 전후에 사무실에 도착하는 사람들이 많은 건 사실이다. 가끔은 혼잡한 엘리베이터 앞에서 5분 이상 소비하며 마음을 졸일 때도 있다. 윗사람과 마주치면 비척비척 옆걸음질을 치곤 한다. 이렇게 허겁지겁 사무실에 도착하면 그날 하루 전체가 허둥대면서 지나갈 공산이 크다.

그 시간이면 이미 윗사람들은 일을 시작하고 있다. 윗사람들은 대개 습관적으로 일찍 출근한다. 그들은 소위 '얼리버드(Early Bird)'이다. 나는 그렇게 이르다고 할 순 없지만, '8시 20분에는 반드시 도착한다.'는 나름의 원칙을 오랫동안 지켜 왔다. 9시까지는 제법 시간의 여유가 있다. 윗사람들은 사무실에 도착하면 곧바로 그날 일정을 점검하고, 자신보다 더 윗사람에게 보고할 사항이 있는지 챙긴다. 또 외부에 연락할 사항을 확인하거나 관련 언론 보도를 빠르게 읽어 보고, 각종 회의에 참석하기도 한다. 나도 직위가 올라가면서 점차 그렇게 되었다.

그런 가운데 아랫사람에게 어제 퇴근 무렵 지시한 작업의 진행 상황을 물어보거나, 이런저런 자료를 가져오라고 하거나, 아니면 신문 기사나 통계 수치를 확인해 달라고 주문하기도 한다. 이렇게 되면 아랫사람은 자기 일을 관리하지 못하고 윗사람들에게 끌려다닐 가능성이 커진다. 이런 위험을 피할 길은 없을까?

💬오늘의 할 일 목록 작성

반드시 출근 시간 15분 전에는 사무실에 도착하는 습관을 생활화해라. '나는 훨씬 더 일찍 출근한다.'고 반론을 펴고 싶더라도 잠시 접어 두고, 업무 시작 시간보다 여유 있게 사무실에 도착해야 한다는 취지로 이해해 주면 좋겠다.

도착하면 컴퓨터를 켜기 전에 먼저 그날 할 일을 생각해라. 한 가지 목록일 수도 있고 일고여덟 개 이상의 목록이 나열될 수도 있다. 리스트에 적을 마땅한 과제가 떠오르지 않는다면, '할 일을 찾는 일'을 그날의 중요 과업으로 삼아라. 커피는 그런 후에 음미해도 늦지 않다. 어젯밤 회식의 뒷담화는 점심시간으로 미뤄도 된다. '해야 할 일 목록'을 작성할 때에는 경영 컨설턴트이자 '현대 미국 피아르(PR)의 아버지'라고 불리는 아이비 리가 오래전 제시한 다음의 원칙을 따르면 된다.

- 매일 처리해야 할 업무의 리스트를 만든다(약 10개 정도).
- 우선순위를 정해 각 업무에 1부터 10까지 순서를 매긴다.
- 1부터 시작해서 차례로 업무를 처리한다.
- 업무를 끝내지 못한다고 해서 초조해하지 않는다. 우선순위에 따라 일을 처리하고 남은 일은 다음 날 처리한다.

이 원칙은 아이비 리가 20세기 초 베들레헴 철강 회사를 설립했던 찰스 슈왑에게 제시한 것이다. 대단한 활동가였던 리는 이렇게 말했다.

"슈왑 씨, 당신에게 간단한 시간 관리 기법을 알려 주겠습니다. 그 방법을 3개월간 사용해 보고 가치가 있다고 생각되면 내게 당신이 적당하다고 생각하는 금액만큼 수표로 보내 주십시오. 만일 전혀 가치가 없으면 아무것도 보내지 않아도 됩니다."

3개월 후, 슈왑은 리에게 2만 5000달러짜리 수표를 보냈다. 1달러가 온전하게 1달러의 가치가 있을 때 이야기이니 오늘날 기준으로 보면 상당히 큰 금액이다. 스테파니 윈스턴의 『성공하는 CEO들의 일하는 방법』에 실려 있는 일화이다.

이 방식은 누구나 활용할 수 있을 만큼 간단하다는 것이 장점이다. 시간이 많이 걸리지도 않는다. 나도 이 방식을 수년 전부터 적용해 보고 있는데, 간편하지만 의외로 효력이 크다고 느끼고 있다. 초임 시절부터 적용했으면 업무 성과를 더 많이 거두었을지도 모른다. 누군가 내게 그런 조언을 해 주었다면, 그런 멘토가 있었다면 하는 아쉬움이 남는다.

💬 15 : 4 법칙

아이비 리가 제시한 원칙은 실제로 많이 활용된다. 미국에서 가장 성공한 화장품 회사로 손꼽히는 메리케이 코스메틱의 창립자 메리 케이 애시도 목록 만드는 습관을 실천하고 있다. 그녀는 후속 조치가 필요한 모든 일을 기록하여 그 일을 반드시 처리해야 할 임무로 만들었다. 그녀는 목록 만들기의 또 다른 장점으로 지금껏 대충 건너뛰었던 일을 실천하도록 스스로 채찍질한다는 사실을 꼽는다. 이 테크닉은 무척 효과적이어서 그녀는 다른 사람에게도 이를 권장한다.

구글의 서치 프로덕트(Search Product) 담당 마리사 메이어 부사장은 현재 진행 중인 업무를 파악하기 위해 '오늘의 할 일' 목록을 작성하면서, 그 목록에 자신과 함께 작업하거나 소통하는 사람의 이름뿐만 아니라 그 사람이 무엇을 하고 있는지, 자신이 그들로부터 어떤 결과를 기대할 수 있는지까지도 적어 넣는다고 한다. 응용해 볼 만한 방법이란 느낌이 든다.

나아가 리스트 중에서 구체적으로 우선순위를 매기는 방법으로는 동기부여 전문가 브라이언 트레이시가 권장하는 'ABCDE 체계'를 참조할 만하다. 여기서 A는 매우 중요한 업무, B는 해야 할 일이지만 A만큼은 중요하지 않은 일, C는 하면 좋지만 특별한 결과가 나타나지 않는 일이다. D는 다른 사람에게 맡길 수 있는 업무이고, E는 할 필요가 없는 일이다.

이처럼 모든 준비가 끝났으면 그 우선순위에 따라 차근차근 처리해 나가도록 해라. 경영컨설턴트 제임스 보트킨은 일을 시작하기 전에 15분을 투자하여 우선순위 목록을 만들고 그에 따라 하나하나 일을 처리할 경우, 나중에 4시간을 절약할 수 있다고 주장한다. 그는 이를

'15:4 법칙'이라 이름 붙였다. 미리 하루의 일을 생각해서, 우선순위를 정하고 업무를 조직화한 사람은 생각 없이 하루를 보내는 사람들보다 성공할 가능성이 훨씬 더 높다. 그러므로 시간을 절약하고 효율을 높이기 위해서는 '15:4 법칙'을 따르라고 보트킨은 충고한다.

💬 우선순위 정하기

사실 우리의 시간은 언제나 부족하다. 해야 할 모든 일을 할 만큼 충분히 주어지지 않는다. 한정된 시간 내에 많은 일을 해야 한다면 가장 중요한 일부터 해야 한다. 경영학의 구루 피터 드러커도 이 점을 지적한다.

"목표를 달성하는 방법에 대해 '비결'이라고 할 만한 것 하나를 소개하면, 그것은 '집중'하는 것이다. 목표를 달성하는 사람들은 중요한 것부터 먼저하고, 그리고 한 번에 한 가지 일만 수행한다."

직원들이 주당 90시간 일한다고 불평하자 제너럴일렉트릭(GE)의 잭 웰치는 그들이 하고 있는 일들을 스무 가지의 리스트로 작성한 다음 뚫어지게 살펴보라고 했다. 웰치는 "스무 가지 중 열 개는 말도 안 되는 것들"이거나 아니면 직접 할 필요가 없는 일이라고 말하곤 했다.

이 말은 모든 일을 하기에는 시간이 넉넉하지 않지만 가장 중요한 일을 할 시간은 충분히 낼 수 있다는 점을 강조한 말로 이해할 수 있다. 결국 중요한 일과 그렇지 않은 일을 구분하는 일이 우선 과제이다.

이런 예는 정부의 일에서도 찾을 수 있다. '시간'을 '재원'으로 바꿔 보면 금방 이해된다. 정부가 매년 300조 원이 넘는 예산을 편성할 때의 기본 원칙 중 하나가 '우선순위' 설정이다. 재원의 한계를 고려해 우선 필요한 곳부터 예산을 투입하여 효과를 높이려는 것이다. 따라서 각 부처에서 내어놓는 수많은 사업 중에서 우선순위를 정해 자원을 배분한다.

'복지를 중시할 것인가, 성장을 우선할 것인가?'와 같은 논의도 크게 보면 우선순위에 대한 문제이다. 우선순위에서 벗어난 사업은 민간 영역에 맡기거나 아예 검토 대상에서 제외해 버린다. 다른 말로 하면 '선택과 집중'이다. 민간 회사나 공공 기관도 마찬가지이고, 일반 가정이나 개인 생활에서도 같은 원리가 작동한다. '주말에 가족끼리 외식할 것인가, 낡은 선풍기를 교체할 것인가?' '영화를 한 편 볼까, 아니면 책을 한 권 살까?' 등등. 둘 다 할 수 없다면 어느 쪽인가에 우선순위를 둘 수밖에 없다.

💬 80 : 20
파레토 법칙

소위 '80 : 20 법칙', 즉 파레토(Pareto) 법칙은 '전체 결과의 80퍼센트가 전체 원인의 20퍼센트에서 일어나는 현상'을 가리킨다. 이탈리아의 경제학자 빌프레도 파레토가 주장한 이 법칙은 다양한 분야와 영역에 적용된다. 많은 경험적 증거들이 이를 뒷받침하고 있다. 예를 들어, 20퍼센트의 고객이 백화점 전체 매출의 80퍼센트에 해당하는 만큼 쇼핑하는 현상을 설명할 때 이 용어를 쓴다. 또 어떤 교사는 20퍼센트의 학생들을 지도하는 데 그의 시간 80퍼센트가 들어간다. 이 법칙을 잘 적용하면 우리는 더 적은 노력으로 더 나은 결과물을 얻을 수 있다.

단순화의 위험을 무릅쓰고 말하자면, 우리가 수행하는 업무 중 상위 20퍼센트의 중요한 업무에 전력을 다하라는 의미다. 모든 게 똑같이 중요하고 생산적이라 착각하고 있기 때문에 한 가지 일을 하고 그 다음에 또 한 가지 일을 이어서 하여 우리는 영원히 시간이 모자라게 된다는 얘기이다.

1970년대 유명한 무술인이자 영화배우로서 「정무문」, 「용쟁호투」에 출연하여 한 시대를 풍미한 이소룡(부루스 리)은 다음과 같이 말했다.

"평범한 보통 사람이라도 한 점을 조준해 자신의 전부를 쏟아 붓는 레이저 광선 같은 집중력만 있다면 훌륭한 전사가 될 수 있다."

이는 돋보기로 초점을 맞춰 햇빛을 모으면 신문지에 불을 붙일 수 있는 것과 비슷한 이치이다. 요즘은 거의 볼 수 없지만 내가 어릴 땐 겨울철 양지쪽 담벼락에 붙어서 많이 했던 놀이다.

💬 중간 점검하기

오후 3시쯤에는 아침에 작성한 목록을 다시 한 번 들여다보도록 해라. 통상 오후 3시는 그날 업무 시간의 실질적인 반이 지난 시점이자 능률이 최고조에 오르는 시간이기도 하다. 예정대로 일이 진행되고 있는지, 갑자기 위에서 떨어진 급한 과제가 목록 속에 추가로 포함되어 있는지, 퇴근 시간까지 어느 정도 처리 가능한지 등 중간 점검을 해 볼 필요가 있다. 기껏 '하루' 가지고 그렇게 요란을 떨어야 하느냐고 가볍게 생각하지 마라. 하루하루가 쌓여서 인생이 된다.

만약 지시받은 과제의 진도가 전혀 나가지 못하고 있다면 원인이 무엇인지 파악하고, 필요하다면 동료나 윗사람에게 사실을 털어놓고 상의하도록 해라. 우물쭈물하다가 난처한 입장에 처할 수 있고, 다른 사람들과 관련된 업무라면 그들의 입장을 곤란하게 하거나 피해를 줄 우려도 있으니 그들이 미리 대비할 시간적 여유를 확보하는 게 안전하다.

머리가 지끈거리고 집중이 되지 않으면 10분 정도 산책을 하거나, 뜨거운 커피를 한 잔 마셔 봐라. 아니면 커피를 한 잔 뽑아 들고 옆 사무실의 '만만한' 동료를 찾아가 잠시 잡담을 나누어 보든지. 상대방의 일에 방해가 되지 않는 범위 안에서 내가 가끔 쓰는 방식이다. 답답했던 가슴이 뻥 뚫릴지도 모른다.

💬 생각할 시간을 확보하라

목록을 작성하고 우선순위를 매긴다는 것은 일에 대해 체계적으로 생각해 본다는 의미이다. 또 중요한 일과 그렇지 않은 일을 구분하는 능력을 키운다는 의미도 있다. 물론 그에 따른 성과의 격차는 크게 벌어지게 마련이다.

일본 소프트뱅크의 손정의 회장은 하루에 10분 이상은 반드시 '생각하는 데'에 쓴다고 한다. 하루 10분의 투자가 그를 글로벌 CEO 반열에 등극시켰다는 평가도 있다. 또 리츠 칼튼 호텔의 사장을 지낸 호스트 슐츠는 '타임아웃(Time-out)' 습관을 갖고 있다. 그는 어디에 있든, 매일 아침 30분씩 훌륭한 고객 서비스를 제공하는 방법을 생각한다. 그 결과 리츠 칼튼 호텔은 최고의 서비스를 제공하는 세계적인 호텔로 인정받았다.

우리 같은 평범한 사람들이 흉내 낼 수 있는 차원은 아니지만, 생각하는 일이 얼마나 중요한지 어느 정도 이해가 갈 것이다. 우리가 이들을 통해서 배워야 할 것은 조용히 생각하는 시간은 필수적이며, 하루 중 그러한 시간이 나지 않는다면, 어떻게든 자신의 일정표에 그 시간을 꼭 포함시켜야 한다는 것이다. 돈으로도 살 수 없는 것이 바로 '생각하는 능력'이란 말도 있음을 기억해라.

하지만 이들은 모두 세계적인 CEO들인데, 그들의 방식을 평범한 말단 사원인 네가 따라갈 수 있겠냐고? 물론 뱁새가 황새를 따라갈 순 없다. 일정한 제약은 있을 것이다. 하지만 그들이 성공한 방식이기 때문에 가급적이면 모방하려는 것이고, 일하는 방식에서는 CEO든 중간관리직이든 말단 직원이든 따로 구분할 필요가 없다. 실제 적용 가능한지가 중요할 뿐이지.

내가 직장 생활을 하면서 가장 고심한 것도 이 부분이다. 통상적인 수준의 일은 어느 부서에나 늘 있다. 하지만 거기에 '무엇을 덧붙일 것인가?' '어떻게 부가가치를 창출할 것인가?'는 늘 숙제였다. 과장이었을 때, 국장이 되었을 때 그리고 그 위의 직급으로 승진했을 때도 '이 자리에서 과연 무엇을 할 것인가?' '그 일을 어떻게 할 것인가?'에 대한 고민이 늘 빚쟁이처럼 따라다녔다.

예를 들면, 2009년도 기획재정부 재정정책국장 시절에는 '예산실의 2중대 아니냐.'라는 부서 안의 일부 인식을 불식하기 위해 어떻게 차별화해서 독자성을 확보할 것인지 고민하느라 머리가 아팠다. 담당 과장과 사무관을 채근하고 함께 고민도 했지만 결국 시원한 해결책을 찾지는 못했다.

그전 기획예산처 과장 시절엔 신규 업무 발굴을 위한 부서 자체 세미나에 대비하여 시의에 맞는 이슈를 찾으려 궁리하기도 했다. 당시 기획예산처는 업무 성격상 1~3월이 오프 시즌이기 때문에 중점 추진 과제를 선정하고 신규 업무를 개발하기 위해 장차관이 참석하는 내부 세미나를 개최하곤 했다. 발표는 각 과장이 나섰다. 5월부터 시작되는 본격 예산 편성철에 대비한 나름의 '몸 만들기'였던 셈이지. 신경을 쓰지 않을 수 없었다. 오로지 거기에 집중하여 생각하다 보면 가끔 쓸 만한 아이디어가 떠오르곤 했다. 좋은 아이디어란 불현듯 떠오르기도 하지만, 관련 문제를 많이 생각하면 할수록 나올 가능성은 그만큼 더 커지는 법이다.

💬 잠들기 전 다음 날 준비

일 잘하기로 소문난 내 오랜 직장 동료이자 친구인 류 차관에게 물은 적이 있다. 대체 그 비결이 뭐냐고. 그의 대답은 이랬다. "나는 아무리 늦어도 잠자리에 들기 전에 반드시 그날 한 일을 체크해 본다." 지금 그는 국회에 진출해 활동하고 있다.

자동차 판매왕으로 명성을 떨친 조 지라드도 그의 자서전에서 매일 밤 하루 일을 되새기며 자신이 했던 말과 행동을 남김없이 회상해 본다고 했다. 그리고 "다시 오겠다."(실제로는 다시 오는 법이 없다.)는 말을 남기고 떠난 사람들에게 자신이 더 잘 행동했어야 했던 점은 없는지 확인하고, 그렇다는 확신이 든 다음에야 잠이 들었다고 한다.

내 친구나 조 지라드처럼 하루 일을 마치고 잠자리에 들 때 그날 한 일을 되돌아보는 것은 매우 중요한 과정이다. 잠들기 전 15분간 그날 일과의 대차대조표를 작성해 봐라. 아침에 계획한 일들을 제대로 처리했는지, 그러지 못했다면 원인이 무엇이었는지, 그 과정에 자신의 잘못은 없었는지를 생각해 봐라. 그건 바로 내일 아침의 '할 일 목록' 작성으로 이어지는 징검다리가 된다.

💬 하루의 승부는
오전 10시에 판가름 난다

하루를 시작하는 시간에 제때 도착하거나 일찍 도착하는 사람들에게는 한 가지 공통점이 있다. 시간을 엄수한 덕택에 일과를 준비하고 업무의 우선순위를 정할 귀한 시간이 생긴다는 점이다. 캐서린 크롤리는 『당신과 일하기 힘들어 죽겠어』에서 이렇게 정리한다.

'시작 시간'보다 단지 10분만 일찍 일터에 도착해도 숨 쉴 여유가 생긴다. 잠시 긴장을 풀고, 어떤 일에 신경을 써야 하는지 평가하고, 어디에 에너지를 쏟아야 할지 결정할 수가 있다. 그리고 팀에서 신뢰할 만한 사람이라는 평가를 얻게 된다. 상사와 동료들은 당신이 시간을 관리할 줄 알고 따라서 더 큰 책임도 맡을 수 있다는 인상을 받는다.

아침 일찍 일어나는 것은 누구에게나 고역이다. 하지만 네가 잠자리에서 일어나든 일어나지 않든 하루는 시작된다. 그리고 그 아침을 어떻게 사용하느냐에 따라 그날 하루가 달라진다. 일본에서 가장 존경받는 경영자의 한 사람으로 도시바 CEO를 지냈던 도고 도시오는 "하루의 승부는 아침 10시까지"라고 말하며, 오전에는 주로 혼자서 고도의 정신 활동을 요하는 일에 집중하였다.

머리가 맑은 아침 시간은 가장 중요한 '생각하고 계획하는 일'에 투자해라. 생각하는 일을 게을리 하지 않는다면 '오늘 할 일 목록'이 비는 날은 없을 것이다. 그것이 네가 일자리를 오래도록 유지하는 유일하고 가장 확실한 방법이다.

타인의 기대를 넘어서라

만일 당신이 거리의 청소부라면 가로등 불빛이 비치지 않는 곳까지 깨끗이 청소하라. 만일 당신이 대통령이라면 국민들의 세금을 깎아 주는 방법을 찾기 위해 주말을 반납하라. 지시받은 것만을 수행하면 당신은 어디서도 앞자리에 서지 못한다. 그건 단지 훈련된 물개 같이 될 뿐이다. (허버트 뉴튼 카슨, 저널리스트)

당신은 타고난 장점을 선택할 수 없으며 자신의 유전적인 지적 수준을 조절할 수는 없다. 하지만 얼마나 열심히 일하는지는 조절할 수 있다. 그리고 더 열심히 일할수록 일을 더 잘할 수 있다. 이는 단순한 진리이다. (마이클 블룸버그, 기업인·뉴욕 시장)

💬 왜 고용되었는가

일은 생존을 위해서만이 아니라 개인의 생활에 의미를 부여하고, 생명에 아름다운 삶의 색채를 칠해 주며, 우리 인생에 행복을 가져다주기 위해 존재한다. 우리 인생에 질서를 부여해 준다고도 할 수 있다. 또 우리가 아는 성공한 사람들의 공통적인 특징은 일 자체를 좋아한다는 점이다. 왜냐하면 일은 자기표현의 기회이자 자신의 가치를 증명하고, 남보다 뛰어나고 싶은 도전 정신을 불러오기 때문이다.

이처럼 중요한 '일'이 회사와 관련 있으니, 너는 먼저 자신이 다니는 회사에 대하여 분명히 파악할 필요가 있다. 당연한 것 아니냐고 할지도 모르겠다만 어쨌든 다시 한 번 철저히 이해하도록 해라. 회사를 선택할 때 이미 했다고 성급히 결론 내리지 마라. 신입 사원 연수 교육 중에 수도 없이 들은 말이라고 가볍게 치부하지 말고 다음과 같은 질문을 가끔 해 봐라.

우리 회사는 무엇을 하는 회사인가? 우리 회사의 고객은 누구인가? 회사가 내게 바라는 것은 무엇인가? 나는 무엇을 이루기 위해 채용되었는가? 나는 어떻게 공헌할 수 있는가? 나는 월급 받는 것 이상으로 일하고 있는가?

열과 성을 다하라

'현대 광고의 아버지'라 불리는 데이비드 오길비는 광고계의 거물이다. 그의 저서 『나는 광고로 세계를 정복했다』에는 일에 임하는 남다른 자세를 가진 어느 신입 직원의 일화가 소개되어 있다. 책을 쓴 지가 꽤 오래전이므로 예를 든 내용이 지금의 상황과는 다소 차이가 있지만, 우리가 일에 대해 마땅히 어떤 태도를 가져야 하는지 이해하는 데 더없이 좋은 사례로 보인다.

몇 년 전 영국의 비누 제조업체 레버 브러더스가 그들의 거래처인 일곱

개 광고 대행사들에게 그 당시 아직 생소했던 TV 매체에 관한 정책을 제출하라고 요구했다. 다른 대행사들은 적당히 5~6장 정도를 제출했지만, 우리 회사에서 근무하던 한 젊은이는 3주 동안 밤낮을 일하며 생각해 낼 수 있는 모든 자료를 모아 177장 분량의 분석 결과를 제출했다. 게으른 동료들은 강박관념에 사로잡힌 사람이라고 그를 비웃었지만, 1년 후 그는 우리 회사의 중역이 되었다.

경제 전문지 《포브스》로부터 '아시아 최고의 부자'라는 타이틀을 받은 홍콩 재벌 리자청의 젊은 시절 이야기도 이와 맥이 통한다.

"내가 도매상 판매원으로 일할 때 회사에는 나보다 뛰어난 판매 실적을 올리는 직원이 무려 일곱 명이나 있었다. 그래서 다른 사람들이 8시간 일할 때 나는 16시간 일했다. 1년 후 나는 판매 파트의 책임자로 올라설 수 있었다."

시키는 일만 적당히 해서는 좋은 결과를 만들어 내기 어렵다. 오길비 회사의 젊은 직원과 다른 경쟁사 직원들과의 차이는 한마디로 성의와 열의라고 봐야 한다. 다른 회사의 담당자들은 늘 하던 대로 무성의하게 자신이 현재 아는 범위에서 별다른 추가 노력 없이 보고서를 작성했을 것이다. 그러나 오길비 회사의 젊은 직원은 주인 의식을 갖고 회사의 발전에 필요한 일이라고 판단하여 집중적으로 파고들었을 것으로 짐작된다. "어느 곳에서나 주인이 된다."는 뜻의 수처작주(隨處作主)라는 말은 이런 경우를 뜻하는 적절한 비유이다. 리자청도 같은 경우이다. 주인의식을 갖고 일을 하면 반드시 그 모양새가 다르고 성과도 분명히 나타날 것이다.

💬 그래도 너무 늦게 퇴근하지는 마라

미국 흑인 인권 운동가 마틴 루서 킹 목사는 말한다.

"어떤 사람이 길거리 청소부로 부름을 받았다면, 그는 거리를 청소해야 합니다. 마치 미켈란젤로가 그림을 그린 것처럼, 베토벤이 음악을 작곡한 것처럼, 셰익스피어가 시를 지은 것처럼 말입니다. 그가 거리를 아주 잘 청소하면 하늘과 땅의 천사들이 잠시 멈추어 이렇게 말할 것입니다. 이곳에 그의 일을 아주 잘했던 위대한 청소부가 살았다고."

폴 스미스의 『스토리로 리드하라』를 읽다가 마음에 닿아서 일전에 메모해 둔 문구이다.

무에서 유를 창조하거나(無中生有), 무언가를 이루기 위해서는 '열심히 하는 것' 외에는 달리 방법이 없다. 일은 요리조리 피하고 동료들과 어울려 일상의 재미만 찾아다녀서는 발전을 기대할 수 없다. 세계적인 혁신 전문가 세스 고딘은 "딱 일주일만 제일 일찍 출근하고 제일 늦게 퇴근해 보라."고 권한다. 반드시 시간의 문제라기보다는 그런 자세로 일해 보라는 충고이리라. 내일 아침 출근길부터 한번 시도해 봐라. 뭔가 달라지는 느낌이 들 것이다.

하지만 '가장 늦게'는 모르겠지만 '너무 늦게' 퇴근하는 문제라면 생각이 좀 다르다. 딸의 귀가 시간에 모든 아버지의 신경이 무척 예민해진다는 점을 잊지 마라. 얼마 전 12시가 넘어도 들어오질 않아 '지금 어디니?'라고 문자를 한 적이 있다. 그때가 12시 37분이었다. 너는 '일이 많아 늦어서 지금 택시 타려고 하는 중'이라고 바로 답신했지. 나는 속으로 그 문자를 보고 이렇게 생각했다. '무슨 일이 그렇게 많나. 애를 잡는다, 잡아. 원 참.'

💬 회사에서도 자신을 위해 일하는 것처럼

일반 직장인들은 오길비 광고 회사의 젊은 사원과는 다르다. 그들 중 대부분은 개인적 차원에서 지속적으로 개선하려고 노력하지 않는다. 실제로 많은 사람은 회사에서 5년, 10년씩 일해도 그만큼의 경험을 쌓지 못하고 열 번 반복되는 1년의 경험만 쌓는다는 지적을 받는다. 이들은 물론 필요한 변화에 적응하지 못하고, 윗사람의 신뢰도 받지 못하며, 스스로 발전할 기회를 만들어 내지 못한다.

끊임없이 업무를 개선하려고 노력하는 직원만이 쓸모 있는 사람으로 인정받는 법이다. 닭을 기르는 일을 시작한 아들에게 다산 정약용 선생은 어떤 일이든 언제나 더 좋게, 더 나은 방법으로 할 수 있도록 힘써야 한다며 다음과 같이 강조한다.

네가 양계를 한다고 들었는데, 양계란 참으로 좋은 일이긴 하지만 이것에도 품위와 비천함, 깨끗하고 더러움의 차이가 있다. 전문 서적을 잘 읽어서 좋은 방법을 골라 시험해 보아라. 색깔을 나누어 길러도 보고, 닭이 앉는 홰를 다르게도 만들어 보아서 다른 집 닭보다 살지고 알도 잘 낳을 수 있도록 길러야 한다. 또 때로는 닭의 정경을 시로 지어 보면서 가축들의 실태를 파악해 보아야 하느니, 이것이야말로 책 읽은 사람만이 할 수 있는 것이다.

회사에서 인정받는 비결은 자기 일처럼, 자신을 위해 일하듯 일하는 것이다. 회사는 너에게 일할 장소와 시설, 각종 편의를 제공하고 과제도 부여하지만, 그 일을 어떻게 해야 하는지에 대해서는 세세히 가르쳐 주지는 않는다. 그건 각자의 몫이다. 스스로 고민하고 연구하여 새로이 시도하지 않으면 안 된다.

회사 발전을 위한 일이라면 기꺼이 야근을 마다치 않고, 휴일을 반납하는 일조차 즐겁게 받아들이도록 해라. 너의 일을 감독하는 사람이 바로 너 자신이라는 생각을 잊지 않아야 한다. 이것이 회사에 너의 흔적을 남기는 비결이다. 있는 둥 없는 둥 하는 존재가 되어서야 무엇에다 쓰겠느냐.

💬 '2퍼센트 부족'한 상태로 머물 것인가

　　　　　　　　　매일매일 일을 해 나가는 과정에서 평가도 자연히 따라온다. 나도 가끔씩 상사로부터 "수고했어!"라는 말을 들었다. 그 정도라면 칭찬과 격려의 표현이다. 전체로 보면 그런 비율이 3분의 1 정도 될까 모르겠다만. 애써 준비한 보고서를 찬찬히 읽고 난 뒤 "Good! 그대로 시행할 것!" 같은 기분 좋은 사인을 겉표지에 써 주신 상사도 아주 드물지만 있었다.

　반면 "이걸 보고서라고 가져왔어! 도대체 정신머린 어디 두고 있는 거야? 학교는 제대로 나온 거야? 다시 만들어 와!"라며 강한 질책을 받은 적도 한두 번이 아니다. 심할 때는 보고서 전체를 윗사람이 다시 뜯어고쳐 써 준 일도 있었다. 경제기획원 사무관 중참 시절에 짧은 기안문을 작성했는데, 과장님이 볼펜으로 크게 X자를 긋고는 깨알 같은 글씨로 수정해 주셨던 것이다. 그것을 받아 든 나는 낯이 화끈거려 어쩔 줄 몰랐다. 또 한편으로는 분하기도 해서 곧바로 건물 뒤 산(과천 정부 청사 1동 뒤에는 관악산이 있다.)으로 나가서 애꿎은 담배만 북북 피웠다. '자기는 뭐가 그리 잘났다고 남의 걸 그렇게 무자비하게 함부로 고치나.' 하고 생각하면서. 그날 저녁은 동료 사무관들이 소주 한 잔으로 나를 위로해 주었고, 2차로 노래방에서 목젖이 아프도록 소리를 질렀다. 하지만 배울 게 분명 있었다. 그 후 10여 년간 그 기안문을 샘플로 보관해 오면서 가끔 꺼내 보곤 했다. 이와 유사한 경우를 너도 앞으로 자주 겪게 될 것이다.

관련하여 이야기를 좀 더 해 보자. 지금은 없어진 기획예산처 시절 기금정책국에 같이 있었던 안 과장이 얼마 전 그 당시 동료들과 식사를 함께하는 자리에서 옛 이야기를 꺼낸 적이 있다. 자신이 작성한 문서를 내가 대폭 손봐 준 기억이 있다면서 그때 많이 배웠다는 것이었다. 그말을 듣곤 나는 속이 뜨끔했다. 안 과장도 나처럼 내가 연필로 고쳐 준 그 문서를 보관하고 있지는 않겠지, 설마…….

여기서 윗사람의 보고서 수정은 크게 두 가지로 이해하면 좋다고 본다.

첫째는, 사안에 대한 너의 해법이 틀려서 자신이 생각하는 정답으로 고쳐 줄 때이다. 이 경우는 경험의 유무와 업무에 대한 이해도가 다르므로 배운다는 생각으로 겸허하게 받아들이면 된다. 다투거나 고집부릴 일은 아니라고 본다. 아랫사람의 보고서를 고쳐 주는 일은 윗사람에게는 자기 일이기도 하다. 하지만 빨리 업무를 숙지할 필요는 있겠지.

둘째는 서로의 시각이 다른 경우이다. 같은 사안에 대해서도 다른 시각은 늘 존재하기 마련이다. 이때는 서로 관점을 존중하고 자신의 의견을 충분히 설명하되, 윗사람의 의견을 따라가도 무난하다. 왜냐하면 어느 쪽도 틀렸다고 할 수는 없기 때문이다. 따라서 지나치게 자신을 책망하거나 위축될 필요도 없다.

하지만 내 경우를 보면, 대개는 그 중간 언저리에서 무난히 처리한 것이 많았다고 해야겠다. '무난하다'는 건 소위 '2퍼센트 부족'한 상태라는 뜻이다. 일이란 그만큼 어렵고 남들이 기대하는 수준을 만족시키는 게 쉽지 않다는 점을 늘 염두에 두어야 한다. 하긴 유럽에서 활약하는 축구 선수 박지성도 출전할 때마다 최고 평점을 받는 것은 아니라는 데에 위로를 받을 순 있다. '2퍼센트 부족'을 어떻게 매워 나갈지가 늘 숙제임을 잊지 마라.

💬 남들의 기대보다 15퍼센트 더 일한다면?

운동 경기를 예로 들어보자. 육상 경기에서 100미터를 10초에 달리면 유명해질 수 없다. 하지만 9.79초에 달리면 유명해질 수 있다. 프로야구 경기에서 시즌 타율이 3할 이상이면 우수한 타자로 각광을 받을 수 있다. 하지만 2할 7푼을 치는 타자는 중급 타자 대우밖에 받지 못한다. 프로 골프 경기에서 최고의 선수와 중급 선수의 차이도 이와 비슷하다. 최고 선수들은 18홀 1라운드에 27번 퍼팅하지만, 중급 선수는 32번 퍼팅한다. 성적은 사소한 5타 차이지만 상금액은 몇 배 차이가 난다. 이처럼 약간의 차이가 커다란 차이를 만들어 낸다.

낚시의 경우를 보자. 주말 저수지 낚시에서 30.3센티미터 이상 붕어(이를 '월척'이라 한다.)를 낚으면 낚시꾼은 기념으로 어탁(魚拓)을 하여 보관하고, 잘하면 월요일자 신문의 레저 페이지에 조황(釣況) 소식으로 '어느 저수지에서 누가 월척을 낚았다.'고 한 줄 보도될 수도 있으나, 준척이라 불리는 27~30센티미터에 해당하는 붕어는 크기가 월척과 별 차이가 없는데도 이런 대접을 전혀 받지 못한다.

우리의 일도 마찬가지다. 과제를 마무리하려는 마지막 순간 한 번 더 뒤돌아보기 바란다. 분명 좀 더 손대야 할 곳이 눈에 띌 것이다. 어딘가 걸리는 부분에 보완책이 필요함을 느낄 것이다. 마지막 5분을 더 투자하면 '무난한 수준'에서 '뛰어난 수준'으로 올라설 수 있다. 그 누구도 네가 일을 좀 더 하겠다는 것을 막을 수는 없다. 올림픽에서 금메달을 목에 건 선수는 '마지막 한 방울의 땀'을 흘릴 때까지 훈련한 선수임을 잊지 마라.

그럼 남들의 기대보다 '좀 더' 일하라 했을 때 그 정도를 어디쯤 둬야 할까? 이런 취지는 애초 엄밀하게 수치로 계산하기에는 무리지만, 굳이 기준을 제시하라면 나는 '15퍼센트 더'라고 표현하고 싶다. 누구나 다 하는 정도로는 빛나지 않는다. 회사가 기대하는 것보다 10퍼센트 더 일해서는 열심히 하는 모습은 보일 수 있을지 몰라도 차별화하기는 좀 모자란다. 그렇다고 막상 20퍼센트 이상 일하라고 하면 부담이 될 것이다. 그 사이의 적정 수준이 15퍼센트 아닌가 한다. 100미터 달리기에서 골인 지점이 100미터가 아니라 115미터 지점에 있다고 생각하고 전력 질주해야 하는 것과 같은 이치라고 비유하면 어떨까. 숫자는 가끔 예상보다 큰 전달력을 발휘한다.

💬 받은 것 이상을
돌려주는 사람이 돼라

남보다 더 일하는 직원으로는 기획예산처 시절 조 사무관이 기억난다. 사무관들은 누구나 열심히 일하지만, 초임이었던 조 사무관은 주위에서 신경이 쓰일 만큼 '너무' 많은 시간을 일했다. 때로 새벽까지 일하고 집에 들어가 겨우 두세 시간 눈을 붙인 뒤 다시 출근했다. 사실 요즘은 열심히 일한다고 그 점을 알아주거나 승진이 크게 빠른 것도 아니다. 국장인 내가 오히려 염려되어 "자네 때문에 전기료가 너무 많이 나오니 일찍 퇴근해라."라고 농담 반 진담 반으로 권유할 정도였다. 담당 과장에게도 그가 일하는 정도를 물어봤다. 한번은 조 사무관을 염두에 두고 국 직원들에게 내부 메일로 "오늘은 가정의 날, 일찍 퇴근하자."라는 메시지를 날리기도 했다. 다음 날 확인해 봤지만 그날도 조 사무관은 늦게 퇴근했다고 했다. 물론 조 사무관은 서기관으로 승진하여 지금도 '열심히' 일하고 있다. 언젠가 더 크게 보상을 받으리라.

이런 태도로 일하면 '회사에서 받는 것 이상을 돌려주는 직원'이 될 수 있을 것이다. 언제든지 떠날 수 있다는 생각은 일찌감치 버리고, 회사가 지금 너를 위해 제공하고 있는 사무 공간, 복지 혜택, 사회적 평판, 월급에 대한 대가를 따져보고 그 이상을 되돌려 주겠다는 자세로 일해라.

물론 일할 때 '열심히가 아니라 재치 있게' 하라고 권하는 이들도 있다. 일리가 있는 말이다. 특히 요소 투입의 전통적 경제보다 지식 정보와 상상력이 중요해지는 요즘 시대에는 앞뒤 가리지 않고 일만 해서는 발전에 한계가 있을 수 있다. 하지만 '열심히'가 뒷받침되지 않는 재치는 어느 순간 꺼질지 모르는 모닥불에 지나지 않는다. 기초를 다지는 일은 결코 소홀히 할 수 없다.

지적받기 전에 알아서 하기

네가 지금 진행하고 있는 과제 대부분은 네가 먼저 제안한 것이 아니라, 대부분 위에서 시킨 일일 것이다. 간부 회의가 끝나면 즉시 각종 지시 사항이 내려오거나, 팀장이 지시하여 과제를 준 경우가 대부분일 것이다. 아니면 동료가 하던 일을 넘겨받았을지도 모른다. 자신이 독자적으로 찾아냈거나 제안한 비율이 어느 정도인지 시험 삼아 한번 체크해 보렴. 그 비율이 20~30퍼센트라도 된다면 적극적이고 능동적인 직원이라 해도 틀린 말은 아닐 것이다.

대부분의 상사는 시키기 전에 아랫사람이 '알아서' 해 주길 바란다. 물론 일의 성격에 따라서 이런 희망이 무리일 순 있겠으나 기본적인 자세만은 그렇게 갖춰 주기를 바라고 있다고 생각해라. 따라서 '지적하기 전에 알아서 하는 직원'이 인정받기 쉬운 것이다.

일본전산의 나가모리 시게노부 사장은 임원으로 승진할 일곱 가지

조건 중 하나로 '지적하기 전에 할 수 있는 직원'을 꼽는다. 그 반대로 퇴출 순위가 높은 직원으로는 '지시받은 것만 하는 직원'을 꼽는다. 김성호의 『일본전산 이야기』에 실린 이야기다. 참고로 일본전산은 1973년 설립되어 2008년에는 140개 계열사에 종업원 13만 명을 거느린 세계적인 전자 부품 회사로 성장했다.

등용문으로 들어서는 직원의 일곱 가지 조건
- 건강관리를 제대로 하는 직원
- 일에 대한 정열, 열의, 집념을 기복 없이 가질 수 있는 직원
- 어떤 경우에도 비용에 대한 인식(Cost Mind)을 가지는 직원
- 일에 대한 강한 책임감을 가지는 직원
- 지적하기 전에 할 수 있는 직원
- 꼼꼼하게 마무리할 수 있는 직원
- 당장 행동으로 옮길 수 있는 직원

일본전산에서 떠나야 할 직원
- 지혜를 내지 않는 직원
- 지시받은 것만 하는 직원
- 처음부터 다른 사람 힘에 의존하는 직원
- 곧바로 책임 전가부터 하는 직원
- 혈기 왕성하지 않은 직원

- 자주 불평불만을 말하는 직원
- 자주 쉬고 자주 늦는 직원

일이란 기다리는 자에게 돌아갈 수도 있으나, 적극적으로 찾아 나서는 자가 차지할 확률이 더 높다. 감나무 아래에서 홍시가 저절로 떨어지기만을 기다려서는 아무것도 성취할 수 없다. 항시 무슨 일을 할 수 있을까 고민하는 자세를 갖기 바란다.
"당신이 할 일은 당신이 찾아서 하라. 그렇지 않으면 당신이 할 일은 끝내 당신을 찾아다닐 것이다."
미국인들이 가장 존경하는 사람 중 하나인 벤저민 프랭클린의 귀중한 조언이다.

마무리는 마음을 다하여

맡은 일은 마무리가 중요하다. 작은 일이건 큰일이건 정성을 다해 챙겨야 한다. 중간에 불필요한 행동을 하지도 말고 떠벌이거나 건성으로 하지도 마라. 오로지 마음을 다하여 마무리하는 모습을 보여 줘라. 다른 사람에게 업무를 넘길 때도 마찬가지 자세를 가져야 한다. 내일 자신의 위치가 어떻게 되더라도 오늘 해야 할 일이 있다면 소홀히 해서는 안 된다. 어느 조직에나 전보, 전출,

승진 등 자리 이동이 잦다. 특히 떠나는 사람은 후임자를 위해 뒤끝을 말끔하게 하여 인수인계하도록 힘써야 한다. 간혹 떠나는 입장에서는 마음이 이미 콩밭에 가 있기 때문에 기존의 업무에 신경을 쓰지 않는 모습도 발견된다.

여기에 울림이 큰 이야기가 있다. 우승이 아니라 꼴찌를 하고도 찬사 받으며 수십 년 동안 사람들의 입에 오르내리는 마라톤 선수, 존 스티븐 아크와리가 그 주인공이다.

1968년 멕시코올림픽에 아프리카 탄자니아 대표로 출전한 아크와리는 출발한 지 얼마 안 되어 콘크리트 바닥에 넘어져 심한 부상을 입었다. 의사가 신속하게 도착해 상처에 붕대를 감아 주었지만, 그의 부상은 간단히 붕대로 처치할 수준이 아니었고, 병원으로 가야만 했다. 그러나 그는 말리는 사람들을 뿌리치고 레인으로 돌아와 계속 뛰기 시작했다.
2시간 20분 26초의 기록으로 에티오피아의 마모 왈드 선수가 첫 번째로 결승선을 통과하였다. 다른 선수들도 뒤를 이어 결승점에 도착하였다. 하지만 아크와리 선수의 모습은 보이지 않았다. 한 시간이 지나자 관중도 많이 줄어들었다. 그때 다리를 절뚝거리면서 한 선수가 스타디움으로 들어섰고, 트랙을 돌아 결승선을 통과했다. 아크와리의 기록은 3시간 25분 27초였다. 얼마 남지 않은 관중들은 놀라움의 박수를 보내고 몇 명의 기자들이 그의 주위로 몰려들었다. 그토록 심한 부상을 입고도 왜 경기를 계속했는지에 대한 기자의 질문에, 아크와리가 대답했다. "조국이 이 경주를 시작하라고 나를 8000킬로미터나 떨어진 이곳으로 보낸 것이 아닙니다. 조국은 이 경주를 끝까지 해내라고 나를 이 먼 곳으로 보냈습니다."

💬 남이 보지 않더라도 한결같이

팀장 위치에서 보면 자신의 팀원들이 설사 보이지 않는 곳에서 일하고 있더라도 머릿속에는 그들이 어떻게 일하는지 대강 그림이 그려진다. 보지 않고도 일이 돌아가는 정황을 짐작할 수 있다는 것이다. 그게 바로 경험에서 우러나오는 능력이다. 상사가 보고 있을 때와 보고 있지 않을 때 일하는 자세가 달라지는 직원들이 종종 발견된다. 남이 보지 않는 곳에서는 노력을 기울이지 않거나 일손을 멈추고 있는 사람은 좋은 성과를 올릴 수 없다.

겉과 속이 같은 사람을 믿을 수 있듯이 일할 때에도 누가 보고 있는지에 상관없이 늘 한결같은 모습을 보여야 한다. 혼자 있을 때 모습이 바로 자신의 본모습이란 점을 잊지 마라.

나도 오래 직장 생활을 해 왔지만 상사나 동료, 후배로부터 '한결같은 사람'이란 평을 들었을 때가 가장 기분이 좋았다. 최근 퇴직하고 난 후, 고교 동기생으로부터 온 짧은 이메일에는 "오랜 기간을 한결같은 언행으로 처신하는 게 보기 좋았다."고 쓰여 있기도 했다. 2004년 공무원 사회에 다면 평가 제도가 도입되었을 때의 결과도 비슷했다. 다면 평가는 동료나 상사, 부하에 대해 상호 평가하는 방식으로 실시되는데, 단점으로는 '박력 부족'이 지적되었다. 네가 보기엔 이 아버지가 어떤지 모르겠다.

셰익스피어는 "혼자 있을 때에도 누가 지켜볼 때와 다름없이 행동에 아무런 변화가 없는 사람, 바로 그 사람이 무슨 일에서나 성공할 수 있는 사람이고 내가 가장 존경하는 사람이다."라고 했다. "관중이 설령 세 명밖에 없다고 해도 경기에 전심전력을 다해야 한다."고 한 프로 골프계의 황제 잭 니클라우스의 말도 같은 의미이다.

💬 저부하 상태를 경계하라

맥도날드 창업주 레이 크룩은, "삶을 살아가면서 일을 한다는 것은 '햄버거 속의 고기'와 같은 것"이라며, "고기가 들어가지 않는 햄버거를 상상이나 할 수 있겠는가?"라고 했다. 자신의 사업에 빗댄 표현이 재미있지 않니? 나는 베이킹파우더 냄새가 물씬 풍기는 방금 쪄 낸 찐빵을 좋아하니 '햄버거 속의 고기'란 표현을 '찐빵 속 앙금'으로 바꿔도 무방할 것이다. 앙금 없는 찐빵을 상상할 수 없는 것도 마찬가지니까. 어쨌거나 '일'은 우리 삶에서 필수불가결한 요소란 뜻이다. 그래서 우리는 종일 일하는지도 모른다.

이렇게 중요한 '일'이므로 현실적으로 적은 것보다는 오히려 많은 게 낫다는 생각도 든다. 능력에 비해 '저부하' 상태가 계속된다면 이는 경계해야 할 일이다. 우리 몸 어딘가에 이상 신호가 왔다는 것과 마찬가지니까. 고혈압보다도 저혈압이 더 위험하다는 말도 있지 않느냐. 시키는 일이나 그럭저럭 처리하고 월급이나 받는 그런 사원이 아니라 스스로 일을 찾고 적극적으로 아이디어를 발굴하여 문제를 해결해 나가는 직원이 되도록 해라. 업무에 깊이 파고들어 끊임없이 개선해라.

스코틀랜드 속담에 "일이 아무리 힘들어도 사람이 죽는 법은 없다."는 말이 있다. 정신분석학에 새로운 지평을 연 오스트리아 출신 학자 지그문트 프로이트는 "인간 행복의 토대를 이루는 것은 일과 사랑"이라 했다. 회사 안에서건 회사 밖에서건 언제나 일을 중심에 두어라. 사랑에 대해서는 나중에 따로 이야기할 기회가 있을 것이다.

상사도 칭찬에
목말라 한단다

고객이 가장 중요하다. 그런데 너의 실질적인 고객은 '회사의 고객'이 아니라 '회사 안의 상사'이다. 이 실질적인 고객을 위해서 열심히 일하는 것이 회사의 발전은 물론 자신의 발전을 위한 길이다. 때로 피드백을 통해 상사를 칭찬하여 그가 동기를 부여받을 수 있게 하라.

회사의 고객과
너의 고객은 다르다

회사의 고객은 판매하는 상품이나 제공하는 서비스의 이용자이지만, 회사원 개인인 너에게는 엄밀히 말해 그들이 직접적인 고객은 아닐 수 있다. 가령 제법 규모가 큰 회사의 내근직인 네 경우를 가정해 보자.

일의 성격상 회사 내에서 보면 회장도, 사장도, 전무 같은 고위 임원도 너의 '1차 고객'은 아니다. 그들은 네가 수시로 맞닥뜨리고 보고하는 관계에 있지 않다. 간접적으로 영향력을 행사하고 있을 뿐이다. 그보다 아래인 상무는 모르겠다. 1차 고객일 수도 있고, 그렇지 않을 수도 있다.

너의 고객은 바로 위(직근) 또는 2단계 위(차상위)의 상사이다. 만약 네 위에 과장이 있고 부장이 있다면 그들이 1차 고객, 즉 핵심 고객이다. 때에 따라서는 지휘 계통상에 있는 임원도 포함할 수 있다. 여기서는 편의상 상사 또는 팀장이라 부르도록 하자.

다만 네가 직접 마케팅을 담당하는 부서에 있다면 거래처나 일반 소비자가 고객이라 해도 되겠지. 하지만 그런 때에도 회사 생활에 가장 많은 영향을 끼치는 사람은 여전히 상사와 팀장이니 그가 너의 1차 고객이라 해도 크게 틀린 말은 아니다.

상사가 왜 1차 고객인가

왜 팀장이 너의 1차 고객인지는 다음 몇 가지만 보아도 알 수 있다. 네가 올리는 보고서의 실질적인 결정권자가 바로 그 사람이다. 업무를 지시하는 사람도 그 사람이다. 너에 대한 근무 성적 평가나 성과 평가도 그의 소관이다. 상사는 한마디로 너의 직장 생활 전반을 좌우하고 영향을 끼치는 위치에 있다.

경험에 비춰 보면, 내가 사무관이었을 때 1차 고객은 과장과 국장이었다. 과장이 되었을 때는 국장과 실장, 때로는 차관이 1차 고객이었다.

직장 안에서 내 위치는 실질적으로 그들의 평가와 결정에 달려 있었던 것이다. 몇 년 전 어떤 부처에서는 과장 선임권을 국장에게 위임하는 사례가 있었다. 국장이 다수의 과장 중에서 자기와 같이 호흡을 맞춰 일할 사람을 정하는 것이다. 프로야구의 드래프트 시스템과 비슷한 거지. 누구에게도 지명받지 못할 수도 있으니 과장 입장에서 보면 살 떨리는 일이지 않겠니?

다른 한편으로 보면, 상사가 발전할 때 그 아래 부하도 덩달아 발전할 기회가 많아진다. 사람들은 대개 지금 혹은 이전에 자기와 같이 일했던 사람들을 편안하게 생각해서 다른 자리로 옮겼을 때도 같이 일했던 사람 중에서 적임자를 물색하는 경향이 있다. 아마 '검증된 믿을 수 있는 사람'이라는 인식 때문일 것이다. 또 알고 보면 의외로 '낯을 가리는' 사람도 많기 때문이다. "모시고 있는 상사가 잘 되는 것이 내가 잘 되는 길이다."라는 항간의 속설은 그냥 나온 게 아니다. 나도 지금까지 주변에서 그런 사례를 꽤 많이 목격했다.

그 상사나 팀장을 위해서 일해라. '고객은 왕'이라고 할 때의 고객은 통상 손님, 소비자(법인 고객 포함)를 말하지만 직장 생활에서의 실질적인 고객은 팀장과 상사임을 한시도 잊지 마라.

다시 한 번 강조하지만, 누가 너의 고객인지 항상 자문하고, 그 고객과 밀접하게 연결하려는 노력을 게을리하면 안 된다. 네 일자리의 안전은 고객이 보장하고, 네 급여도 그의 주머니에서 나온다고 여기면 된다. 직장에서 성공을 예측할 수 있는 지표 중 하나는 상사와의 관계이다.

💬 소속 팀의 목적을 분명히 이해하라

상사를 위해 일하려면 우선 너의 팀장이 이끌고 있는 조직과 팀의 목적을 분명히 이해해야 한다. 기획 팀, 재무 팀, 영업 팀, 인사 팀 등의 이름이 대부분 팀의 업무를 규정해 주고 있긴 하나, 실제와는 다소 차이가 있을 수 있다. 회사 차원에서 그 팀의 업무가 어떻게 연결되어 있는지 이해해야 하는데, 대개는 건성으로 이해하여 치밀하지 못한 경우가 많다. 팀과 회사의 목표와 기능을 아는 게 자신의 역할과 기여 가능성을 확립하는 데 도움이 된다.

베스트셀러 작가 스티븐 코비는 『성공한 사람들의 8가지 습관』에서 실제로 많은 직원들이 조직의 목표와 자신의 업무와의 연관성을 이해하지 못하는 것으로 분석한다. 다음은 스티븐 코비가 소개한 회사원 2만 3000명을 대상으로 설문 조사한 결과이다. 꼼꼼하게 읽어 보기 바란다.

- 37퍼센트만이 조직이 무엇을 왜 달성하려고 하는지 분명하게 안다고 말했다.
- 5명 가운데 1명만이 팀과 조직의 목표에 대해 열의를 갖고 있었다.
- 5명 가운데 1명만이 자신의 업무가 팀과 조직의 목표와 일치한다고 말했다.
- 절반만이 일주일 동안 성취한 일에 대해 만족했다.
- 15퍼센트만이 조직이 핵심 목표를 수행할 수 있을 만큼 충분히 지원

하고 있다고 생각했다.
- 15퍼센트만이 신뢰의 분위기 속에서 일하고 있다고 생각했다.
- 17퍼센트만이 조직이 다양한 의견들을 존중하고, 더 좋은 아이디어를 수용하는 커뮤니케이션 문화를 갖고 있다고 생각했다.
- 10퍼센트만이 조직이 사람들에게 결과에 대해 책임을 지게 한다고 생각했다.
- 20퍼센트만이 자기가 일하고 있는 조직을 전폭적으로 신뢰했다.
- 13퍼센트만이 다른 그룹 혹은 다른 부서와 서로 신뢰하고 협력하는 업무 관계를 갖고 있었다.

한 가지만 더 보자. 스탠퍼드 경영대학원의 제프리 페퍼 교수는 그의 저서 『지혜 경영』에서 글로벌 인사 컨설팅 기업 타워스 페린의 2003년도 조사 결과를 인용하고 있다. 그 조사에 따르면, 자신의 직무에 헌신하는 직원은 전체의 3분의 1도 되지 않으며 43퍼센트가 자신의 일에 만족하지 못한다고 한다.

상사에 대해서 공부하라

다음으로는 상사에 대한 이해를 높여야 한다. 유능한 세일즈맨의 '제1행동 원리'는 자신의 고객을 철저히 파악하는 일이다. 고객에 대한 정보가 많을수록 대응력이 높아질 수 있다. 그의 출퇴근 시간은 어떤지, 식사할 때 꺼내는 화제는 무엇인지, 사내 평판이며, 일에 대한 자세는 어떠한지, 모든 일을 일단 다른 부서로 미루고 보는 유형인지 적극적으로 떠맡아 오는 유형인지, 가족 관계는 어떻고 취미는 무엇이며 휴일에 주로 무엇을 하는지 그리고 좋아하는 음식은 무엇인지 등등. '뭘 그렇게 시시콜콜하게까지.'라고 치부하지 말고 고객에 대해서 될 수 있는 한 많이 공부해라. 중국 오나라의 손무가 편찬한 『손자병법』에서도 '지피지기 백전불태(知彼知己 百戰不殆)', 즉 상대를 알면 전쟁에서도 위험하지 않다고 했다.

그렇다면 이렇게 중요한 고객인 상사를 어떻게 대할 것인가 하는 답도 어느 정도 짐작할 수 있다. 가령 자동차 대리점 판매원이라면 고객을 어떻게 대할지, 보험 방문 판매원이라면 고객을 어떻게 대할지 한번 생각해 보아라.

- 먼저 상사가 무엇을 중요하게 생각하는지 늘 파악한다.
- 직·간접적 대화든 어깨너머로 듣든 동료들을 통해서든 그가 무엇을 생각하고 있는지 알기 위해 노력한다.
- 팀 내 미팅에서든 회식 자리에서든 그의 고민과 당면하고 있는 과제를 파악한다.

좋아하거나 관심 있는 주제를 화제로 삼는 것이 분위기를 띄우는 데 도움이 된다. 야구를 좋아하는 사람이라면 프로야구에 대한 얘기로 말문을 터 볼 수도 있다. 주말 등산이 취미라면 우리나라 주요 산에 대해서도 조금은 관심을 두는 것이 예의 아니겠니?

주의할 부분도 있다. 가령, 그가 만일 자녀가 없이 부인과 둘이서 지내는 사람이라면 그가 있는 자리에서 아이들 이야기를 오래 화제로 삼는 것은 가급적 피할 일이다. 사무관 시절 한번은 이런 경우가 있었다. 과 회식 자리에서 나를 포함한 사무관들 간에 아이들에 대한 이야기가 화제가 되어 모두 돌아가면서 문제를 가장한 자식 자랑을 은근슬쩍 늘어놓았는데, 그때 별말씀이 없었던 과장님에게 자녀가 없다는 사실을 나중에 알고 머쓱해진 적이 있다. 그와 승진을 다투고 있는 다른 부서 팀장의 칭찬을 그 앞에서 늘어놓는 것도 눈치 없는 행동이라 해야겠지.

한 가지 확실한 것은 너의 고객, 즉 상사나 팀장은 통상 '자신의 문제에 관심이 많다.'는 것이다. 그것도 개인적인 관심사보다는 자신의 업무 실적이나 성과 평가, 전보나 승진 여부 등에 가장 관심이 많다. 물론 이것은 그만의 특성이 아니라 모든 직장인들의 공통적인 성향이기도 하다.

💬 상사의 입장에서 생각하라

상사가 네게 바라는 것이 있다. 상사의 입장에서 생각해 보면 추정하는 것이 그리 어렵지만은 않다. 훌륭한 낚시꾼은 자신의 입장에서가 아니라 고기의 입장에서 생각한다는 말이 있다. 유능한 투우사는 투우의 입장에서 생각한다는 말이나 유능한 세일즈맨은 자신이 아니라 고객과 구매자의 처지에서 생각한다는 말도 마찬가지다. 유능한 직원이 되려면 자신의 입장이 아니라 언제나 상사의 입장에서 생각할 줄 알아야 한다. 네가 상사에게 바라는 바를 생각하기 전에, 상사가 네게 바라는 바가 무엇인지를 생각하는 습성을 들이도록 해라.

운동 경기를 예로 들어 보자. 모든 구기 종목의 기본 원칙으로 "공이 있는 곳이 아니라, 공이 향하는 곳으로 가라."는 말이 있다. 이는 우리들의 고민인 다음 할 일을 설정하는 데 하나의 힌트가 된다. 다른 자리에서 너의 상사가 고민하는 내용을 언뜻 들었다면 그의 관심이 '그곳'에 있다는 것을 짐작할 수 있다. 그러면 대처가 어느 정도 가능한 것 아닌가. 상사가 공을 어디로 보낼 것 같은지 예측하는 능력을 평소에 길러라. 그가 하는 혼잣말 속에 그 방향성이 숨겨져 있을 수도 있다. 야구에서 우수한 외야수가 배트에 공이 맞는 소리만 듣고도 떨어질 지점을 향해 달려 나가는 것과 같은 이치이다. 그런 점을 놓치지 마라.

다음은 에이드리언 슬라이워츠키가 쓴 『수익경영의 달인』에 실려 있는 이야기인데, 일에 대한 대처 능력을 향상시키는 데에 도움을 줄 원리가 담겨 있어 소개해 본다.

빌 러셀에 대해 들어본 적이 있나? 그는 1950년대와 60년대에 보스턴 셀틱스의 센터였네. 보스턴 셀틱스는 당시 NBA 리그에서 열한 번이나 우승했지. 그는 게임과 상대 팀에 대해 철저하게 연구했네. 그는 게임의 패턴에 대해 누구보다 더 잘 알고 있었지. NBA 역사상 그 누구보다도 말이네. 최근 광고에서 러셀은 상대 선수가 자신의 자리를 빼앗기 전에 언제나 리바운드 된 공이 어디로 갈 것인지 알고 있었다고 말했네. 물론 광고에서는 과장되게 말한 것이겠지만 말이야.

그러나 완벽하지는 않았다고 해도 러셀은 누구보다도 많이 리바운드 하기 위해 어느 곳에 서야 할지 알고 있던 사람이네. 그는 게임의 상황과 공을 던진 슈터 그리고 상대 팀의 정보를 고려해서 리바운드 할 곳으로 미리 뛰어갔었지. 하키라면 웨인 그레츠키를 들 수 있네. 그는 자신의 성공 이유를 "퍽이 있는 곳이 아니라 퍽이 있을 곳으로 가야 한다."라는 말로 설명했지.

이런 점을 강조하는 것은 지나온 직장 생활에서 아쉬웠던 부분을 가끔 떠올리기 때문이다. 2005년에서 2006년 무렵 대통령비서실에서 십여 명의 행정관 팀장으로 근무하던 시절의 얘기다. 내가 모시고 있던 비서관께서는 그때그때 고민하고 있던 문제들을 거론하면서 과중한 업무 부담을 내부 메일로 호소하시곤 했다. 그런 메일을 받을 때마다 '내가 한발 먼저 앞으로 달려가 조언하거나 미리 검토했다면 그분의 부담을 많이 덜어 드릴 수 있었을 텐데.' 하고 나 자신의 부족함을 탓했다. 당시엔 지시받은 과제에 파묻혀 좀 더 넓게 보지 못하고 있었는지도 모르겠다. 성실히 일하는 것만으로는 충분하지 않다. 좀 더 몸을 던져 일하는 자세를 가져야 한다는 것을 뒤늦게나마 알게 되었다고 해야 하나? 훌륭한 직원은 상사를 위해 진행 중인 업무를 보조하는 데 그치지 않고, 다음 상황을 미리 예측할 수 있게 해야 한다는 면에서 당시 나는 좀 미흡했던 것 같다.

세일즈맨에 대한 가장 훌륭한 조언자는 고객이다. 그러므로 자신이 무엇을 잘하고 있는지, 무엇을 잘못하고 있는지, 변화할 필요가 있다면 무엇을 바꾸어야 할지에 대해서는 고객이 가장 잘 가르쳐 줄 수 있다. 그러므로 너의 현 위치를 알고 싶다면 먼저 상사에게 솔직한 답변을 구해야 한다. 2~3개월에 한 번씩은 상사로부터 자신에 대한 피드백을 받을 수 있도록 대화 자리를 만들어라. 무슨 핑계를 대서라도.

참고로 내가 모셨던 그 비서관께서 내게 해 준 충고 중 하나는 "자신을 포함해 팀원들과 술자리를 좀 더 자주 가져라."라는 것이었다. 그런 자리에서 주고받는 활발한 대화 속에서 일에 대한 예지 능력도 키워 갈 수 있다는 의미였겠지. 맞춤형 조언이었던 같다는 생각이 든다. 그 충고를 들은 뒤로는 내 몸이 좀 힘들더라도 사무실 안팎의 사람들과 퇴근 후 소주 한잔하는 기회를 더 가질 수 있도록 의식적으로 노력해 오고 있다.

💬 상사도 칭찬이 필요한 존재다

　　　　　　　　　　상사가 성과를 거두었을 때는 칭찬에 인색하지 마라. 사장 앞에서 내년도 업무 계획에 대한 보고를 훌륭히 마쳤을 때, 큰 계약 건을 마무리했을 때, 까다로운 민원 업무를 매끄럽게 매듭지었을 때, 최근 기획한 작품이 히트 쳤을 때는 칭찬을 아끼지 마라. 그런 계기가 없다면 하다못해 "오늘 넥타이 색깔이 좋네요."라고 해 봐라. 윗사람에 대한 칭찬을 아첨이라고 좁게 생각하지 말고, 적절하게 피드백을 주어 그가 더 발전할 여지를 제공한다고 생각해라. 상사도 피드백이 필요하고 동기를 부여받아야 한다. 우리는 누구나 칭찬으로 인해 하고자 하는 욕구가 생긴다. 그도 예외는 아니다. 상사에 대한 칭찬을 아까워하지 마라.

　내가 이 책을 쓰고자 용기를 내게 된 동기 중 하나도 아랫사람의 은근한 칭찬(?) 때문이었다. 국과위에서 2년간 근무하는 동안 내부 통신망에 소통 차원으로 몇 차례 내 일상과 관련된 내용을 글로 적어 올린 적이 있는데, 거기에 공감을 표하는 직원들이 꽤 있었다. 그중 한 사람인 김 사무관은 "동네 수필가 정도는 되는 글솜씨입니다."라고 나를 살짝 추켜세우면서 나중에 시간이 나면 '동네 매체'에 본격적으로 기고해 보라고 권했다. 겉으론 흘려듣는 척 했지만 속으론 그렇게 띄워주는 것이 싫지 않았다. 사실 지금이 그런 시간이다 싶어서 이렇게 글을 쓰고 있는 것이기도 하다. 부자가 공짜를 좋아하듯이 상사도 칭찬을 좋아한다. 경험으로 터득한 확신이다.

지시 사항은 즉시 메모하라

상사의 지시 사항은 반드시 그 자리에서 메모해라. 사람은 누구나 깜빡할 수 있다. 실수를 피하는 길은 상사가 보는 앞에서 적어 두는 것이다. 상사의 불안을 더는 방법이지. 직장에서는 언제나 필기구와 수첩을 손에서 떼어 놓지 않는 게 좋다.

우리가 음식점에서 주문할 때 종업원이 아무런 메모도 하지 않고 머릿속으로만 기억한 채 돌아가면, 제대로 음식을 내올까 불안해지듯이 상사의 입장도 마찬가지다. 여러 사람의 주문을 한꺼번에 받고 주방으로 돌아간 종업원이 각 손님 앞에 정확하게 음식을 갖다 놓을 확률은 경험상 좋게 봐줘도 30퍼센트가 넘지 못한다. 순서를 헷갈리거나 손님에게 재차 물어보는 경우가 부지기수다. 이미 고객으로부터 점수를 잃고 있는 셈이다. 설사 정확하게 가져다 놓는다 해도 그 음식점에 대한 인상이 좋게 남을 리가 없다. 또 그렇게 일하는 종업원이 크게 발전할 수 있을까?

　나아가 지시 사항이 분명하게 이해되지 않는 경우에는 다시 물어서라도 확인해 두는 것이 좋다. 나중에 혼선이 생기는 것을 사전에 방지하기 위한 방법이다. 덧붙여 지시 사항을 이행해야 하는 기한과 관련하여 조치해야 할 사항도 동시에 확인해라. 개략적인 처리 방향에 대한 상사의 의견을 물어보는 것도 센스 있는 행동이다.

💬 상사를 놀라게 하거나 과소평가하면 안 된다

　일반적으로 상사는 자신을 놀라게 하는 것을 싫어한다. 일이 잘 진행되고 있는 줄 알았는데, 어느 날 실은 여차여차 한 이유로 별 진전이 없는 상태라든지, 일주일 전 전무가 한 지시 사항에 대해 귀띔해 주지 않았다든지 하는 등 자신의 입장을 난처하게 하는 경우를 싫어한다. 현명한 직원이라면 상사들이 놀라는 것을 좋아하지 않는다는 점을 고려하여, 항상 그들에게 일이 진행되는 상황을 알려 주어야 한다. 가장 좋은 방법은 그들에게 적절한 정보를 전해 주는 것이다. 상사를 자주 놀라게 하면 믿음을 잃게 된다는 점을 명심해라. 조직에서는 믿음을 잃으면 모든 것을 잃는다.

　아울러 상사를 과소평가해서도 안 된다. 왜 그가 상사인지는 분명 이유가 있을 것이다. 젊은 부하 직원들은 대개 그 이유를 잘 몰라 어려움을 겪는다. 상사와 일하는 데 개인적으로 어려움을 겪고 있다면 GE의 CEO 잭 웰치의 다음 조언이 도움이 될 것이다.

"일반적으로 상사들은 자신을 좋아하고 존경하며 필요로 하는 사람들을 거부하지 않습니다. 상사가 당신을 어려워한다면 당신은 그가 어떤 관심이 있는지 알아내서, 그의 관점과 당신의 견해 혹은 업무를 연결하는 작업부터 해야 합니다."

우선 너의 견해와 업무에 대해 철저히 생각해 봐라. 언제나 '상사와 1분을 보내기 위해 10분을 준비한다.'는 자세로 일에 임해라.

상사로부터 너는 언제 무슨 질문을 받을지 모른다. 상사는 가끔 부하 직원을 시험해 보기 위해 직구가 아니라 변화구를 던질 때도 있다. 이런 불의의 순간에 대한 대비책은 늘 일에서 관심을 떼지 않는 것이다. 혼란한 시대에 직장인의 유일한 안전책은 제 일을 잘 해내는 능력이다.

💬 의견을 펼칠 때 주의할 점

상사에게 의견을 펼칠 때에는 매우 조심스러워야 한다. 중국 고전 『한비자』에서는 이렇게 설명하고 있다.

"윗사람에게 자신의 의견을 말하는 것은 어렵다. 이는 말하는 사람에게 해박한 지식이 없어서도 아니며, 자신의 의견을 말로 표현하는 일이 힘들어서도 아니다. 또 거침없이 말하는 용기가 없어서도 아니다. 윗사람에게 말하는 것이 어려운 이유는 상대의 마음을 헤아리고 자신의 의견을 상대에게 맞춰야 하기 때문이다."

상사와 부하의 기본적 역학 관계는 그 옛날이나 지금이나 다를 게 없다. 주도면밀하게 대처해야 한다.

그렇다고 상사의 비위나 맞추라는 그런 뜻이 아니다. 상사의 눈치나 보고 그저 시키는 대로 순종하란 말도 아니다. 자신의 요구를 당당히 밝힐 줄도 알아야 한다. 부당한 처우를 받았다는 생각이 들거나, 납득할 수 없는 일이 생겼을 때는 상사에게 자신의 의견을 말하고 설명이나 개선을 요구해라. 목소리를 높이지 말고 정중하게. 너는 특히 이 점을 중시해야 한다. 조금만 맘에 차지 않으면 쉽게 목소리가 높아지는 성향이 있으니 말이다. 정중하게 자신의 할 말을 하는 것이 상사로부터 존중받는 길이다. 다산 정약용의 말을 빌려 보자.

"임금을 섬길 때는 임금의 존경을 받아야지, 임금의 총애를 받는 사람이 되는 건 중요하지 않다. 또 임금의 신뢰를 받는 게 중요하며, 임금을 기쁘게 해 주는 것은 중요하지 않다."

이런 마음가짐이야말로 윗사람을 모시는 건전한 태도라 하겠다.

하지만 이런 자세만으로 문제가 다 해결되지는 않는다. 현실은 더욱 복잡하고 미묘하다. 예를 들면, 너로서는 전혀 납득할 수 없는 다른 방향으로 상사가 지시하거나 결정하려 하는 경우이다. 설사 그렇더라도 그 자리에서 언쟁하거나 반박하지는 마라. 감정의 앙금을 남길 수 있다. 일단 물러선 뒤 적당한 시간에 다시 가서 설명하는 게 좋다. 그래도 상사가 자신의 입장을 고수한다면 부하로서는 선택지가 별로 없다. 안타깝지만 내가 해 줄 수 있는 조언도 궁하다.

물론 법령이나 사내 규정에 분명히 어긋나는 경우에는 너도 물러서긴 어려울 것이다. 그때에는 차상위 상사와 의논해 보거나, 적당한 회의가 있다면 우회적으로 거론하여 반응을 떠보는 방법도 시도해 볼 만하다. 그리고 사내에 믿을 만한 선배나 동료가 있다면 조용히 상의해 봐라. 다만, 그런 막무가내 상사가 많기야 하겠니?

부족한 틈새를 메워라

6년 전 관직을 떠나 지금은 서울 소재 대학에서 기술경영전문대학원장으로 재직하고 있는 반 차관께서 언젠가 하신 말씀이 기억난다.

"좋은 상사를 만나면 그 자체가 복이고, 그가 하는 것을 따라 배우면 된다. 만일 나쁜 상사를 만나면, 그가 하는 것을 교훈 삼아 나중에 자신은 그렇게 하지 않도록 노력하면 된다. 좋은 상사든 나쁜 상사든 내게는 모두 선생이다."

아무리 나쁜 상사라도 이처럼 나름의 가치가 있는 법이다. 흔히 '반면교사(反面教師)'라고 한다.

너는 회사를 선택할 수 있지만, 상사는 선택할 수 없다. 나도 한 번도 상사를 택할 수는 없었다. 투표로 뽑는 게 아니라서. 상사가 나를 택한 적은 있지만 말이다. 그게 직장인의 숙명이다. 그런 가운데 때로는 좋은 상사를 만나기도 하고, 때로는 힘든 상사를 만나기도 한다. 간단한 진실은, 주어진 환경에서 최선을 다해야 한다는 것이다.

너의 1차 고객은 상사이다. '고객은 항상 옳다.'라는 점을 염두에 둔다면 그 고객(상사)에 대한 너의 서비스 질도 달라질 것이다. 너의 생각이나 의견에 집착하지 말고 상사와 함께 호흡하는 법을 배워라. 상사와 같은 편에 서라. 그러면 상사도 네 편에 서 줄 것이다.

물론 상사와 같은 입장에 서려면 그와 이야기할 기회를 자주 만들어야 한다. 상사와 대화하길 꺼려서는 어떤 일도 제대로 풀어 갈 수 없다. 실은 상사도 그것을 바라고 있을지 모른다. 상사도 혼자서 할 수 있는 일이 많지 않기 때문이다. 또 상사도 조직이 돌아가는 모양을 다 파악할 수는 없다. 네가 그 틈새를 메워 준다면 상사도 무척 고마워할 것이다. 여기서 놓치기 쉬운 포인트 하나, '상사의 상사'에 대한 배려도 잊지 마라! 그도 엄연한 너의 상사이다.

내가 겪어 본 기재부의 김 과장은 상사의 부족한 부분을 채워 주는 능력이 뛰어났다. 가령 내가 국장으로서 알아야 할 사항이 있다면 직설적으로 알려 주는 대신 요즘 부서 분위기가 어떻다거나, 장관님이 어떤 일에 관심이 많다든가, 간부 중에 누구는 어떤 업무를 집중적으로 챙긴다고 소문이 났다든가 하면서 내가 업무 방향을 제대로 잡을 수 있도록 우회적으로 깨닫게 해 주었다. 내가 모르고 있는 것을 가르쳐 주는 것이 아니라 잠시 잊고 있던 것을 환기해 주듯이 말이다. 아니면 내가 다음 보직으로 어디에 관심이 있다는 것을 알고, 함께 거론되는 후보군들에 대한 직원들 사이의 평을 객관적으로 전해 주었다. '복도 통신'에 돌아다니는 직원들의 관심 사항도 김 과장을 통해 많이 파악할 수 있었다. 그런 직원이 곁에 있으면 언제나 마음이 든든하다. 그와는 대통령비서실에서 만난 뒤로 이따금씩 연락하며 지낸다. 그는 런던 소재 유럽부흥개발은행(EBRD)에서 파견 근무를 마치고 기획재정부 과장으로 복귀했다가, 현재 대통령비서실에서 행정관으로 일하고 있다.

인사는 때로
불공평하다

직장 생활에서 마음에 쏙 드는 보직은 좀처럼 주어지지 않는다. 만족하는 사람은 소수이다. 대다수는 '불만의 겨울'을 보내고 있다. 하지만 이런 태도는 별 도움이 못 된다. 지금 맡은 일이 불만스럽더라도 그 일에 최선을 다하라. 아니, 120퍼센트를 이룬다는 각오로 일하라. 그러다 보면 정말 맡고 싶은 자리로 옮길 수 있다.

삶은 불공평하다

나는 1982년에 입대해 1984년에 제대했다. 그때 사귄 군대 동료들 다섯 명은 아직도 친구처럼 만난다. 모두 자신의 분야에서 나름의 입지를 구축하고 있는 친구들이다. 남자들의 공통 관심사가 군대와 축구라는 말이 있지만, 젊은 시절 군 내무반 생활을 같이한 동료들이라 만날 때마다 헤어질 무렵의 화제는 결국 30년 전의 군 생활 얘기로 되돌아가곤 한다. 주로 고생했던 훈련에 대한 기억이나 이유도 없이 우리를 괴롭(?)혔던 고참들을 안주 삼아.

당시 나는 논산에서 6주간의 신병 훈련을 마치고 강원도 홍천에 있는 사단 본부 직할 대대에 배치되었다. 신병들을 실은 열차가 대전역에서 그 일부를 떨어트리고, 다시 용산역과 청량리역에서 일부를 떨어트렸다. 그리고 마지막 남은 병사들은 춘천에 있는 102 보충대로 갔다. 나도 그 마지막 그룹에 포함되어 있었다. 거기서 하룻밤을 자고 다시 철원, 화천, 인제, 양구, 속초로 흩어졌다. 결국 나는 트럭에 실려 홍천에 있는 부대로 향했다.

이 얘기를 다소 장황하게 하는 것은 당시 우리가 각각 부대에 배치된 기준을 도저히 알 수 없었기 때문이다. 왜 어떤 신병은 '편한 보직'을 받고 어떤 신병은 어렵고 힘든 지역에 배치되는지, 그 기준과 원칙이 무엇인지 짐작 가지 않았다. 분명 투명한 원칙이 있었겠지만 겉으로 드러난 결과만 놓고 보면 각자의 차이를 이해할 순 없었다. 소위 말하는 '운'의 문제였을까, 아니면 '군대에서는 역시 줄을 잘 서야' 하는 문제였을까? 아직도 알 수 없다. 한 가지 분명한 것은 집단이나 조직에서의 보직과 관련해서는 다소간의 불공평이 작용한다는 점이다.

불공평한 군 내부 배치에 대한 문제는 미국의 경우도 별반 다르지 않은 것 같다. 존 F. 케네디 전 대통령은 군 징집 대상자들의 배치와 관련하여 삶이 불공평하다는 점을 지적한 바 있다.

"어떤 사람은 전쟁에서 죽고, 어떤 사람은 부상을 당하고, 어떤 사람은 나라 밖을 떠난 적도 없고, 어떤 사람은 북극 지방에 주둔하고, 어떤 사람은 샌프란시스코에 근무합니다. 그건 군 생활에서건 사회생활에서건 무척 가혹한 일입니다. 삶에는 항상 불공평이 존재합니다."

마이크로소프트의 빌 게이츠 회장도 2004년 7월 캘리포니아에 있는 마운틴 휘트니 고교를 방문해 사회 진출을 앞둔 고교생들에게 들려주었다는 그의 '열한 가지 충고' 중 첫머리에서 불공평 문제를 거론한다.

"인생이란 원래 공평하지 못하다. 그런 현실을 불평하지 말고 받아들여라.(Life is not fair. Get used to it.)"

보직 발령도 불공평하다

회사에서도 신입 사원이 연수를 끝마치면 정식 보직을 받는다. 입사 시험과 연수 성적, 특기와 적성, 개인적 희망 등을 종합적으로 고려한 배치라고 인사 팀에선 설명한다. 말하자면 객관성과 투명성을 최대한 확보했다는 이야기다. 하지만 어떤 인사에서도 마찬가지지만 만족하는 직원보다 그렇지 않은 직원이 대체로 더 많은 법이다. 누구는 서울인데 나는 왜 지방인지, 누구는 재무 팀인데 나는 왜 기획 팀인지 산뜻하게 납득되지 못하는 경우가 많다. 그게 현실이다.

초임 발령과 마찬가지로 경력이 쌓여 승진이나 전보가 있을 때마다 인사의 공정성에 대한 의구심이 말끔히 해소된 적은 어느 조직에서도 없을 것이다. 많은 사람이 대체로 자신이 마땅히 받아야 할 대우를 받지 못하고 있다고 느끼는 게 현실이다. 과거도 그렇고 현재도 그러하며, 아마도 앞으로도 이 문제만은 그렇게 달라지지 않을 것이다.

그건 결국 삶은 불공평하기 때문인지도 모른다. "냉정히 말하면 우리의 역할은 우리에게 부여된 역할을 훌륭히 해내는 것이고, 그 역할을 정하는 것은 다른 사람의 몫이다."라는 말에서 위안을 찾아야 할까? 우리로서 어쩔 수 없는 현실이라면 받아들이는 게 상책이다. 개선을 위한 노력은 여기서 논할 사항은 아니다. 그건 다른 차원에서 접근할 문제이다.

💬 '지금 그곳'에서 시작하기

어떤 학자는 "인간이 동물과 다른 특성 중 하나는 마이너스 국면에 처해서도 플러스 사고를 할 줄 안다."는 데 있다고 한다. 어려움에 맞닥뜨렸을 때 자신의 몰랐던 새로운 가능성을 발견할 수도 있다. 지금 업무에 별 흥미를 느끼지 못한다면 하루에도 몇 번씩 자신에게 다음 세 가지 질문을 던져 봐라. 첫째, 내가 이 일을 하는 이유는 무엇인가? 둘째, 이것이 이 일을 하는 최선의 방법인가? 셋째, 이 일을 하는 다른 방법은 없는가? 납득이 되었다면 힘차게 그 일에 달려들어라. 도저히 이유를 찾을 수 없다면 도리 없이 다른 일을 찾아 나서야겠지.

하찮은 일은 없다. 어떻게든 돈 한 푼을 아끼려는 회사가 굳이 비용을 들여 가며 하찮은 일을 하는 직책을 만들어 두었을 리 없다. 다만 상대적으로 주목도가 떨어지는 보직은 있다. 때에 따라서는 '남의 떡이 커 보이'는 현상 탓일 수도 있다. 그런 자리가 어떤 자리인지는 조직 안에선 대략 공감대가 형성되어 있다. 하지만 빛나지 않는 보직이라도 자신의 능력을 증명할 기회가 있으니 너무 걱정하지는 마라.

어떤 일이나 의미가 있으므로 그 일을 잘하도록 노력하는 것이 중요하다. 테오도르 루스벨트 전 미국 대통령은 말한다. "당신이 현재 가진 것을 가지고, 지금의 위치에서 당신이 할 수 있는 것을 하라." 세계 최초의 인터넷 경매업체 이베이(eBay)의 맥 휘트먼 회장도 강조한다. "아무리 지루하고 짜증스런 일이라도 최선을 다하라."

그 가운데 가장 가치 있는 자산인 평판이 쌓인다. 지금 자리를 자신의 좋은 평판을 쌓을 기회로 활용해라. '지금 그곳'에서 시작하는 것, 그것이 바로 긍정적 사고 방식이다.

💬 재미없는
일은 없다

나도 지난 32년간의 직장 생활에서 누구나 선호하는 소위 '핵심 보직'을 맡아 본 기간은 그리 길지 않았다. 인사에서 '밀렸다'고 여긴 경우도 많았다. 인생이 늘 좋을 수만은 없는 법이다. 미래가 없어 보이는 자리에 배치되었을 때는 어깨가 처지고 목소리에 힘이 빠졌다. 솔직히 달아나고 싶은 적도 있었지만 대안이 마땅찮았다. 잘나가는 동료나 선후배들과 비교하면 아득한 심정이었다. 마음을 다잡기 위해 나름의 훈련도 해 보곤 했다. 그때 반복하여 되뇐 것이 다음의 3원칙이다. ① 어떤 일에나 재미있는 구석이 있다. ② 어떤 일을 하는 데는 반드시 더 나은 방법이 있다. ③ 감당 못 할 일은 없다.

그 재미있는 구석을 어떻게 하면 찾을 수 있을까? 미리부터 별 볼 일 없는 직책이라 단정 짓지 말고 그 직무와 관련된 일에 적극적인 관심을 가져 보는 것도 좋은 시도이다.

2010년 맡은 FTA국내대책본부장도 기획재정부 안에서는 상대적으로 처지는 자리였다. 실망이 컸던 나에게 장관님께서는 다음 기회도 있지 않느냐고 등을 두드려 주셨다. 어떻게 해야 하나 고심했다. 전문가들과 포럼을 열고, 지방 중소기업들에 지원할 수 있는 구체적 방안을 찾기 위해 지방 순회 간담회를 가졌다. 그러니 할 만한 일들이 적지 않게 발굴되었다. FTA 활용 제고와 홍보에 초점을 맞춘 일들이었는데, 반응이 괜찮았다.

같은 일이라도 우리가 어떤 각도에서 접근하느냐에 따라 달라진다. 늘 해 오던 일이라도 우리의 관점이 달라지면 그 일의 의미도 달라진다. 생각도 못 한 방향으로 전개될 수도 있다.

💬 자연발화형 인재

사물에는 세 가지 종류가 있다고 한다. 첫째, 불에 가까이 대면 타는 가연성(可燃性) 물질, 둘째, 불에 가까이 대도 타지 않는 불연성(不燃性) 물질, 셋째, 스스로 잘 타는 자연성(自然性) 물질이 그것이다. 일본이 낳은 대표적 성공 기업가인 교세라 그룹의 명예 회장 이나모리 카즈오는 이에 빗대어 부하 직원들에게 종종 이렇게 말했다고 한다.

"불연성 인간은 회사에 없어도 좋다. 여러분은 스스로 탈 수 있는 자연성 인간이 되었으면 한다. 그렇지 않다면 최소한 자연성 인간의 옆에서 함께 잘 탈 수 있는 가연성 인간이라도 되었으면 좋겠다."

다른 사람이 말을 해야 일하고, 명령이 떨어지고 나서야 움직이는 사람은 절대로 일을 성취할 수 없다. 스스로 탈 수 있으며, 그 에너지를 주위에 나눠 줄 수 있는 사람만이 일을 성취할 수 있다. 다시 말해 일을 이루어 내는 사람은 어떤 명령이 떨어지기 전에 먼저 스스로 솔선수범하고 주위 사람들의 모범이 될 수 있는 능동적이고 적극적인 사람이다.

『가르시아 장군에게 보내는 편지』라는 명저를 남긴 미국 작가 앨버트 허버드가 강조하는 '자발성'도 자연발화형의 다른 표현이다. 허버드는 자발성을 "누군가가 말하기 전에 스스로 알아서 그 일을 해내는 것"이라 한다. 이런 자세보다 한 단계 아래의 자세는, 한 번 말을 들은 다음에 그 일을 해내는 것이다. 즉 윗사람으로부터 받은 명령을 수행하는 자세를 말한다. 그다음으로는, 누군가 채근해야 비로소 그 일을 시작하는 경우이다. 물론 자발성을 가지고 일하는 사람이 성공할 확률이 가장 높다.

회사가 너를 채용한 것은 자발적으로 뭔가 일을 벌이라는 뜻이다. 지금 혹시 지루하고 재미없는 일을 맡고 있다면 다시 한 번 생각해 보아라. 기회가 네 앞에 놓여 있는지도 모른다. 네가 열중할 수 있는 일을 찾아보는 게 어떨까? 일에 심취한다는 것은 정말 매력적이다. 그 일이 팀장의 관심을 끌고 그보다 윗선의 임원들의 관심까지 끌 수 있다면 더욱 좋겠지. 아니, 그들을 끌어들일 수 있는 일을 만들면 된다. 아마 팀장은 그걸 바라고 있는지도 모른다.

너는 그저 밥벌이를 위해 오늘 출근하고 있는 것은 아니다. 만일 맘에 들지 않는 보직 때문에 축축한 기분이라면 빨리 업(up)시켜라. 축구 경기에서 가끔은 수비수가 골을 넣기도 하고, 골키퍼가 골을 터뜨려 주위의 환호성을 받는 경우도 있음을 기억해라. 의외성이 있어 인생은 살맛 나는 것이다.

💬 자신의 역할을 받아들여라

"당신의 인생에서 구경꾼이 아닌 참가자가 되어라."라는 명언을 남긴, 대학 미식축구계의 명감독 루 홀츠는 팀을 승리로 이끄는 데 필수불가결한 요소 열 가지를 들었다. 그중 한 가지가 '자신의 역할을 받아들이는 것'이다. 그는 이렇게 말했다.

"모든 선수들이 전부 최고 쿼터백이 될 수는 없다. 팀이 승리하기 위해서는 물 주전자를 나르는 선수에서부터 감독에 이르기까지 각자가 맡고 있는 임무를 충실히 수행해야 함은 물론, 그 일이 어떤 것이든 최선을 다해야 한다."

물론 정당한 요구까지도 무조건 참기만 하라는 말은 아니다. 나도 사무관과 과장 시절에는 경력 관리에 필요하여 예산실 같은 소위 '핵심 부서'로 가서 한번 일해 보고 싶다고 당시 모시던 국장님이나 실장님께 얘기했다. 그분들도 충분히 이해하고 성사되도록 힘써 주셨다. 물론 당장 내 뜻대로 되진 않았지만, 몇 년 지나서 그런 기회가 찾아오더라. 자신이 어느 부서에서 일하고 싶은지, 어떤 업무를 하고 싶은지 당당히 밝히되, 조직 차원에서 결정되면 일단 수용하는 자세가 필요하다는 게 내 생각이다. 그러고나서 다음 기회를 살리기 위해 준비하면 된다.

이 장은 이쯤에서 마무리하자. 회사에서 현재의 역할에 불만이 있더라도 긍정적으로 받아들이면서 어떻게 하면 기대 이상으로 그 일을 해낼 수 있을지 먼저 고민해라. 인생도 길고 직장 생활도 길다. 그게 나중에 플러스로 작용하기도 했다. 만일 원하지 않는 일을 맡게 됐다면 그 상황에서 교훈을 얻고 새로운 도약의 계기로 활용해라. 즉 자신을 발전시킬 기회로 삼으면 되는 것이다. 오르막이 있으면 내리막도 있지 않느냐.

아빠와 차 한 잔, 첫 번째

첫 출근을 앞두고 무슨 옷을 입고 가야 할지 고민이에요. 면접 볼 때 사장님께서는 편하게 출근하라고 하셨는데, 정말 편하게 입고 가도 되나요? 첫날인데 정장을 입고 가야 하는 것 아닐까요? 또 첫 출근 날에는 무슨 일을 해야 할까요?

회사와 팀에 따라 다르지만, 보통 단정한 비즈니스 캐주얼을 입고 가면 된다. 무난한 게 가장 좋은 거라 생각한다. 멋을 내려고 할 필요도 없다. 치마와 블라우스를 입고 가면 적당할 것 같은데……. 그래도 신경이 많이 쓰인다면 첫날은 검은색 정장을 입고 가서 분위기를 살피고 다음 날부터 다른 사람들에 맞춰 나가면 될 것 같다. 신발과 액세서리는 너무 화려한 것만 피하면 되지 않겠느냐. 굽이 높은 구두도 불안해 보일 수 있다. 패션 회사가 아니라면 말이다. 내 생각이 시대에 뒤진 탓인지는 모르겠지만 중요한 것은 옷은 단정하게 입는 게 제일이라는 것, 다소 보수적인 이미지로 보여도 문제가 없다는 것, 그리고 일을 하는 데 불편을 주는 복장은 피해야 한다는 것이다. 너도 멋 내려고 출근하는 것은 아니지 않으냐.

하지만 튀거나 화려한 것을 피하는 것과 '외모를 치장'하는 것은 별개이다. 복장과 외모는 직장에서 1차적 이미지를 형성하는 요소이다. 어떤 조사에 따르면 직원들이 산뜻하게 옷을 입고 있을 때 능률이 더

오르는 것으로 나타났다고 한다. 자신의 이미지를 좋게 만들려면 복장과 외모도 소홀히 해선 안 된다. 가능하면 외모를 알맞게 치장해라.

출근 첫날이나 초반 며칠간에는 굳이 무엇을 하려고 조바심내거나 불안해할 필요는 없다고 생각한다. 앞뒤 구분도 안 되는 상황에서 책임 있는 일을 할 수야 있겠느냐. 뭔가 시키는 게 있으면 그걸 하면 된다. 꼭 뭘 해야 한다고 지레 겁을 먹을 필요는 없다. 게다가 첫날은 인사하기에 바쁘고, 사람 이름 외우는 데도 정신이 없어 어떻게 하루가 지났는지도 모를 것이다. 팀장과 동료들이 여럿 있기 때문에 아마 코치해 줄 것이다. 사람이 있으면 일은 생기기 마련이고, 그렇지 않으면 시간을 두고 자신이 만들어 나가면 되니, 결코 서두를 필요는 없다.

막 신입으로 들어왔는데 할 일이 없어서 미칠 것 같아요. 상사들은 자기 일에 바빠서 저한테 일도 안 주고 투명 인간처럼 취급한다니까요. 멍하니 있자니 눈치 보이고, 인터넷 뉴스를 보자니 미친 짓 같고……. 제가 뭘 어떻게 해야 하죠?

처음 들어가면 당연히 일이 없다. 조금씩 선배들로부터 인수인계를 받아 업무를 배우면서 자기 일도 생기는 것이다. 복사도 하고 궂은 심부름도 하면서. 그러니 처음 들어갔을 때는 팀 분위기에 적응하려고 노력하면 된다. 아니면 팀 업무와 관련된 서류, 책 등을 열심히 읽어 두면 좋다. 그리고 가만히 있기보다는 예의상이라도 "제가 뭘 좀 도와 드릴까요?"라고 물어보는 것이 적극적인 신입의 자세로 비추어져 긍정적인 평가를 받을 수 있다. 신입의 장점은 어느 일에서나 적극적으로 임하는 자세에서 나온다는 것을 기억하렴. 아무도 그런 태도를 흉보지 않고 좋게 여긴다.

어쩌면 네가 배치받기 전에 팀 안에서 업무 조정이 사전에 이루어졌다면 아마도 지시가 있을 것이고, 누군가 오리엔테이션을 해 줄 것이다. 내 생각에는 역할 분담으로 담당 업무가 정해지고 나면 차차 분명해질 거라 본다. 분위기 파악이 우선이지 싶다. 대부분 트인 좁은 공간에서 일을 보기 때문에 팀장이나 선배들의 업무상 전화나 대화를 어쩔 수 없이 엿듣게 된다. 그러면 현재 어떤 업무가 진행되고 있고, 각자의 처한 상황을 짐작할 수 있다. 아무도 일일이 설명을 해 주진 않겠지만 주의 깊게 관찰하면 많은 것을 알 수 있다.

주위가 바쁘게 돌아가더라도 안달할 필요는 없다. 너도 머지않아 그렇게 될 테니까. 단지, 집에서 하듯이 무료하게 컴퓨터 앞에 앉아 인터넷 서핑이나 하는 것은 금물이다. 그게 업무와 관련된 일이 아니라면. 차라리 업무 관련 자료라도 뒤적이는 게 낫다. 누군가는 그걸 지켜볼 수 있으니까. 처음 형성된 이미지는 오래간다는 것을 명심해라.

 입사한 지 얼마 되지도 않았는데, 선배에게 찍힌 것 같아요. 딱히 잘못한 일도 없는데, '너는 원래 그런 애다.'라는 눈빛으로 무시하는 게 느껴지거든요. 어떻게 하면 제 이미지를 바꿀 수 있을까요?

글쎄다. 참 어려운 문제다. 무슨 연유인지도 모르는데 팀장이 너를 바라보는 시선이 곱지 않다고 느낀다면 원인을 파악해 봐야지. 아직 본격적으로 일을 시작하지도 않았는데 일 때문인 것 같지는 않고. 첫인상이 나빴던 것일까? 다른 스펙을 가진 신입을 원했는데, 네가 강제로 배정이 되어서 그러는 걸까? 상사가 왜 나를 싫어할까 고민해 보고 가능한 부분이라면 개선하려는 모습을 보여야겠지. 배치의 문제라면 너로서도 어쩔 순 없지만. 어쨌든 그런 느낌이 든다면 선배한테 조심스럽게 의논해 봐라. 그 선배도 너와 같이 느낀다면 도움되는 조언을 해 줄 것이다.

아울러 눈에 드러나지 않게 조금 더 팀장님에게 붙임성 있게 다가가 풀어 보려는 노력은 필요하다. 원인이 네게서 비롯된 경우에는 특히 그렇다. 그렇다고 억지나 부자연스러운 모습을 연출할 필요는 없다. 사람에 따라서는 혼자 토라지고 혼자 풀리는 스타일도 있으니, 묵묵히 자기 일을 성실하고 책임감 있게 하는 것이 중요하다. 자연스러운 모습으로 제 할 일을 챙겨 나가는 모습을 보인다면 상사의 시선도 달라지지 않겠느냐.

대부분 직장인들은 뒤끝이 없어서 어떤 일, 설사 그게 너를 못마땅하게 보는 것일지라도 오래가지는 않는다. 다른 중요하고 바쁜 일이 산적한 상황에서 너 개인에 대해 불편한 감정을 갖는다는 것은 그에게도 불행한 일이다. 상식선에서 볼 때 네가 그렇게 '밉생이' 스타일은 아니니까, 그런 상황에 처할 것이라고 걱정하지는 않는다.

2부 실무

차돌 같이
단단한 기본기를 갖춰라

운전할 때 기본은 앞쪽을 주시하는 것이다. 가끔 옆과 뒤도 봐야 하지만, 앞쪽을 게을리하여 바라보면 추돌 사고나 끼어들기 접촉 사고가 날 확률이 높고 방향을 잃어버릴 수도 있다. 요리할 때 기본은 '간 맞추기'이다. 간이 덜 된 요리는 금방 질린다. 주부들이 요리하는 중간 중간에 맛을 보는 이유는 간을 보기 위해서이다. 간만 잘 맞춰도 음식 솜씨 있다는 소리를 들을 수 있다. 이처럼 모든 분야에는 나름의 기본기가 있다. 이 편에서는 직장 생활에서의 몇 가지 기본기에 대해 생각해 보자. 기본기가 탄탄해야 하는 이유는 그렇지 않으면 응용이 제한되기 때문이다. 매일의 직장 생활에서 우리가 부딪히는 것은 어제까지 겪어 보지 못한 변화무쌍한 일들이다. 기본기가 부실하면 올바른 대응책이 나오지 않는다. 미안하지만 한 가지로 승부를 내는 만능 필살기란 존재하지 않는다.

언제나
15분의 여유를!

내가 성공한 것은 어느 때라도 반드시 15분 전에 도착한 덕택이다.
(호레이쇼 넬슨, 영국 해군 제독)

시간 엄수는 군주의 예절이다. (루이 18세, 프랑스 국왕)

🗨 실수 일보 직전

시간 지키기와 관련하여 근래 겪었던 낭패 하나를 예로 들어 보자. 2011년 4월 초의 일이다. 정무직으로 진급한 후 처음으로 차관회의에 참석하게 되었다. 차관회의는 매주 목요일 오후 2시에 시작한다.(많은 정부 부처가 세종시로 이전한 지금은 금요일 오후 4시로 바뀌었다.) 각 부처의 차관(급) 서른 명가량이 참석하여 국무회의에 상정할 안건을 미리 심의하는 중요한 회의이다.

첫 참석이었기 때문에 회의를 준비하는 총리실 담당자가 '간단한 인사'가 있을 것이라고 미리 알려 주었다. 여느 때도 회의나 행사에 미리 도착하는 습성을 지녀 온 나로서는, 첫 회의인 데다 분위기도 잘 모르고, 나의 인사 순서도 있기 때문에 여유롭게 출발했다. 하지만 언제나 예상치 못한 돌발 변수가 생기기 마련인 법. 그날따라 하필 교통이 혼잡해 2시가 되어서야 겨우 회의장에 도착했다.

입구에 들어서는 순간 이미 '국기에 대한 경례'가 시작되고 있어 끝날 때까지 문 앞쪽에 멈춰 기다려야 했다. 애국가가 종료되자마자 직원의 안내를 받아 황급히 7~8미터 안쪽에 위치한 지정 좌석에 앉는 순간, 주재자인 국무총리실장(장관급)께서 "그럼, 차관회의를 시작하겠습니다. 안건 심의에 앞서 오늘 처음 참석하신 국가과학기술위원회 김화동 상임위원님의 인사가 있겠습니다." 하고 내 쪽을 쳐다보았다. 물론 나는 곧바로 "이번에 국과위 상임위원으로 임명된 김화동입니다. 앞으로 여러 차관님을 모시고 과학기술을 더욱 진흥시켜 우리나라의 경제 발전을 기하는 데 진력하겠습니다. 여러분들의 많은 협조와 지원을 부탁드립니다. 감사합니다."라는 요지로 간단히 인사를 마쳤다. 그리곤 "휴!" 하고 깊은 숨을 한 모금 들이켰다.

자칫 2~3분만 늦었으면 회의 진행을 어색하게 했을 수도 있고, 특히나 첫 참석부터 늦는 모습을 서른 명의 차관들에게 보여 좋지 않은 인상을 심어 줄 수도 있었다. 단지 몇 분의 시간 차이로 첫인상이 나빠졌다면 그것을 원상회복하는 데는 꽤 긴 시간이 소요되었을 것이다. 이후 나는 중요한 회의나 약속에는 반드시 여유 있게(굳이 숫자로 표현하면 '15분 전') 도착한다는 원칙을 다시 세웠다. 물론 이후 2년간 차관회의를 비롯한 다른 중요 회의에 결코 늦은 적이 없었다.

🗨 시간은 곧 신뢰다

내가 15분 전 도착이라고 구체적으로 표현한 것은 넬슨 제독의 말이 떠올랐기 때문이다. 호레이쇼 넬슨 제독, 1805년 프랑스와 치른 유명한 트라팔가르 해전을 승리로 이끌어 나폴레옹의 침략을 저지한 인물로, 많은 영국인의 존경을 받는 영웅이다. 우리나라에서는 '영국의 이순신'이라 부르기도 한다. 한번은 누군가가 넬슨 제독에게 어떻게 그렇게 성공할 수 있었느냐고 묻자 그는 "내가 인생에서 성공한 것은 어느 때라도 반드시 15분 전에 도착한 덕택이다."라고 말했다고 한다.

여기서 넬슨이 말한 15분이란 의미는 물리적 시간 개념이라기보다는 '어떤 일을 할 때 대비 가능한 여유 시간을 확보하는 것'이라고 이해할 수 있을 것이다. 200년 전의 시대 상황과는 달리, 요즘 우리 생활에 곧이곧대로 적용하기에는 현실과 맞지 않는 면도 분명 있다. 다만 미리 대비하고 신속히 움직인다는 취지에서는 누구나 새겨들어야 할 말이다.

직장에서 승진하거나 부자가 되는 것 같은 세속적 의미의 성공을 염두에 두지는 않더라도, 시간을 지키는 것은 매우 중요한 사회생활의 기본이기도 하다. 사회생활을 하면서 꼭 익혀야 할 습관 중 하나는 시간을 엄수하는 것이다. 어떤 통계에 따르면 매번 시간을 지키는 사람은 5퍼센트도 되지 않는다고 한다. 늘 시간을 정확히 지키는 사람은 그 자체로 돋보일 뿐만 아니라 상대방에게도 신뢰를 준다. 습관이란 어떤 행동이 반복되어 생기는 것이다. 시간 지키기도 마찬가지다. 9시고 10시고 마냥 늦잠을 자던 네가 입사 후에는 6시면 어김없이 일어나는 것과 같은 이치라 할 수 있다. 기억해라, 반복하면 시간 지키기도 몸에 밴다.

15분 전에 도착하라

내가 정한 '15분 전 도착' 원칙은 앞서 잠시 설명했던 대로 어떤 사안에 대한 돌발 변수를 고려하여 사전에 점검하고, 대응 방향을 세울 수 있는 최소한의 여유 시간을 마련하는 것으로 이해하면 된다. 같은 건물 안 회의실에서 열리는 사내 회의에 15분 전에 먼저 가서 기다리라는 의미가 아니다. 중요한 회의, 행사, 만남이라면 그런 마음 자세로 대처해야 한다는 점을 강조하는 것이다. '15분'으로 상징되는 여유가 너의 대응력을 한결 높여 줄 것이다.

좀 더 구체적으로 살펴보자. 회의 시작 15분 전에 도착하면 이점이 많다. 회의 개요와 예상 전개 방향을 한 번 더 검토할 시간이 생긴다. 또 자신의 입장을 최종 점검할 시간도 확보할 수 있다. 질문할 사항을 정리해 볼 수 있는 것도 이점이다. 좋은 질문을 던지는 것은 해당 사안에 대한 자신의 이해도를 높이고 은연중에 자신의 식견을 다른 사람들에게 보여 줄 기회가 된다.

중요 고객은 면담 시간을 확보하기가 어렵다. 특히 네가 갑의 위치가 아니라 을의 위치에 있다면 더욱 어렵다. 어렵사리 약속이 잡혔는데 네가 부주의하여 5분이나 10분 늦게 도착한다면 어찌 되겠니? 그러지 않아도 어려운 자리인데 시간마저 맞추지 못했다면 제대로 할 말도 못하고 돌아서야 할 게다. 모처럼 잡은 귀중한 기회가 허무하게 날아가 버려 아무런 성과도 거두지 못할 위험이 있다.

15분 일찍 도착하면 실수할 가능성을 절반 아래로 줄일 수 있다. 예를 들면, 상사가 파워포인트를 사용하여 하반기 판매 계획에 대한 프레젠테이션에 나선다면 실무자인 너로서는 기기를 최종 점검할 여유가 생긴다. 어젯밤에 최종 리허설을 할 때까지 아무 이상이 없던 기기가 다음 날 아침엔 알 수 없는 이유로 작동하지 않는 수도 허다하니까. 그런 일로 당황하는 사례는 부지기수이다. 심지어 수없이 확인하고 또 확인한, 대통령이 참석하는 회의에서조차 화면이 나오지 않아 진땀을 빼는 경우도 더러 있을 정도이니 말이다. 요즘은 그렇지 않지만, 예전엔 그런 일이 생기면 책임자를 문책하기도 했다.

업무상 상담이나 개인적인 만남의 경우에도 중요 사항을 한 번 더 점검하여 실수를 방지할 수 있다. 어느 유명한 세일즈맨은 약속 시간 10분 전에 반드시 방문할 장소에 도착하여 가까운 곳에서 기다리다가 1~2분 전에 온 양 자연스러운 태도로 방문을 노크한다고 한다. 도시의 교통 상황은 언제나 예측 불허이다. 중요한 약속이라면 모든 경우를 대비해야 한다.

💬 타인의 시간을 훔치지 마라

넬슨의 15분전 도착 룰은 시간을 대하는 우리의 태도에 몇 가지 시사점을 던져 준다.

첫째, 마감 시간을 지키라는 뜻을 담고 있다. 업무는 혼자서만 하는 게 아니라 여러 사람이 연관되어 진행되는 경우가 많다. 네가 담당한 일이 예상보다 늦어지면 전체 일의 진행 속도에 영향을 줄 수 있다. 때에 따라서는 모두가 퇴근을 못 하고 붙잡혀 있어야 하는 경우가 발생하기도 한다. 그들의 따가운 눈총을 받지 않기 위해서는 마감 시간을 엄격히 지키는 습성을 들이도록 해라. "오늘의 식사는 내일로 미루지 않으면서, 오늘 할 일은 내일로 미루는 사람이 많다."는 법률가이자 사상가인 카알 힐티의 말은 그래서 교훈적이다.

다른 부서나 팀 또는 외부 기관과 업무할 때는 특히 주의해야 한다. 도저히 시간 안에 처리하기가 어려워지면 미리 알리고 그들 나름 대비할 수 있게 해야 한다는 것을 명심해라. "지연은 시간의 도둑이다." 영국 시인 극작가 에드워드 영의 말이다. 마감 시간을 지켜라.

둘째, 자신에게 부여된 시간을 지키라는 의미도 있다. 사내 회의, 월

례 조회, 세미나, 각종 토론회 등에 참석해 보면 간혹 말을 질질 끌면서 마냥 이어가는 발표자가 있다. 주위 눈치엔 아랑곳없이. 회의를 주재하는 입장에서 보면 매우 곤혹스럽다. 발언 순서가 뒤인 발표자에게는 거의 말할 시간이 돌아가지 못하는 사태가 발생하기도 하고, 회의 주제를 벗어날 위험성도 있다. 보다 못한 주재자가 시간을 지켜 달라는 쪽지를 전달하기에 이르면 분위기도 영 어색해진다.

결혼식장에서도 주례사를 지나치게 길게 하면 하객들의 표정이 달라지곤 한다. 청중들이 대략 기대하는 시간이 있다. 이를 넘길 경우에는 '저 양반이 어떻게 마무리하려고 저러나.' 하면서 오히려 듣는 사람이 가슴을 졸이기도 한다. 이런 점을 고려하여 나는 작년 봄에 첫 주례사를 하면서 10분 안에 마치겠다고 미리 공언했다. 하객 모두가 안도의 숨을 내쉬는 것 같더라. 그런 경우 참을 수 있는 시간은 10분 정도가 고작일 거라 생각한다.

요즘은 모두가 간결함을 좋아하니 위 사항은 반드시 염두에 두어야 한다. 사람들은 지루한 것을 싫어한다. 할 말은 언제나 많은 법이지만 욕심 부리지 말고 시간 내에 알맞게 요리할 수 있도록 계획을 잘 짜야 한다. 설사 예정했던 말을 다 하지 못 하더라도 차라리 시간을 지키는 것을 청중들은 더 좋아할 것이다.

너무 많은 걸 전달하려는 강사보다는 주어진 시간을 지키는 강사를 청중들은 더 높이 평가한다. 주어진 시간을 지키기 위해서는 항상 전달하고자 하는 주제를 명확히 하고 핵심 위주로 설명하는 습관을 길러야 한다.

셋째, 다른 사람의 시간을 소중히 여기라는 의미도 포함되어 있다. 다른 사람의 시간을 귀하게 여겨라. 따라서 약속 시간엔 어쨌든 늦지 않아야 한다. 자칫 '도둑'이 될 위험성이 있다. '시간 = 돈'이란 등식에서 보면, 약속 시간에 늦는 것은 다른 사람의 귀중한 돈을 도둑질하는 것이나 다름없다. 5시에 약속했는데 10분 늦게 도착했다면 상대방의 소중한 10분에 해당하는 돈을 네가 훔친 것이다. 9시에 만나기로 약속했는데 만약 9시 20분에 도착했다면 너는 상대방의 20분을 훔친 결과가 된다. 어쩌면 그 20분이 그에게는 돈으로 환산하기 어려운 귀중한 시간일지도 모른다. 존 F. 케네디 대통령을 배출한 케네디 가문에서 시간 약속을 잘 지키는 습관을 길러 주는 것이 '열 가지 자녀 교육 지침' 중 하나인 것도 그런 취지를 반영해서일 것이다.

어느 방송 프로그램에서 탤런트 김수미 씨는 "약속 시간을 안 지키는 후배를 때린 적 있다."고 밝힌 적 있다. "평소 시간 약속에 엄격해서 후배들이 약속 시간을 안 지키면 화가 난다."며 그래서 "자주 지각하는 후배를 말로 타일러서 안 듣자 때렸다."고 했다.(막상 '때렸다'고 표현했지만 실제론 가벼운 '꿀밤' 정도 아니었을까 짐작된다.) '시간 = 돈'을 훔친 후배가 나중에 더 큰 '시간 도둑'이 되기 전에 따끔하게 경고하는 어른다운 모습을 보여 준 것이 아닐까 한다.

💬 시간의 무게를 깨닫는 의미도 있다

넬슨의 '15분 전 도착'이 주는 또 다른 메시지는 우리에게 시간의 소중함, 가치를 깨닫게 해 준다는 것이다. 우리들 대부분은 이 귀중한 '시간'의 의미를 의식하지 못한 채 살아가고 있다. 죽음을 앞 둔 사람이야말로 시간의 소중함을 가장 절실하게 느끼겠지. 그런 의미에서 유명한 일화를 하나 소개해 보마. 러시아 문호 도스토옙스키의 '사형 전 5분간'에 대한 이야기이다. 시간의 소중함을 다시 한 번 곰곰이 생각해 보는 계기로 삼았으면 좋겠다.

1849년 12월 21일, 사형을 선고받은 스물여덟 살의 도스토옙스키는 형장에 섰다. 당시 사회주의적 사상을 가진 미하일 페트라셰프스키가 주도한 독서 모임에서 활동하다 반체제 혐의로 검거돼 형장의 이슬로 사라질 위기에 처한 것이다. 당시 러시아 제국 황제 니콜라이 1세는 서유럽 자유주의 사조의 유입을 두려워한 나머지 젊은 지식인들에게 본보기를 보이고자 일종의 연극을 꾸몄다.

형을 집행하던 그날은 영하 50도의 추운 겨울이었다. 도스토옙스키는 두 사람의 사형수와 함께 두 눈이 가려진 채 사형대에 묶였다. 사형수들에게는 최후의 5분이 주어졌다. 28년간을 살아왔지만 이렇게 단 5분의 시간이 천금 같이 생각되기는 처음이었다. 당시 도스토옙스키의 심정은 훗날 그가 쓴 장편 소설 『백치』에 잘 드러나 있다. 이 책에서 그는 자신의 경험을 투영해 "이 세상에서 숨 쉴 수 있는 시간은 5분

뿐이다. 그중 2분은 동지들과 작별하는 데, 2분은 삶을 되돌아보는 데, 나머지 1분은 이 세상을 마지막으로 한 번 보는 데 쓰고 싶다."고 술회했다.

　5분의 시간은 눈 깜짝할 사이에 흘러가 버렸고, 도스토옙스키는 '이제는 죽는구나.' 하고 생각하며 눈을 감았다. 28년간의 세월을 순간순간 아껴 쓰지 못한 것이 너무나 후회되었다. 그는 깊은 뉘우침에 사로잡혔다. 총에 탄환 재는 소리가 들렸다. 그때 기적이 일어났다. 멀리서 한 병사가 흰 수건을 흔들며 황제의 특사령을 가지고 달려왔던 것이다. 사형 직전 풀려난 도스토옙스키는 4년간 시베리아에 유형을 가는 것으로 감형되었다. 옴스크에서의 감옥 생활 체험은 나중에 장편소설 『죽음의 집의 기록』, 『학대받은 사람들』에 사실적으로 묘사되었다.

💬 셈페르 파라투스, 언제고 준비되어 있는

이야기가 좀 돌아왔다. 이제 이 장을 마무리하자. '넬슨의 15분 전 도착'에 대한 의미를 해석해 보고, 내 나름의 응용판인 '15분 전 도착 룰'과 관련한 몇 가지 의미도 생각해 봤다. 다시 한 번 말하지만 10분이든 15분이든 미리 도착한다는 것은 무슨 일에든 돌발 변수가 생겨도 충분히 대처할 수 있는 여유를 확보한다는 취지로 이해하면 좋겠다. 다른 말로 하면, '유비무환(有備無患)'의 자세라고 할 수 있다.

넬슨 제독이 군인으로서 평생을 전장에서 보냈다는 점을 감안하면, 매사에 '유비무환'의 자세로 대처했다는 의미로 봐야 할 것이다. 유비무환이란 "미리 준비가 되어 있으면 뒷걱정이 없다."는 뜻이다. 평소에 일을 점검하고 만약을 대비하는 자세라고 보면 된다. 1장에서 강조한 '15분 전 사무실 도착하여 그날 할 일 목록을 작성'하는 것도 같은 흐름에 있다고 볼 수 있다.

직장 생활에서 유비무환을 실천하는 방법 중 하나는 문제가 발생하지 않도록 미리 예방하는 것이다. 문제가 발생하고 나서 대응책을 찾지 말고, 문제의 소지가 될 싹은 미리 적극적으로 찾아내 커지지 않도록 하는 것이다. 현재의 업무가 현장과 관련이 많다면 특히 그런 자세가 필요하다. 부서 수준의 작은 민원 사항에 제대로 대처하지 못하여 나중에는 조직 차원에서 감당해야 할 문제로 커지는 경우도 있다는 점을 유의해라.

암웨이의 공동 창업자 리치 디보스는 이런 상황에 대비하여 '사전에 행동하라.'고 충고한다. 『리치처럼 승부하라』에서 리치 디보스는 문제가 자신을 찾아올 때까지 앉아서 기다리지 말고 그전에 미리 행동해야 한다고 강조한다. 그러기 위해서 회사의 구석구석까지 그는 문제를 찾아다닌다고 한다.

유비무환의 자세는 상황 변화에 대한 적극적인 사전 대응으로 나타나기도 한다. 자신이 담당하는 제품의 매출이 정체 상태에 있거나 미미하지만 이전 달보다 줄어들었다고 했을 때, 상사가 원인을 묻기 전에 담당자로서 그 상황을 세밀하게 분석하고 타개할 방안을 궁리해 나가는 것이다. 그러려면 자신의 업무 영역에서 일어나는 일을 항시 파악하고 있어야 한다. 이런 직원은 당연히 상사에게 믿음을 줄 수 있다.

정리하면 유비무환의 자세란 '어떤 일을 할 수 있게 언제나 준비되어 있는 상태'를 뜻한다. 영국의 유명한 동기부여 전문가 R. 이안 시모어가 제시하는 '셈페르 파라투스(semper paratus)'와 비슷한 뜻이다. 시모어에 따르면 라틴어인 셈페르 파라투스는 어떤 일을 하기에 '언제고 준비되어 있는' 상태를 뜻한다. 출발 총성이 울리기 직전의 달리기 선수와 같은 준비 태세라고 이해하면 되겠다. 직장인이라면 그런 자세를 가져야 한다. 일상의 '15분 여유'가 그것을 가능하게 한다.

메모해야
살아남는다

프로는 메모를 하고 아마추어는 듣기만 한다. (사카토 켄지, 『메모의 기술』 저자)

느닷없이 떠오르는 생각이 가장 귀중한 것이며, 보관해야 할 가치가 있는 것이다. 메모하는 습관을 갖자. (프랜시스 베이컨, 영국 철학자)

💬 넘치는 지식과 정보를 어떻게 관리할 것인가

뒤에 나올 12장에서 "책을 읽으라."고 누누이 강조하겠지만, 읽는 것으로 끝이 아니다. 그다음 단계의 과제가 새롭게 대두된다. 거기서 얻은 지식이나 정보를 어떻게 효율적으로 관리하고 필요할 때 요긴하게 써먹느냐 하는 문제이다. 나도 지금까지 살아오면서 많은 책이나 잡지와 신문을 읽고 여러 정보를 접했지만 지나고 보면 관리를 하지 못해 남은 게 많지 않다. 식사나 모임에서 사람들로부터 들은 기억할 만한 귀중한 정보나 재미있는 얘기도 마찬가지이다.

이런 방면에 대해 좀 더 일찍 고민하고 유용한 방법을 찾아 실천했더라면 하는 아쉬움이 많이 남는다.

  그간 뭘 읽거나 듣다가 괜찮다 싶으면 수첩이나 메모지에 따로 적어 보관하거나 컴퓨터에 파일을 만들어 놓기도 하는 등 나름으로 보관하려고 노력하긴 했다. 하지만 한곳에 통일되게 보관하지 못한 탓에 나중엔 다 휴지 조각처럼 뿔뿔이 흩어져 버린 걸 깨달았다. 플로피디스크를 사용하던 시절 컴퓨터에 저장해 둔 자료는 더 이상 쓸모가 없었다. 메모장이나 업무용 수첩에도 여기저기 찔끔찔끔 기록해 두었으나 크기가 다르고 잡다한 다른 내용과 어수선하게 뒤섞여 나중에 찾아보는 일이 귀찮기만 했다.

  그러다가 최근 3년 전부터 방법을 달리해 보고 있는데 간단하면서도 유용하게 느껴져 앞으로도 계속 해 볼 작정이다. 좀 늦은 감은 있지만, 그래도 이제부터라도 차근차근 실천해 나가면 그간의 실점을 조금은 만회할 수 있지 않을까 생각한다.

💬 A6 카드 활용법

최근 활용하고 있는 방법은 다름 아닌 A6 사이즈(105×148밀리미터)의 메모 카드에 기록해 두는 것이다. 사무실에도 그렇고 집에서도 그렇고 뭘 읽거나 보다가 또 듣다가 의미 있는 대목이 나오면 곧바로 적어 둔다. 각종 회식이나 모임에서 많이들 사용하고 있는 건배사나 우스개 이야기도 마찬가지이다. A6 카드가 없는 경우에는 수첩에 적어 뒀다가 나중에 옮겨 쓴다. A6 사이즈보다 큰 것도 있고, 작은 것도 있으나 내 경우엔 A6가 가장 적당하다. 이 책을 쓰는 데도 이 카드에 메모해 둔 것들이 꽤 도움이 되었다.

예를 들어, 아침 신문을 보다가 좋은 구절을 발견하면 즉시 적어 두고, 좀 긴 내용은 요지만 기록한 뒤 출처(언제, 어느 신문)를 덧붙여 나중에 쉽게 찾을 수 있도록 한다. 오려 붙이기가 가능한 경우에는 그 방법을 쓴다. 책 같은 경우는 우선 밑줄을 긋고 중요 페이지에는 포스트잇을 붙여 나중에 해당 페이지만 바로 펴 볼 수 있도록 하면서, 짧은 구절은 카드에 옮겨 적는다. 이제 겨우 1500장을 넘은 수준으로 아직은 활용성이 낮지만, 가끔 처리 중인 과제의 진도가 전혀 나가지 않을 때 카드를 들춰 보다가 힌트를 얻는 경우도 있었다. 모아 둔 자료가 '2퍼센트 부족'한 상황을 채워 주는 경우다. 현재 1단계 목표는 3000장을 모으는 것이다.

이 방식은 카드의 크기가 같아 보관이 쉽고, 필요한 장은 그때그때 빼내 쓸 수 있을 뿐만 아니라 관련 내용을 따로 모아 서로 연관지을 수 있다는 장점이 있다. 내가 일전에 이 카드를 한 묶음 사 주면서 활용해 보라고 권했지만 너는 별로 흥미가 없는 듯했다. 사실 동전들이 하나씩은 크게 쓸모가 없지만, 돼지 저금통에 가득 차면 10만 원 단위의 큰돈이 되고, 이를 다시 적금으로 넣고 몇 년이 지나면 100만 원 단위의 목돈이 될 수 있는 것처럼, 너의 시각으로 모은 작은 자료와 정보들도 오래 쌓이면 일관성이 생겨 그 가치가 커지는 법이다.

네트워크의 가입자 수 증가 효과와 마찬가지로 정보도 가짓수가 많아지면 상호 조합의 기회가 기하급수적으로 커진다. 그래서 난 A6 카드를 '정보의 돼지 저금통'이라 명명하고 계속 모으려 한다. 날마다 한두 장씩 늘어나는 카드를 흐뭇하게 지켜보면서 노다지 금광이 뭐 따로 있는 게 아니라 여기고 있다. "뭉치면 살고 흩어지면 죽는다."는 말은 어쩌면 정치보다는 정보 이용에 더 맞는 구호인지도 모르겠다.

💬 메모는 지식을 축적한다

평소 좋아하는 명언은 따로 기록해 두고 흥미로운 글이 눈에 띄면 일단 적어 놓고 봐라. 나도 그렇게 하고 있다. 요즘은 화장실이나 지하철 벽에도 좋은 글귀를 많이 써 붙여 둔다. 그런 중에도 마음에 드는 글이 있으면 수첩에 적어 두곤 한다. 어쨌든 기회가 되면 메모하는 버릇을 들이도록 해라. 또 자신의 업무와 관련된 내용도 눈에 띄면 일단 기록해 두어라. 작은 수첩이나 메모지를 항상 핸드백이나 주머니에 넣고 다니면 더할 나위 없이 좋다.

윈스턴 처칠은 책이나 신문을 읽다가 좋은 표현이 나오면 스크랩하는 습관이 있었다. 그는 그 자료들이 상황에 맞게 글을 바꿔 쓰는 데 큰 도움이 되었다고 밝히며, 참모들에게 그 방법을 가르쳐 주었다. 그는 1948년에서 1953년까지 『제2차 세계대전』이라는 6권에 이르는 방대한 회고록을 집필해 1953년 노벨문학상까지 탔다.

과학자이자 수학자, 철학자이기도 했던 게오르그 리히텐베르크는 재치가 번뜩이는 사람은 아니었지만, 페트리 접시에 중요한 곰팡이를 배양하는 연구자처럼 신경을 곤두세우고 자신과 주변 사람들을 관찰하여 정성스레 공책에 기록하곤 했다. 그리고 그 공책들을 1765년부터 1799년 죽을 때까지 간직했다. 거기에는 일상의 일들이 꼼꼼하게 기록되어 있었다. 자신에 대한 기록, 읽은 책에 대한 논평, 과학 논문과 잡지에서 인용한 글, 시간에 대한 철학적 주장과 그의 생각 등등. 그런 기록들을 바탕으로 사람들에게 영감을 주었다. "지구에서 가장 흥미로운 표면은 인간의 얼굴이다."라는 말은 그가 남긴 명언 중 하나이다.

소위 '비망록'도 메모의 한 형태이다. 학자들, 아마추어 과학자들, 문인이 되려는 꿈을 품은 사람들 등 17~18세기 계몽 시대 유럽에서 지적 야망을 지녔던 사람이라면 거의 모두가 비망록을 기록했다. 당시 위대한 지성인 밀턴, 베이컨, 로크 등도 주로 책에서 읽은 내용 중 인상적인 부분을 비망록에 옮겨 적어 자기만의 인용문 백과사전을 만들었다. 이처럼 초기의 비망록은 자기 계발에 도움이 되었다. 비망록을 적어 "지식을 축적할 수 있었고, 그 지식에서 삶에 도움이 되는 내용을 언제든 선택할 수" 있었던 것이다. 다윈은 이러한 비망록을 기록하는 전통을 이어받아 충실히 일지를 작성했고, 훗날 진화론을 정립하는 데 큰 도움을 얻었다.

💬 메모는 아이디어를 붙잡는다

성공한 사람 중에는 메모를 즐겨 하는 사람들이 많다. 메모는 순간적으로 떠오른 창의적인 생각이나 아이디어를 공중으로 사라지지 않게 해 준다. 16년간 기억에 대해 연구했던 독일의 심리학자 헤르만 에빙하우스의 '망각 이론'에 따르면 보통 사람들은 20분이 지나면 초기 기억의 50퍼센트 정도를 잊어버린다고 한다. 따라서 메모하는 습관만 들여도 자신의 능력을 배가시킬 수 있을 것이다. 좋은 아이디어가 떠오르거든 적어 두어라. 앞서 소개한 리히텐베르크도 "누구나 한 해에 한 번쯤은 천재적인 생각을 한다. 그 생각들을 한데 모으는 것이 진짜 천재이다."라고 말했다.

'살림의 여왕'이라 불리는 마사 스튜어트는 《비지니스 2.0》 2002년 6월호에서 이렇게 말했다. "나는 영감이 떠오르면 절대로 놓치지 않는다. 여행할 때는 항상 청색 나선철 노트를 챙긴다. 노트는 매달 한 권씩 사용하여 생각이 떠오르면 버리지 않고 꼭 적어 둔다." 하버드비지니스스쿨의 경영학과 명예교수로서 『테드 레빗의 마케팅』의 저자인 테드 레빗도 언제나 호주머니에 3×5인치의 카드와 펜을 넣고 다니면서 상대방의 말을 받아 적곤 했다.

1981년 노벨 화학상을 수상한 일본의 후쿠이 겐이치 박사는 메모와 관련한 일화로 유명하다. 그의 부인이 발표한 수필집 『일편단심』에는 박사의 메모 습관이 자세히 나온다. 한밤중에 벌떡 일어난 남편이

베개 옆에 늘 놓아 두는 연필을 집어 들고 수첩에 뭔가 휘갈겨 쓴다는 것이다. 그러고는 아무 일도 없었다는 듯 몽유병 환자처럼 다시 잠들어 버린다고 한다. 이런 메모들이 훗날 R. 호프만과 공동으로 노벨 화학상을 받은 '프론티어 궤도' 이론의 기초가 되었다.

💬 메모 활용 사례

스티브 잡스는 2005년 스탠퍼드 대 졸업식 축사에서 "창의성은 점과 점을 잇는 것"이라 말했다. 『렉서스와 올리브 나무』, 『세계는 평평하다』의 저자 토머스 프리드먼도 자신의 강점을 "점을 연결하는 능력"이라 했다. 즉 평소에 메모한 자료들이 하나하나의 점이 되고 그것이 서로 연결되어 새로운 것들이 탄생할 수 있다. 일본 소프트뱅크 손정의 회장도 젊은 시절 "하루에 한 가지씩 발명한다."는 목표를 세우고, 노트에 메모하기 시작했다. 손정의가 '아이디어 뱅크'라고 부른 이 발명 노트에는 무려 250개 이상의 발명품이 상세히 기록되어 있다고 한다. 결국 창의성은 평소의 메모에서 나온다 해도 과언이 아니다.

나도 가끔 보고서를 작성하거나 기고문을 쓸 때 많지는 않지만 앞서 설명한 A6 카드와 각종 메모에서 힌트를 얻은 경우가 있다. 카드 한 장 한 장이, 메모 하나하나가 이 '점'에 해당된다. 그리고 좋은 말 중에서 상황에 맞게 적절히 변형하여 사용하면 재미와 신선함을 선사할 수 있다.

예를 들면, 어떤 부부 동반 모임에서 "손안에 든 한 마리 새가 덤불 속의 두 마리 새보다 낫다."라는 속담을 "집 안에 있는 여자 하나가 거리의 여자 둘보다 낫다."고 바꿔 표현했더니 네 어머니의 표정이 확 펴지더라. 실은 A6 카드에 적어 둔, 1900년대 전반 미국 연극·영화계를 화려하게 장식한 배우 메이 웨스트의 "집 안에 있는 한 남자가 길거리의 두 남자보다 낫다."는 표현이 떠올라 흉내를 내 본 것이었다.

💬 가끔 의외의 재미를 안겨 주기도 한다

20년 전엔 나도 담배를 즐겨 피웠다. 하루 한 갑을 피웠으니 말이다. 밥을 먹고 나면, 커피를 마시고 나면, 소주를 한잔하고 나면 담배 맛이 그렇게 좋을 수가 없었다. 어떤 경우에는 담배를 피우려고 일부러 커피를 마시기도 했다. 대학 들어가면서부터 피우기 시작해 25년 넘게 피워 오다가 2001년에 결단한 뒤로 이제껏 전혀 입에 대지 않고 있다. 나에게도 이렇게 독한 구석이 있었나 싶기도 하다.

담배를 좋아하던 시절엔 가끔 직장 동료나 친구들과 흡연의 장점에 대해 억지 논리를 갖다 붙이며 합리화를 하곤 했다. 대부분 "스트레스 해소에 도움이 되고, 보고서 작성할 때 머리를 잘 돌아가게 해 준다."

같은 이유를 들었다. 윗사람에게 핀잔을 들었을 때는 옥상에 올라가 담배 연기 한 모금에 울적한 기분을 날려 보내곤 했다.

그러다가 1994년 5월, 한 신문에 당시 중국의 지도자 덩샤오핑이 주장했다는 '흡연의 열 가지 장점'을 소개한 칼럼이 눈에 띄었다. 나중에 한번 써먹어야지 하는 생각으로 수첩에 옮겨 적어 두었는데, 그 내용은 다음과 같다. "흡연은 사고력을 기르고, 인내심을 키우며, 오락적인 데다, 사교에 큰 도움이 되고, 어려운 일을 풀리게 하며, 젊은이에게는 낭만을 늙은이에게는 위안을 주며, 상거래 등에서 흥정에 도움을 주고, 정서에도 좋을 뿐만 아니라, 국가 재정과 국방에도 도움을 준다." 그리곤 그 메모 자체를 잊어버리고 있었다.

그런데 이번에 이 책을 쓰기 위해 이전의 각종 수첩을 들춰 보던 중 그 메모 옆에 네 엄마가 몇 자 토를 달아 둔 것을 발견하곤 웃음이 절로 나왔다. 평소 '잔소리'가 많은 네 엄마도 이렇게 가끔은 재미있는 구석이 있었던 모양이다. "그래, 열 가지 장점 다 좋다. 그러나 빨리 죽는다. 죽고 나면 그 장점들도 다 쓸모없다."

💬 제때 메모하라

아이디어는 때를 가리지 않고 떠오른다. 밥을 먹다가, 지하철을 타고 가다가, 산을 오르다가, 길을 걷다가, 샤워하는 도중이나 친구와 술을 마실 때 생각나기도 한다. 이런 순간적인 발상을 '나중에 정리해야지.' 하고 미루다 보면 금세 잊어버린다. 회의할 때는 상대방의 의견에 고개를 끄덕이며 이해했다고 생각했는데, 막상 끝나고 나면 그 말이 전혀 기억나지 않는 경우도 많다. 아무리 가슴에 와 닿을 만큼 인상적인 이야기를 듣는다고 해도 메모하지 않으면 기억나는 것은 일부분에 불과하다.

따라서 아주 사소한 생각이라도 반드시 적는 습관을 지녀야 한다. 적을 때 그 생각은 뼈와 살이 붙어 자기 것이 되는 것이다. 때로 그 사소한 생각이 성공을 가져다주기도 한다. 다윈의 '적자생존'이란 말을 살짝 비틀어 "적는 자가 살아남는다."고 표현하는 사람도 있다.

그런 다음에는 잊어도 된다. 기록하고는 잊어버리라는 말이다. 늘 기억할 필요는 없다. 하긴 그 모든 것을 어찌 기억할 수 있을까? 어느 날 묵혀 둔 메모와 메모가 우연히 연결되어 풀지 못한 숙제가 풀리고, 새로운 그 무엇이 탄생하는 것이다. 성공의 비결은 메모 습관에 있다.

좀 거친 표현이라 미안하지만 다음과 같이 재차 강조하고 싶다. 몸이 좋은 사람보다, 부지런한 사람보다, 집안이 좋은 사람보다, 머리가 좋은 사람보다, 메모하고 그것을 항시 활용하는 사람이 살아남는다. 메모해야 살아남는다.

스피치 능력은
향상시킬 수 있다

말이 명확하지 않으면 말하는 바와 뜻하는 바가 일치하지 않는다. 말과 뜻이 일치하지 않으면 이루고자 하는 것을 결코 이룰 수 없다. (공자)

처칠은 천성적으로 웅변을 잘하는 사람이 아니었다. 달변가도 아니었다. 하지만 그는 노력했다. 문장 하나하나를 손보면서 몇 시간이고 연설문을 다듬었다. (짐 콜린스, 스탠퍼드 대학 교수·경영컨설턴트)

💬 사람들 앞에서 말하는 것은 누구나 두렵다

32년 공직 생활 중에서 내게도 말하기는 늘 가장 큰 부담 중 하나였다. 적은 인원이 참석하는 부서 회의든, 이삼십 명이 참석하는 공식 회의나 간담회든, 수백 명이 참석하는 공청회나 세미나든, 아니면 그야말로 일반인을 대상으로 한 강연회든, 참석 규모나 회의 성격과 관계없이 남 앞에 나서서 말하는 것을 늘 부담스러워하였다. 특히, 윗사람들이 많이 참석한 자리에서 보고나 발표를 해야 하는 일정이 잡히면 그때부터 머릿속이 복잡해진다. 사투리가 영

고쳐지지 않는 점도 신경 쓰였다. 돌이켜보면 대체로 적당히 넘겨 왔다고 판단되나 때에 따라서는 지나치게 긴장한 나머지 내가 무슨 말을 했는지도 모르면서 횡설수설하다가 마친 경우도 더러 있었다.

말하기에 대한 두려움을 호소하는 경우는 비일비재하다. 하버드 대학에서 행복학 강의 열풍을 불러일으킨 '긍정심리학' 교수 탈 벤-샤하르는 강의를 시작했던 초기에 대중 연설에 대한 불안감을 심하게 겪었다고 털어놓았다. 강연의 대가인 그조차 "자신의 심장이 뛰는 소리가 청중에게 들릴 것만 같아 불안했고, 극도로 긴장하니 준비한 이야기조차 자꾸 잊어버렸으며, 입이 바짝바짝 타들어 갔다."고 그의 저서 『완벽의 추구』에서 술회했을 정도이다.

그뿐만 아니다. 누구나 말하기를 껄끄럽게 여기는 모양이다. 오죽했으면 미국인들이 가장 두려워하는 일이 '남 앞에서 말하는 것(공중 스피치)'이라는 얘기까지 나오겠니.《비즈니스위크》가 조사한 자료에 따르면 미국 기업 임원들의 96퍼센트가 대중 연설에 두려움을 느낀다고 한다.

이처럼 누구나 다른 사람 앞에서 말하는 것에 부담을 느낀다. 유명 인물들뿐만이 아니라 우리 주변에서도 그와 같은 사례를 흔히 볼 수 있다. 가령 직장에서 연간 한두 차례 열리는 전 직원 참석 토론회에서 발표를 해야 할 때 아무도 선뜻 나서지 않는다. 나도 그랬다. 대신 발표 자료를 정리하는 서기 역할을 자처하는 경우는 많다. 괜히 사서 위험을 초래할 필요가 없기 때문이다. 그냥 눈에 띄지 않고 조용히 여럿 속에 묻혀서 어서 행사가 종료되기를 바라는 마음뿐이다.

회의할 때에는 주제 발표는 물론이고 단순한 의견을 펼치는 것도 가급적 피하려 한다. 상대방이 어떻게 받아들일까 신경 쓰이고, 분위기와 동떨어진 의견을 내 창피나 당하지 않을까 염려되기 때문이다. 가만히 있으면 본전은 하는데 굳이 나서서 점수를 잃을까 걱정되기 때문이다.

💬 소통의 시대에 필요한 스피치 능력

'말하기'는 다양한 경우에 여러 가지 형태로 이루어지므로 한 가지 용어로 통일해서 설명하기는 어렵다. 그게 이 글의 목적도 아니다. 편의상 여기서는 말하기, 강연, 스피치, 발표, 프레젠테이션 같은 용어를 혼용해서 사용함을 이해하기 바란다. 직장 생활 중 접할 가능성이 많은 여러 형태를 염두에 두면 된다. 하지만 어떤 경우에나 바람직한 말하기의 기본 원리는 같다고 하겠다.

세상이 온통 소통을 강조하면서 남들 앞에서 말하는 능력을 키우는 일, 자신의 의견을 조리 있게 밝힐 줄 아는 능력을 갖추는 일은 갈수록 그 중요성이 커지고 있다. 말하기는 기본적인 소통 능력의 문제이기 때문이다. 말하기에 자신감이 없고 위축되면 성장할 기회를 놓치게 된다. 발표력에 자신이 없으면 기회가 왔을 때 이런저런 핑계로 회피하며 꽁무니를 빼려고 한다.

사실 남들 앞에 서서 말하는 일은 재미있고, 가끔은 강의료 등 쏠쏠

한 가외 수입이 들어올 수 있으며, 남들에게 자신을 알리고 다른 사람들을 알아 나가는 훌륭한 기회가 된다. 게다가 여러 연구 결과에서는, 대중 강연의 횟수가 많아지면 소득 계층도 높아지는 경향이 있음을 보여 주고 있다.

그런 탓인지는 모르지만 투자의 귀재 워런 버핏도 스피치 강좌를 수강하며 말하기 능력을 키웠다고 한다. 또 사회적 성공과 '언어적 유창함' 간에는 상관관계가 있다는 주장도 제기된다. 2차 세계대전의 영웅으로 유럽 부흥을 위해 마셜플랜을 제창한 조지 마셜 장군이 그런 예에 잘 들어맞는다.

마셜은 언어 능력을 갈고 닦아서 브리핑할 때 뛰어난 말솜씨를 보여 주었다. 그는 어떤 청중을 상대로 하든 효과적으로 내용을 전달했을 뿐 아니라 그들의 질문에 능숙하게 대답했다. 또한 그들의 궁금증을 미리 간파하여 청중의 관심을 주요 이슈에 집중시켰다. 브리핑할 때 그는 메모장을 거의 사용하지 않고 오로지 탁월한 기억력에 의존하여 몇 시간 동안 연설할 수 있었다.

💬 기본 원칙만 실천하면 말하기도 두렵지 않다

남 앞에서 말하기를 두려워한다는 것은 혹시라도 연단에 섰을 때 너무 두려워 신체적 이상 증상이라도 일으키지 않을까 하는 과도한 불안 심리가 깔렸기 때문이다. 하지만 세계적으로 지금까지 연단에서 말하다가 치명적 신체 사고를 일으킨 사례는 손가락을 꼽을 정도에 지나지 않는다고 한다. 매일 같이 엄청난 횟수의 강연과 프레젠테이션이 행해지고 있다는 사실을 감안하면 그럴 확률은 제로라 단정할 수 있다. 우리가 불안해야 할 어떤 합리적 근거도 없다는 것이다. 다시 말하자면 강연이나 연설은 매우 '안전'하다. 이처럼 안전한 스피치를 우리가 겁낼 이유가 어디에 있을까?

청중들과 눈을 제대로 마주치지 못하고 횡설수설하여 창피를 당하지 않을까 하고 걱정될 때도 있다. 하지만 이런 경우는 다음 몇 가지 원칙만 충실히 실천하면 말하기 능력을 많이 향상시킬 수 있다. 첫째, 성격을 분명히 한다. 정보 제공이냐 설득이냐 업무 설명이냐 등. 둘째, 발표할 내용을 정한다. 셋째, 발표할 내용보다 몇 배 많은 자료를 수집한다. 넷째, 최소 세 번은 소리 내어 연습한다. 마지막으로 발표할 장소와 주변 환경을 점검한다. 짧은 발표든 본격적인 프레젠테이션이든 기본 원칙은 마찬가지이다.

그 외에 우리가 그간 많이 들어 왔던 스피치와 관련된 충고들로는 다음과 같은 것들이 있다. 물론 이 방법들이 모든 사람에게 반드시 수용되고 있지는 않는다는 것을 주의해야 한다.

- 연습, 연습, 또 연습만이 살길이다.
- 청중을 제대로 파악하라. 청중이 중요하게 생각하는 것을 파악하라.

그러면 당신의 메시지를 적절한 형태로 전달할 수 있다.
- 청중과 시선을 마주치며 적절한 손동작을 활용하라.
- 연단 뒤에 숨지 말고 청중과의 사이에는 아무것도 두지 마라.
- 먼저 청중의 시선을 끌어야 한다. 농담이나 우스개 이야기로 시작하라.(이 부분의 효용에 대해서는 논란이 있다. 오히려 분위기를 썰렁하게 할 수도 있다.)
- 중요한 것을 먼저 말하라. 핵심을 말하라. 그런 다음 방금 말한 내용을 다시 말하라.
- 반복하라, 반복하라, 다시 한 번 반복하라.

단순하지만 이러한 기본 원칙에 충실한 채 여타 충고들을 적절히 가미하면 불안을 최소화하고 스피치 능력을 크게 향상시킬 수 있다. 덧붙여 내 나름의 경험에 비추어 약간의 부연 설명을 하고 몇 가지를 보충해 보려고 한다.

철저히 준비하라

1시간 동안 발표하기 위해서는 10시간 분량의 자료를 준비해야 한다. 열 배 이상 준비해야 1시간을 충실하게 얘기할 수 있다. 그런 자세로 대처해야 한다는 뜻이다. 운동 선수들이 경기 일정에 맞추어 몸 만들기에 돌입하고, 전쟁터에 나가는 군인이 총기를 손질하고 탄약과 비상식량을 충분히 준비하는 것과 같은 이치다. 말할 내용에 대해 준비해라. 천하에 당할 자가 없던 불사신이었던 아킬레스(그리스 신화에 나오는 영웅)도 싸움에 나설 때에는 특별히 제작한 갑옷과 투구를 착용하는 등 완전무장을 했다는 사실을 잊지 마라.

세계적인 첼리스트 요요마처럼 자기 분야의 최고가 된 많은 사람은 최상의 결과를 이끌어 내기 위해 자기만의 특별한 준비 운동을 한다. 요요마는 카네기홀에서 열리는 특별 독주 공연을 앞두고 만반의 준비를 했다고 한다. 공연장에 일찍 도착해서 첼로를 조율하고, 지휘자를 만나 이야기를 나누고, 연주복을 단정하게 정돈하고, 공연장의 음향 상태를 점검한다. 그뿐만 아니라 자신의 원대한 비전을 성취하기 위해 함께 연주하는 음악가들, 비즈니스 동료들과도 돈독한 관계를 맺어 조화를 이끌어 낸다. 말하기도 이와 같은 방법으로 접근해야 한다.

간결함이 생명이다

말할 때는 우선 간결하게 하도록 노력해야 한다. 횡설수설하거나 같은 내용을 중언부언 반복하는 일은 피해야 한다. 간결하다는 것은 긴말을 대신하는 호소력 있는 메시지를 뜻한다. 짧은 메시지는 기억하기 편하다. 그리고 지적이다. 대중 연설이든 회의 석상의 발언이든 간결한 말이 위력을 발휘한다. 말이 넘치는 세상에서 명심해야 할 것은 '레스 이즈 모어(Less is more)', 즉 '지나침은 모자람만 못하다.'는 점을 기억하자. 다음은 간결하게 표현할 때 본보기가 될 수 있는 예다.

사우스웨스트 항공사의 최장 CEO인 허브 갤러허는 자신의 회사의 특징을 다음과 같이 표현한다.

"우리 항공사를 운영하는 비결을 딱 30초 안에 설명해 주리다. 우리는 가장 저렴한 항공사요. 이 점만 명심하면 당신도 나 못지않게 우리 회사를 위해 어떤 결정이든 내릴 수 있을 거요."

일본 스즈키 자동차 회장 스즈키 오사무는 "'염가 제작을 위한 자동차의 경량화'라는 정신이 스즈키 자동차 제조의 원점이다. 차체가 10퍼센트 가벼워지면 생산 원가도 10퍼센트 낮아진다."고 했다.

하지만 이런 간결함은 쉽사리 얻어지지 않는다. 평소에도 꾸준히 노력해야 한다. 마크 트웨인과 출판업자가 전보를 주고받은 다음 일화는 간결함이 얼마나 달성하기 어려운가 하는 점을 잘 일깨워 준다. 이 둘 사이의 이야기는 글에 관한 것이지만 말의 경우에도 똑같이 적용된다.

어느 날 한 출판업자가 그에게 다음과 같은 전보를 쳤다.
"2일 이내로 2페이지가량의 짧은 이야기가 필요함."
그는 다음과 같은 내용으로 회신했다.
"2일 안에 2페이지는 불가능, 30페이지는 가능함.
2페이지로 만들려면 30일이 필요함."

간결하게 말하려면 군더더기를 제거해야 한다. 예를 들어, 말할 때 습관적으로 '에', '또', '그', '아', '저', '음', '그러니까', '잘 아시다시피', '솔직히' 등 아무 의미도 없는 말을 덧붙이는 것은 좋지 않다. 나도 그렇지만 많은 사람들이 의식하지 못 한 채 이런 버릇에 젖어 있다. 또 말할 때 머뭇거린다든지, 중얼거리거나 웅얼거리는 버릇도 고쳐야 한다. 모두 간결함과는 거리가 먼 습관이다.

💬 일상의 쉬운 언어로 표현하라

가급적 발음하기 편한 짧은 단어를 사용하고, 가능하면 쉬운 단어를 써라. 추가 설명이 필요하거나 사전을 찾아봐야 하는 단어는 피해라. 사전을 찾아봐야 하는 수고를 원하는 사람은 많지 않다. "현인(賢人)처럼 생각하고 범인(凡人)처럼 말하라."라는 아리스토텔레스의 말을 기준으로 삼아라.

그리고 읽지 말고 말로 해야 한다. 특히 생활 언어로 말해라. 모든 전문용어를 잘 알고 있되 일반인들이 이해할 수 있는 말로 그것을 옮기는 것이 훨씬 더 좋은 전략이다. 실생활에 사용하는 언어로 자신의 전문 분야를 얘기할 수 있다면 너의 가치는 올라갈 수 있다.

카마인 갈로가 지은 『스티브 잡스 프레젠테이션의 비밀』에는 전문용어로 쓰여 알아듣기 어려운 기업 홍보 자료를 일상적인 언어로 다시 쓴 사례가 수록되어 있다. 말을 하거나 글을 쓸 때는 이런 점을 충분히 유의해야 한다.

(기존 안) "우리 회사는 위험을 최소화하면서 복잡한 시스템-온-칩(soc)의 설계 속도를 크게 향상시킬 수 있는 우수한 반도체 지적재산권 솔루션을 개발합니다."

(개선안) "우리 회사는 여러분이 들고 있는 휴대전화에 들어가는 칩을 제조하는 데 필요한 소프트웨어를 만듭니다. 칩이 작아지고 저렴해지면 휴대전화의 크기도 작아지고, 배터리가 오래가며, 음악과 비디오를 재생할 수 있습니다. 이 모든 것을 우리 회사의 기술이 뒷받침할 것입니다."

🗨 연습, 연습, 또 연습

스피치나 프레젠테이션도 하나의 기술이다. 잘하기 위해서는 연습과 훈련이 필수다. 기술은 연마하고 닦아야 개선된다. 음악, 미술, 체육에서도 기량은 연습을 통해 늘어난다. 스피치도 마찬가지다. 가수가 음반을 녹음하기 전에 수백 번 연습하고, 화가가 수십 장의 스케치를 그리고, 유도 선수가 하루에 수백 번 낙법을 연습하듯이 스피치에도 연습이 필요하다.

일단, 소리 내어 연습하는 것이 효과가 크다고 알려져 있다. 이와 같은 방법을 자꾸만 되풀이해 강조하는 것은 소리 내어 말하기가 프레젠테이션을 위한 가장 강력한 연습 방법인데도 사람들이 아직까지 잘 사용하지 않기 때문이다.

1800년대 전반 영국 총리를 두 번이나 역임한 로버트 필은 비범한 재능은 없었지만 어렸을 때의 가정교육과 반복 훈련 덕택에 영광스러운 지위를 차지했다. 소년 시절, 필의 아버지는 항상 필을 책상 앞에 세워 놓고 즉흥적으로 연설을 시켰다고 한다.

면접 시험을 앞둔 자녀들을 대상으로 부모들이 집에서 연습해 보라고 억지로라도 시키는 이유가 여기에 있다. 너도 중·고등학교 시절 암송 대회에 나갔을 때, 대학 입시 면접 때나 입사 시험 때 아마 실감했을 것이다. 하기 싫고 쑥스러워도 식구들 앞에서 몇 번 연습했던 것이 실제로도 많은 도움이 되었다는 것을. 한 사람 앞에서 해 보는 것이나 수백 명 앞에서 해 보는 것이나 같은 효과가 있다. 심지어 아무도 없이 혼자 거울 앞에서 연습해 보는 것도 효과가 있으니까. 사람이란 한 번 해 본 것에 대해서는 쉽게 익숙해지는 법이다.

연습하면 자신감도 생긴다. 이는 실제로 매우 중요한 점이다. 스피치에 관한 다양한 책을 저술한 데일 카네기의 경험을 보자. 한때 스피치 강사로 나선 카네기는 몇 번 수업을 하고 나자 할 얘기가 바닥이 났다. 그래서 학생들에게 일어나 자기 경험담을 얘기하라고 한 후, 그들의 발표에 관한 자신의 의견을 들려주었다. 이를 통하여 그는 학생들이 타인 앞에 서는 두려움을 극복하고 보다 편안하고 솔직하게 말할 수 있게 되면, 자신감도 그에 따라 늘어난다는 사실을 깨달았다.

요약하면, 부동산 투자에서 가장 중요한 것이 '입지, 입지 그리고 입지'이듯이, 성공적인 프레젠테이션에서 가장 중요한 것은 '연습, 연습 그리고 연습'이다.

💬 떨림증 처방

나도 한때 떨림증으로 조리 있게 말하기가 많이 힘들었다. 어떻게 극복할 것인가 오래 고심한 끝에 서점에 가서 한 권의 책(데일 카네기의 『카네기 스피치&커뮤니케이션』)을 골라 반복해 읽었다. 말할 계기가 있을 때마다 전체를 쭉 훑어보면서 상황별로 골라 활용해 봤더니 그전보다는 꽤 좋아졌다는 느낌을 받았다. 그렇게 지금까지 그 책을 대략 서른 번 정도 읽은 것 같다. 물론 연필로 밑줄 친 부분 위주로.

예를 들어, 청중 가운데 어린 학생들이 있다면 그들을 배려하는 내용을 가미한다. 지방 도시에서 특강을 한다면 좀 여유 있게 도착해서 도시의 모습과 사람들의 움직임을 관찰한 뒤 그 소감 얘기로 서두를 꺼낸다. 주최 측에 미리 연락하여 청중들의 관심 분야가 주로 어떤 것인지 파악하여 말할 내용에 적절히 포함시킨다. 거기에 더하여 "말하기 전에 30초간 깊게 숨을 몇 번 들이마시라."는 조언을 따랐더니 의외로 마음이 매우 편해지는 것을 느낄 수 있었다. 책에서 제시된 조언이 나름대로 도움이 된 것 같다.

  남 앞에 서는 것을 두려워하여 직장에서 발표를 회피한다면 성장할 기회를 잃을 수 있다. 어떤 내용이든 직장에서 발표하기 위해서는 많은 준비가 필요하다. 일이 많아진다는 뜻이다.

  한편, 직장에서 우리가 받을 수 있는 최고의 보상이 더 중요한 일을 더 많이 맡는 것이라 할 때, 발표나 프레젠테이션은 그런 기회를 가능하게 해 준다. 위험을 피하기만 해선 기회를 얻지 못한다. 두렵더라도 그런 기회가 있다면 과감하게 잡아라. 기회가 오면 일단 하겠다고 하고 대책은 나중에 세워라.

  결국 떨림증에 대한 특별한 처방은 없다. 각종 교재나 스피치 전문가들이 나름대로 방법을 제시하고 있지만, 내가 보기엔 특효약은 없다는 것이다. 앞에서 제시한 원칙들을 과감하게 실제로 적용해 보는 것뿐이다. 그리고 막상 연단에 서면 그렇게 무섭지 않다는 것을 알게 될 것이다. 생각해 봐라. 너도 지금까지 꽤 경험했을 것이다. 따지고 보면 그렇게 나쁘진 않았지 않으냐?

  조금은 대범하게 생각할 필요도 있다. 설사 프레젠테이션이나 강의를 할 때 잠시 말을 더듬거렸다고 해서, 내용을 좀 까먹었다고 해서 그 사실을 다음 날까지 기억하는 사람은 아무도 없다. 자신 있게 나서라. 너의 미래가 달라지고 삶이 풍부해질 수 있다.

💬 경험담 곁들여 이야기 만들기

대중적인 강연의 경우 연사의 흔치 않은 경험담이 곁들여질수록 메시지는 강력한 힘을 갖는다. 나도 가끔 강연하는 기회를 갖지만, 그때마다 느끼는 점은 역시 자신의 얘기가 가미될 때 듣는 사람들에게 좀 더 가까이 다가선다는 점이다. '개인적인 것이 가장 보편적'이란 말이 조금은 이해되기도 한다. 누구나 독특한 경험담을 갖고 있으니 이를 말할 주제와 적절히 연결한다면 전달력을 높일 수 있다. 실제로 좀 딱딱한 업무 관련 설명회에서도 자신의 경험을 중심으로 얘기하면 청중의 관심을 집중시킬 확률이 높아진다. 나도 이런 점을 최대한 감안하려고 애써 왔다.

나아가 이야기를 잘 활용하면 분위기를 띄울 수 있다. 사람들은 대부분 스토리를 좋아하기 때문이다. 예를 들어, "어느 날 점심시간 직전 초로의 신사 한 분이 저를 찾아왔습니다. 어쩌고저쩌고……." 식으로 시작해 봐라. 반응이 달라질 것이다. 청중들이 귀를 쫑긋하면서 자세를 고쳐 앉게 될 것이다. 경영 구루 세스 고딘의 귀중한 충고는 귀담아들을 만하다. "사실 그대로를 말하지 말고, 스토리를 이야기하라."가 바로 그것이다.

영국의 소설가 E.M. 포스터는 스토리와 사실과의 차이를 다음과 같이 재치 있게 설명한다.

"'여왕이 서거했고 왕도 서거했다.'를 사실이라고 한다면, 스토리는

'여왕이 서거하자 왕 역시 슬픔에 못 이겨 그 뒤를 따르고 말았다.'이다."

시사 뉴스 채널 CNN의 토크쇼 「래리 킹 라이브」를 오랫동안 진행해 온 래리 킹은 말 잘하는 사람들의 공통점을 다음과 같이 요약한다. 찬찬히 음미해 보고, 일상생활에서 적용해 보아라. 말단 사원에게 뭐 그리 말할 기회가 주어지겠느냐고 가볍게 넘기지 말고 평소에 관심을 갖고 꾸준히 개선해 나간다면 어느 날 몰라보게 달라진 자신을 발견할 것이다.

말 잘하는 사람들의 여덟 가지 공통점

1. 누구에게나 익숙한 주제라도 **새로운 시각**을 가지고 사물을 다른 관점에서 바라본다.
2. 폭넓은 시야로 일상의 다양한 논점과 경험에 대해 생각하고 말한다.
3. **열정적**으로 자신의 일을 설명한다.
4. 언제나 자기 **자신에 대해서만 말하려 하지 않는다**.
5. **호기심**이 많아 알고 싶은 일에 대해서는 **왜?**라는 질문을 던진다.
6. 상대에게 **공감을 나타내고** 상대의 입장이 되어 답할 줄 안다.
7. **유머 감각**이 있어 자신에 대한 농담도 꺼려하지 않는다.
8. 말하는 데 **자기만의 스타일**이 있다.

💬 PPT 활용법

마지막으로 프레젠테이션에 대해 생각해 보자. 요즘은 가히 파워포인트(PPT) 프레젠테이션의 전성시대이다. 오늘날 PPT 프레젠테이션은 전 세계적으로 하루 4000만 번이 넘게 이루어지고 있는 것으로 추정된다. 심지어 초등학교 수업에서도 사용되고 있다. 마이크로소프트 CEO이자 파워포인트 개발자이기도 한 스티브 발머는 그것을 개발한 이유를 "발표 내용의 핵심만을 최대한 압축해 빠른 시간 내에 간결하게 전달"할 수 있게 하기 위해서라고 했다.

하지만 많은 PPT가 간결함을 추구하기보다는 복잡하게 만들어져 발표자가 그것을 읽어 내려가는 데 시간을 다 소비하는 모습을 종종 볼 수 있다. 어떤 기업의 CEO가 사내 통신망에 올린 글을 보자.

"이해할 수 없고 영문 모를 말로 가득한 파워포인트 발표 자료가 퍼지고 있다. 최근 몇 차례 발표에 참석한 적이 있는데 나는 한마디로 이해할 수 없었다. 전문용어로 가득한, 그 용어들을 빼면 의미 있는 내용이라고는 찾아볼 수 없는, 정신이 멍해질 만큼 지루하고 거만하게 잔뜩 부풀어 오른 내용이었다. 이것은 심각한 문제다."

이런 경우 세스 고딘의 조언은 새겨들을 만하다.

"슬라이드 하나에 사용하는 단어는 여섯 개를 넘지 말아야 한다. 절대로 이 규칙을 지킬 수 없는 복잡한 프레젠테이션이란 존재하지 않는다."

애플의 스티브 잡스도 PPT 프레젠테이션의 한 모범을 보여 주었다.

필요하다면 동영상을 한번 구해 보거나 책자를 한 권 구입해 읽어 보렴. 분명 도움이 될 거다. 주간 《비즈니스위크》는 잡스의 성공적인 프레젠테이션을 다음의 열 가지 요소로 정리한 바 있다.

- 테마(주제)를 분명히 정한다.
- 내용에 대해 열정을 나타낸다.
- 개요(Outline)를 미리 제시한다.
- 숫자에 의미를 부여한다.
- 청중이 잊지 못할 순간을 제공한다.
- 슬라이드를 시각적으로 제작한다.
- 프레젠테이션을 '쇼'처럼 진행한다.
- 사소한 것은 대범하게 무시해 버린다.
- 청중에게 편익이 있음을 확인시켜 준다.
- 사전에 연습, 연습, 또 연습한다.

세스 고딘이나 스티브 잡스의 예는 슬라이드보다는 발표자의 이야기가 언제나 더 중요하다는 점을 일깨워 준다. 실제로 프레젠테이션에 슬라이드를 활용하는 것은 대부분 청중을 위한 것이 아니다. 청중은 스크린에 나타난 문장과 연설자의 입에서 나오는 말을 짝짓느라 분주하고, 이런 산만한 분위기는 결국 이해력을 저하시키는 결과를 낳을 뿐이라는 지적이 많다. 연설자는 똑같은 의미를 두 번씩 말해야 하며,

청중은 연설자와 슬라이드를 번갈아 바라보아야 하는 번거로움을 감당해야 한다.

슬라이드는 어디까지나 발표자의 이야기를 돕는 부수적인 역할을 할 뿐이다. 장황한 슬라이드는 청중의 주의를 분산시킨다. 반면 단순한 슬라이드는 청중이 발표자에 집중하게 만든다.

PPT와 관련해 재미있는 비유를 하나 들며 이 장을 마무리하자.

"우리는 일생의 사랑 고백은 말로 하지 파워포인트를 사용하지 않는다. 누가 프러포즈를 말로 하지 PPT로 하겠느냐?"

이처럼 가장 중요한 것은 슬라이드가 아니라 직접 말로 하는 것이다.

보고는 타이밍이다

보고할 때에는 철저한 조사와 분석이 필요하다. 가능한 많은 시간을 투입하여 내용을 면밀히 확인하라. 긴 보고서도 한 장으로 요약하는 습성을 들여라. 상사가 관심이 있는 사안이라면 평소 접촉 기회를 이용하여 미리 의견을 교환해 두어라. 결론부터 간단하게, 중간에 수시로 보고하여 타이밍을 놓치지 말아라.

💬 보고서 개요 구상 하기

보고의 시작은 먼저 지시받은 업무의 내용(또는 자신이 독자적으로 제기한 내용)을 명확히 하는 것이다. 보고할 내용이 명확하지 않으면 중간에 길을 잃고 헤맬 가능성이 높다. 자칫하면 계속 같은 자리를 맴돌면서 앞으로 나아가지 못할 수도 있다. 모호할 땐 지시 사항을 다시 확인하여 분명히 해라. 목적지가 불분명하면 길을 찾을 수 없다.

회사에 처음 들어와 앞뒤 분간이 잘 안 될 때 흔히 저지르는 실수가 업무 지시를 메모해 두지 않고 머릿속으로만 기억하려는 것이다. 하지만 다른 일에 쫓기다 보면 그만 깜빡해서 나중에 허둥대는 경우가 많다. 반드시 회사에서 지급하는 업무 수첩이나 개인용 수첩에 메모해 두는 습관을 기르도록 해야 한다.

그다음으로 할 일은 보고할 내용과 관련된 사안을 파악하는 것이다. 참고할 만한 예전 보고 자료가 있는지를 확인하고, 회사 자료실에 들러 도움될 만한 책자를 찾아보아야 한다. 또 그 업무에 정통한 사람이 있을 때에는 전화로라도 문의해야 한다. 혼자 끙끙대지 말고 도움받을 수 있는 경우는 최대한 신속히 활용하는 것이 좋다. 요즘은 사실 인터넷이 있어 어지간한 자료는 손쉽게 얻을 수 있다. 이땐 근거와 출처를 분명히 하여 나중에 자료의 신뢰성을 확보해야 한다.

자료가 파악되면 전체적인 윤곽을 머릿속으로 그린 후, 크게 3~5개 파트로 나누어 개요를 구상한다. 큰 목차와 세부 목차도 일단 적어 본다. 개요 구상 단계에서 중요한 것은 보고서의 결론(대책 또는 대응 방향)이 완벽하진 않아도 일단은 대강이라도 보여야 한다는 것이다. 드라마 작가가 결말을 먼저 그려 놓고 나서 처음으로 돌아가 이야기를 풀어 나가는 것과 같은 이치다.

이렇게 보고서 개요가 그려졌으면 시간을 집중적으로 확보하여 작업해라. 이와 관련하여 피터 드러커는 이렇게 조언한다.

예를 들면 보고서의 초안 작성에도 6~8시간이 소요된다. 한 번에 15분씩, 하루 두 번, 3주 동안 7시간을 들이는 것은 의미가 없다. 매번 얻는 것은 낙서만 가득한 메모지뿐이다. 그러나 문을 걸어 잠그고 전화선을 빼 놓은 채, 방해받지 않고 연속으로 5~6시간 동안 보고서 작업에 집중하면, 초안을 완성하기 직전의 원고는 쓸 수 있을 것이다. 그다음부터는, 비교적 짧은 시간 단위로 나누어 장·절·문장 등을 다시 쓰고, 교정과 편집 작업을 할 수 있다.

중요한 보고 과제라면 초안 작성 단계든 마무리 단계든 팀 내 브레인스토밍을 거치는 편이 좋다. 브레인스토밍의 형식에는 크게 구애받을 필요가 없다. 참여자들이 자유롭게 펼치는 의견이 때로 귀에 거슬리더라도 새겨들어야 한다. 그런 과정을 거칠 때 보고서의 내용이 한층 탄탄해지고 아이디어도 풍부해진다. 민간 기업이든 정부 조직이든 상관없이 보고서 작성과 관련해서는 다양한 형태로 브레인스토밍이 활용된다. 혼자 골방에서 보고서를 작성할 수는 없다.

사소한 것이지만, 만약 네가 주역이 아닌 조역의 위치에서 브레인스토밍에 참여하게 될 경우에는 배포 자료를 미리 읽고 한두 개의 아이디어라도 낼 수 있도록 메모해 가도록 해라. 그게 네가 기여할 부분이다. 이런 경우에는 단순한 의견 제시보다는 구체적인 아이디어가 더 환영받을 수 있다.

💬 보고서
세부 작성 요령

보고서 형식은 가급적 회사 내 모범 사례를 참고해라. 회사마다 나름의 통용되는 보고서 스타일이 있다. 정부 각 부처의 보고서 형태를 비교해 보면 유사점도 있지만 서로 다른 면도 눈에 많이 띈다. 익숙하지 않은 형식의 보고서는 뭔가 부족하게 느껴질 수 있으므로 주의해야 한다. 잘된 보고서를 참조하는 것이 안전하다. 창조도 실은 모방에서 시작된다.

핵심 내용을 나타내는 키워드 중심으로 작성하되, 그림을 그리듯 기술하여 눈으로도 이해할 수 있도록 해라. 반드시 첫 대목부터 쓸 필요는 없다. 도입부에 매달려 시간을 많이 허비하는 경우가 많다. 결론부터 쓸 수도 있고, 중간부터 쓸 수도 있다. 그러다가 다시 처음으로 돌아가서 쓸 수도 있다. 그게 컴퓨터 작업의 장점 아니냐. 손으로 쓰거나 타자기를 이용했던 과거와는 비교되지 않을 정도로 요즘에는 작업이 수월해졌다. 다른 일과 마찬가지로 보고서도 우선 쓰기 시작하는 것이 중요하다. 망설이지 말고 자판을 두들겨라.

될 수 있으면 문장은 말하듯이 쓰는 것이 좋다. 읽는 사람의 호흡을 감안하여 단락 구분에 신경을 써야겠지. '그럴 수도 있지 뭐.'라고 대수롭지 않게 생각하지 말고 오·탈자가 나오지 않도록 반복해서 확인해야 한다. 오·탈자는 부실하다는 인상을 주어 보고서 내용까지 의심하게 한다. 가끔은 오·탈자에 예민한 반응을 보이는 상사들도 있다는 점도 잊지 마라. 서점에 보고서 작성 요령을 설명한 좋은 책들이 널려 있으니 한 권쯤은 옆에 두고 참고해라.

전체적으로는 쉽게 작성하는 것이 매우 중요하다. 더러는 "보고서가 어렵다."고 상사로부터 지적받을 것이다. 내용을 아직 덜 소화했다는 뜻으로 받아들여라. 전문가 입장에서가 아니라 신문 기사처럼 일반인도 이해할 수 있을 정도의 용어와 문장으로 작성해야 한다. 요즘은 대면 보고보다는 서면 보고나 이메일 보고가 많아지고 있으니 이 점을 특히 유의해야 한다. 게다가 구두로 설명을 듣기보다는 자신의 눈으로 읽는 것을 선호하는 상사도 있다. 어찌 됐든 보고서만으로는 이해가 되지 않아 다시 말로 설명해야 한다면 잘된 보고서는 아니라고 해야겠지.

국과위 근무 시절 깔끔하게 보고서를 작성한다는 평을 받은 박 과장은 동료와 후배들의 요청으로 그 요령을 서로 나눈 적이 있다. 박 과장이 설명한 요지는, 윗사람 입장에서는 수정할 것이 없는 보고서를 올리는 직원을 가장 마음에 들어 하는데, 이를 위해서는 보고받는 사람이 무엇을 바라는지 역지사지로 생각해야 한다는 것이었다. 또한 철저히 사실(Fact)을 확인해야 하고, 개조식(완전한 문장식이 아닌 요약·메모식 보고서 작성 방법으로 오래전부터 정부 내에서 통용되어 오고 있다.) 보고서의 경우 문장은 두 줄을 넘지 않도록 유의하면서, 오·탈자를 허용하지 않고, 도표를 적절히 활용하여 읽는 사람을 지루하지 않게 해주는 게 중요하다고 설명했다. 단순하지만 공감이 가는 지적이었다. 아랫사람으로부터도 배울 점이 많음을 실감했다.

민간 기업의 사례지만, 수년 전 직장인들 사이에서 이른바 '삼성형 보고서의 여덟 가지 원칙'이 화제가 된 적이 있다. 삼성에서 권고하는 기획서 작성의 일반적인 비법 혹은 규칙들이라 한다. 참고가 될 것 같아 여기에 간략히 소개하마. 좀 더 자세한 내용은 인터넷이나 관련 책자를 참조하렴.

- 비법 1. 첫 장에서 승부할 것: 첫 장에서 설득(Why)해야 하며, 특히 제목을 잘 뽑아야 한다.
- 비법 2. 핵심 용어를 사용할 것
- 비법 3. 자신만의 문체를 만들 것
- 비법 4. 오탈자를 줄일 것: 6시그마 원칙(100만 글자 중 오탈자가 3.4개)
- 비법 5. 각종 서식에 대해 이해할 것
- 비법 6. 쉬어 가게 할 것: 리듬과 호흡의 간격을 조절하라.
- 비법 7. 볼 맛이 나게 할 것(옷 입히기): 남들이 칭찬하는 보고서를 벤치마킹할 것
- 비법 8. 품질로 승부: 기술 품질(요령과 지혜)+정성 품질(열정과 노력)

보고서 작성과 관련하여 놓치기 쉬운 점이 하나 있다. 보고서의 핵심은 결국 결론 부분의 대책이나 향후 대응 방향으로 모아진다. 거기엔 아마 새로운 아이디어도 담길 것이다. 그 아이디어는 외부 전문가로

부터 빌려 온 것일 수도 있고, 상사나 동료가 제안한 것일 수도 있다. 어쨌든 너의 순수한 발상이 아니라 다른 사람의 아이디어를 가져온 경우에는 그 출처를 분명히 하고 제공자에게 공을 나눠 주도록 해라. 대부분 자신의 것인 양 두루뭉술하게 넘겨 버린다. 아이디어의 출처를 밝히더라도 너의 실적은 전혀 줄어들지 않는다. 오히려 공을 나눌수록 네 몫도 커지는 법이다. (이 아이디어 역시 출처를 밝혀 보자면) 지금은 한국은행 금융통화위원으로 일하는 직장 선배 정 차관님이 깨우쳐 주신 대목이다.

중간보고에 신경 써야

좋은 보고자는 중간보고를 시의 적절하게 활용할 줄 아는 사람이다. 특히 진행 시간이 긴 보고 사안의 경우는 중간 중간에 보고 기회를 가져야 한다.

이와 관련해서는 신세대 젊은이를 위한 처세학으로 인기가 높은 나카타니 아키히로의 조언이 유용하다. 그는 보고할 때 부하 직원은 자신의 입장에서가 아니라, 상급자인 리더의 시각으로 일을 바라보라고 권유한다.

완벽주의에서 벗어나지 못하면 성장할 수 없다. 예를 들어 A, B, C의 일을 맡았을 때 세 가지 일을 모두 끝낸 다음 연락하는 사람은 완벽주의에 빠져 있는 것이다. 한 가지라도 끝내면 "A는 끝냈습니다. B는 지금 하고 있고, C는 난관에 부딪혀 어떻게 해야 할지 모르겠습니다."라는 식으로 중간에 보고해야 한다. 그런데 전부 끝내고 나서 보고하려고 하기 때문에 상사는 일이 어떻게 진행되는지 몰라 답답한 심정으로 부하 직원을 바라보아야 한다.

그다음으로는 상사나 팀장 이외에 누가 이 사실을 알아야 하는지 분명히 하고, 연락이나 협조 등 적절한 조치를 취해야 한다. 그렇지 않으면 실제 시행 과정에서 예상치 못한 저항이나 장애에 부딪힐 수도 있다. 어느 팀의 누구와 사전 협의를 해야 할지를 명확히 해라.

💬 윗사람이 좋아하는 보고서

요즘은 결론을 먼저 말하고 근거를 제시하는 소위 '두괄식' 방법을 많이 사용하고 있다. 신속한 의사 결정이 필요한 바쁜 윗사람들의 시간을 절약하고 문제가 무엇인지 명확히 하는 데 도움이 되기 때문이다.

또 아무리 긴 보고서라도 한 페이지 요약본으로 만들어 가도록 해라. 긴 보고서를 보는 순간 상사는 답답함을 느낄 것이다. 위대한 연극

감독인 데이비드 벨라스코는 자신의 아이디어를 명함 뒷면에 적을 수 없다면, 거기에 대해 충분히 생각한 것이 아니라고 말했다. 윈스턴 처칠, 로널드 레이건도 간략한 보고서를 좋아했던 인물이다.

마냥 늘어진 긴 보고서를 좋아할 사람은 없다. 내용을 간략화하는 방식과 관련하여 경영학의 구루 톰 피터스는 다음과 같이 주장한다.

한 장으로 압축하는 습관을 길러라. 모든 것을 열 단어로 압축해서 표현하라. 원칙과 계획을 한 장으로 정리하라. 압축해서 표현하는 능력이 가장 중요한 전략이 될 수 있다. 전략도 마찬가지이다. 한 장으로 간단히 정리되지 않는 것은 필요 없다. 보고서 1만 장의 분량도 한 장으로 압축할 수 있다. 140자 마법인 '트위터 룰'을 따르도록 하라.

무겁고 내용이 긴 보고 사항이라면 우선 주제를 상기시키고 간단한 결론이나 방향을 먼저 제시해라. 그러면 팀장도 계산이 설 것이다. 처리 기한이 있다면 적절히 언급해야 한다.

파워포인트와 같이 스크린 위에 정보를 제시할 때는 간단하게 표현하는 것이 좋다. 정보에 대한 설명은 일곱 줄을 넘지 않아야 한다. 한 슬라이드당 한 개의 비주얼이 적당하다는 것이 전문가들의 지적이다. 글씨가 많아 빡빡하게 작성된 슬라이드는 따라가기에 급급해 짜증을 유발할 수 있다. 페이지 수가 좀 늘어나더라도 가급적 단순하게 작성하는 원칙을 나도 따르려 하고 있다.

💬 디테일이 중요하다

보고서를 보다가 상사는 가끔 지나가는 말로 옆구리를 슬쩍 찔러 보는 수가 있다. 부하의 디테일을 시험해 보기 위해서다. 그렇다고 너무 겁먹지는 마라. 보고자인 너보다 그 과제에 대해서 더 많이 고민하고 조사한 사람은 없으니까. 단, 당황한 나머지 너무 성급히 설명하려 들지 말고 공이 눈앞에 올 때까지 천천히 기다려라. 타율 3할대의 타자는 공을 끝까지 지켜보는 선수이다. 상사가 질문을 하면서 스스로 해답까지 제시해 주는 경우도 많다.

부실한 보고는 금방 '뽀록'나기 마련이다. 실은 작성자 본인이 그 사실을 더 잘 안다. 상사들도 그런 부분을 족집게처럼 잡아낸다. 귀신이 따로 없다. 그럴 땐 솔직하게 대응해라. 변명을 늘어놓지도, 억지 논리를 끌어 붙이지도 마라. 상황을 더 악화시킬 뿐이다. 깨끗이 물러서라. 그런다고 상사가 너에 대해서 내리는 평가가 반드시 나빠지는 건 아니다. "죄송합니다. 미처 그 부분까지는 챙겨 보지 못했습니다." 하고 그 자리를 마무리해라.

실무자인 너로서는 세세한 것까지 챙겨야 한다. 아랫사람이 부실하면 그에 의지하여 일하는 윗사람도 부실해진다. 성실하게 하면 일을 완수할 수는 있지만, 세심하게 해야 비로소 일을 잘 해낼 수 있다. 다시 한 번 강조하지만 업무와 관련해서는 디테일이 중요하다. 작은 것들이 많은 것을 의미한다는 것을 늘 염두에 두어라. 큰일은 모두 작은 일에서부터 비롯되는 법이다.

속도를 높여라

우리나라 조직 문화에서는 '빨리, 빨리, 빨리'가 일 처리의 중요한 기준이 되기도 한다. 내용도 중요하지만 속도가 더 중요할 수도 있다는 얘기다. 물론 부작용도 있다. 대부분의 윗사람은 지시하고 나서 주어진 시간까지 느긋하게 기다리지 못한다. 마치 우물가에서 숭늉을 달라는 식으로 조급해한다. '성격이 급한 사람이 승진하는 데 유리한가 보다.'라는 생각이 들 정도이다. 어떤 국장은 워낙 성격이 급해 과장을 불러 지시해 놓고는 그 과장이 자기 자리로 돌아가 앉으려 하는데 "아까 그 일 어떻게 되었어?"라고 전화했다는 일화도 있다.

보고와 관련하여 상사가 화를 내는 가장 흔한 이유도 내용보다는 시기의 문제이다. 이런 점을 고려하면 100점을 받으려 하기보다는 85점 수준을 목표로 최대한 빨리 정리하여 보고하는 것도 좋은 방법이다. 상사 입장에서야 전혀 손댈 필요가 없는 보고서가 좋긴 하지만, 그건 쉽게 달성할 수 있는 게 아니다. "뛰면서 생각하라."는 말도 있지 않느냐. 나머지 15점은 보고받는 상사가 채워야 할 몫이다. 혼자 모든 부담을 지지는 마라. 나는 그런 생각으로 일을 처리해 왔다.

보고에 속도를 내기 위해서는 일을 미루지 않고 가능하면 적기에 처리해 나가야 한다. 과장 시절 같이 일했던 직원 중에서 임 사무관은 이런 면에서 눈에 띄는 사람이었다. 그는 어떤 사안이든 질질 끄는 법 없이 자신의 마감 시한을 정하고 부지런히 컴퓨터를 치곤 했다. 6시가 넘으면 야근을 할 것인지, 그러면 식사는 어떻게 해결할 것인지 결정해야 하는 시점이다. 모두 과장인 나의 눈치를 본다. 그럴 때 임 사무관은 초안을 가지고 와선 "이렇게 정리했습니다."라고 하며 보여 주었다. 당연히 야근할 필요가 없는 경우가 많았다. 모든 일이 그렇게 순조롭게 처리될 수는 없지만, 속도감은 일을 처리하는 데 큰 장점이다. 임 사무관은 퇴근 후 생활도 중시하여 될 수 있으면 근무 시간 안에 일을 마무리하려는 스타일이었다. 현재 그는 뉴욕 UN대표부 근무를 마치고 기획재정부로 복귀하여 과장으로 일하고 있다.

하이럼 스미스는 『성공하는 시간관리와 인생관리를 위한 10가지 자연법칙』에서 미루기를 극복하는 방법을 몇 가지 제안한다. 속도감을 높이는 데 효험이 있을 것 같아 소개해 본다.

- 데드라인을 정하라. 데드라인을 정하면 없을 때와 비교해서 긴박감을 만들어 낼 수 있다.
- 싫은 것부터 먼저 처리하라. 그렇게 하면, 갈수록 기분 좋은 일이 기다리고 있다고 기대할 수 있고, 긍정적인 기분으로 그날을 마감할 수 있다.
- 게임을 하듯 하라. 고역을 즐거움으로 바꾸는 효과적인 방법이다.
- 자기 자신에게 상을 주어라. 일을 빨리 완수하고자 하는 유인책이 된다.

하지만 속도에 지나치게 비중을 두다 보면 허술한 채로 넘어가기 쉬운 면도 있다. 때로는 준비가 되었지만 하룻밤쯤 묵혀 두는 것도 도움이 된다. 부부가 이혼할 때도 '숙려 기간'이라 해서 한 번 더 생각할 수 있는 시간을 갖듯이 말이다. 기한이 아주 촉박하지 않다면 자기 나름의 보고서 정리가 끝났다 싶어도 서랍에 넣어 두고 다음 날 다시 한 번 들여다보라. 틀림없이 부실하거나 어색한 구석이 있을 것이다. 속도를 내면서도, 잠시 멈출 줄 아는 여유가 보고서의 품질을 높인다.

문제 파악과 자료 수집, 팀 내 브레인스토밍, 반복되는 수정, 윗사람의 보완과 질책을 거쳐 작성되는 보고서, 적기의 중간보고 그리고 프레젠테이션을 포함한 최종 마무리 과정은 한 편의 역동적인 드라마라 할 수 있다. 각 단계와 전체 과정에서 너는 주역이 되지는 못하더라도 최소한 눈에 띄는 살아 있는 조역은 될 수 있다. 직장 생활의 팔 할은 보고로 이루어진다고 해도 과언이 아니다.

💬 능력을 두 배로 인정받는 보고의 기술

다음은 어떤 회사의 부서장들을 대상으로 보고와 관련해 설문 조사한 내용을 다룬 신문 기사이다. 보고에 대한 상사들의 속내가 잘 드러나 있다. 지금까지 내가 설명한 내용과도 크게 어긋나지 않아 이 장을 마무리하는 차원에서 인용하기 적합한 내용으로 보인다.

능력을 두 배로 인정받는 보고의 기술

상사들이 보고 때 가장 중요하게 생각하는 것은 "타이밍"과 "중간보고"인 것으로 나타났다. LG전자는 부서장 60여 명을 대상으로 "능력을 2배로 인정받는 보고의 기술"이라는 설문 조사 결과를 2005년 6월호 사보에 실었다. 부서장들이 생각하는 좋은 보고는 ▲결론부터 간단명료하게 ▲자신감 있고 정직하게 ▲상사의 입장에 맞춰 적절한 시점에 하는 보고인 것으로 조사됐다.

부서장들은 특히 가장 중요한 타이밍에 대해, ▲진행 시간이 긴 업무는 반드시 중간 중간에 보고를 하고 ▲긴급 상황이 발생했지만 구두 보고가 곤란할 때는 휴대전화기 문자 메시지를 이용하라고 충고했다. 또, "한 번에 완벽하게 보고하기 위해 무리하지 마라."거나 "좋지 않은 사안일수록 빨리 보고하는 것이 좋고, 잦은 보고는 상사와 신뢰를 쌓는 데 도움이 된다."는 의견도 많았다.

이 기사에서도 보고 타이밍의 중요성이 잘 드러나고 있다. 중간보고도 넓게는 타이밍의 문제이다. 보고의 전 과정에는 많은 요소와 절차가 개입되어 있지만 사안에 대한 핵심 파악, 간단명료한 결론 제시, 그리고 적기 보고의 삼박자를 갖추어 나간다면 상사로부터 능력 있는 직원으로 자연스레 인정받을 수 있을 것이다. 직장 생활에서 보고는 기피의 대상이 아니라, 무한한 기회이자 가능성임을 잊지 마라.

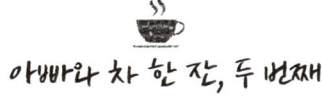

아빠와 차 한 잔, 두 번째

 업무 중에 작은 실수를 숨기려다가 큰 사고로 번졌는데 어쩌죠? 아직 같은 팀의 다른 분들은 모르지만, 불안해 죽겠어요. 어떻게 이 사태를 해결할 수 있을까요?

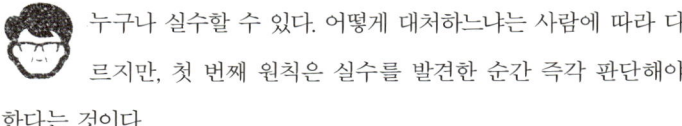 누구나 실수할 수 있다. 어떻게 대처하느냐는 사람에 따라 다르지만, 첫 번째 원칙은 실수를 발견한 순간 즉각 판단해야 한다는 것이다.

예를 들어, 지난달 판매량 통계 수치를 잘못 입력하여 착오가 생겼다고 하자. 그냥 잘못된 수치를 고쳐 놓기만 하면 되는 정도의 가벼운 잘못인지, 아니면 그 통계 수치를 근거로 다음 달 판매 전략이 수정되어야 할 정도로 상사가 심각하게 받아들이고 있는지 따져 봐야 한다. 후자라면 당연히 신속히 사실대로 보고하여 잘못을 알려야 한다. 정직이 최선이란 얘기다. 쉬쉬해서 해결될 문제는 애초에 아니다.

중한 실수로 판단되면 바로 담당 선배에게 얘기하는 게 좋다. 망설일 것 없다. 잘못을 밝히고 꾸중은 들으면 된다. 우물쭈물하다가 타이밍을 놓치면 바로잡기가 더욱 어려워진다. 사실을 얘기하면 선배 입장에서 어떻게 대처할지 코치해 줄 것이다. 그래야 더 이상 번지는 것을 막을 수 있다. 내가 만약 선배라면 너를 데리고 팀장에게 가서 이러저러한 실수가 생겼다고 말씀드리고 같이 해결 방안을 고민할 것이다.

실수를 해서 혼나야 한다면 그 자리에서 혼나는 것이 좋다. 그러면 그다음에는 비슷한 상황에서 더욱 주의하게 된다. 그런데 밝히고 나면 자신이 혼자 끙끙거렸던 것과는 달리 의외로 순조롭게 마무리되는 경우가 많다. 햇볕이 최선의 살균제인 거지.

그런데 그 실수가 너의 직접적인 업무가 아니라 다른 동료나 선배의 소관이라면, 직접 담당자에게 얘기하는 것도 부담스러울 수도 있으니 같은 팀의 한 기수 위 선배에게 먼저 상의하는 게 좋겠다.

업무상 외부 사람들을 만나는 일이 잦은데, 제가 원체 내성적인 성격이다 보니 분위기를 서먹서먹하게 할까 봐 겁나요. 회사 외부 사람들과 소통할 때에는 어떤 말부터 먼저 꺼내야 하는지, 분위기를 어떻게 이끌어 나가야 하는지 알려 주세요.

경험에 비추어 보면 사실 신입이면 외부 미팅 자리에서 업무와 관련해 말하기보단 받아 적는 일을 하는 경우가 많다. 받아 적는 것도 어떤 때는 건성으로 했다가 나중에 팀장이나 선배가, 오늘 미팅 결과를 정리해서 보고하라 했을 때 당황하기도 하지만.

미팅 후 식사 자리에서는 자연스럽게 대화에 참여하면 된다. 특히 네가 신입이라는 것을 알면 상대 거래처 담당자도 배려해 줘서 회사와 업무에 적응하는 과정에 대해 먼저 물어봐 줄 가능성이 높다. 그런 경우는 적절히 웃어 가면서, 있는 그대로 과장하지 않고 대화에 집중하며 중간 중간 리액션을 해 주면 평균은 될 수 있다.

이건 일반적인 얘기이고, 대화의 요령이 없지도 않다고 본다. 질문 형식을 빌어 상대로부터 말을 꺼내게 하는 습성을 들이면 분위기를 해치지 않으면서 무난히 대화를 이어 나갈 수 있다. 상대가 무엇을 좋아하는지는 대화가 어느 정도 진행되면 조금 짐작 가능하다. 좋아하거나 말하고 싶어 하는 곳을 긁어 상대의 말문을 트게 해 봐라. 또 대화가 전환되는 고비를 잘 판단해서 다른 화제로 자연스럽게 옮겨 가는 요령도 가끔은 필요하다.

한 가지 주의할 것은 너무 앞서 나가 속단하지 말라는 것이다. 사람은 누구나 상대방이 어떤 말을 할 것인지 속단하는 경향이 있다. 그런 탓에 말하는 도중 말을 자르고 들어오기도 한다. 나쁜 습관이다. 느긋이 다 듣고 나서 대화를 진행해도 손해 볼 것이 없다. 말해서 득을 보기보다는 말을 안 해서 잃지 않는 것이 더 나을지도 모른다.

업무가 끝나고도 상사가 계속 전화해 일을 시키고 확인해서 짜증나요. 욕실에 샤워하다가 저도 모르게 입에서 욕이 튀어나왔다니까요. 밥을 먹어도 소화가 안 되고요. 제가 예민한 건가요? 업무 스트레스를 어떻게 관리하면 좋을까요?

정도의 차이는 있지만 나도 가끔 그런 스타일의 사람을 본 적이 있다. 특히 성격이 급한 사람에게서 나타나는 경향인 듯하다. 만약 그 일이 중요한 현안으로 다음 날, 아니면 적어도 수일 이내에 수뇌부에 보고해야 할 사안이라면 상사의 행동은 어느 정도는 이해가 된다. 내일 아침 업무 회의에 참석하는 상사 입장에서 필요한 일 같으면 네 쪽에서 먼저 보고하는 것도 괜찮다. 하지만 일상 업무에 대해서조차 그렇게 시도 때도 없이 확인 전화를 하는 상사라면 대응 요령이 좀 필요하겠다.

의도적으로 전화기를 꺼 놓는다든지, 그러고 나서 나중에 "배터리가 마침 떨어져서 전화 못 받았다."고 변명하든지, 영화를 보고 있었다고 하든지, 뭐든 기분 상하게 하지 않을 정도의 그럴듯한 변명거리를 예비해 두는 건 필요하다. 아, 그런데 어쩌냐. 핸드폰을 한시라도 손에 쥐고 있지 않으면 불안해지는 넌데. 오는 전화를 피할 수도 없고.

다음은 스트레스 문제다. 직장 생활에 스트레스가 없다는 것도 빈말이다. 스트레스는 일정 부분 불가피하다고 여겨야 한다. 해결하려 하기보다는 줄이거나 관리한다고 표현하는 게 더 맞지 않을까 싶다. 완치가 어려운 만성 질환처럼 평생을 안고 가는 것이지. 다만, 도를 넘지 않도록 주의할 필요는 있다. 건강을 해치면 다른 것은 다 무의미해지니까.

예를 들면, 근무 시간 중 짬짬이 친한 동기, 선배들과 간식 타임을 가져 봐라. 꾸준히 할 수 있는 운동을 찾아보는 것도 필요하다. 사내의 운동 동호회에 드는 방법도 있다. 그런데 너는 운동에도 별 흥미가 없고, 더군다나 산에 오르는 것은 질색이니, 참 방법이 없구나.

스트레스를 최대한 덜 받기 위해서는 마인드 컨트롤도 나름대로 유용하다. 음악, 영화, 독서 등 다른 취미 생활을 통해 마음을 가다듬도록 해라. 자주는 못 하지만 여행을 떠나 바깥바람을 쐬는 것도 도움이 된다. 그나마 여행은 좋아해서 다행이다.

3부 처세

기꺼이 쐐기돌 역할을
맡아라

가끔 등산길에서 마주치는 돌탑이나 돌담장을 보면 큰 돌들 사이로 작은 주먹 크기의 돌들이 채워져 있는 것을 볼 수 있다. 그처럼 돌과 돌 사이를 메워 주는 돌을 쐐기돌이라 한다. 아무리 큰 바위도 작은 쐐기돌이 제대로 받쳐 주지 않으면 제 역할을 못할 수도 있다. 몇 년 전 구경할 기회가 있었지만 중국의 웅장한 만리장성이 그 장구한 세월의 비바람을 버텨 온 것도 큰 돌들의 틈새를 작은 쐐기돌들이 받쳐 주기 때문일 것이다.

직장 생활도 마찬가지이다. 모두가 큰 돌이 될 수는 없는 것이다. 틈새를 메워 줘야 할 사람들도 필요하다. 작은 일이든 큰일이든 중요하지 않은 일은 없다. "모든 큰일은 작은 일에서 비롯된다."는 말도 있듯이 작은 일을 소홀히 하면 나중에 큰일을 초래할 수도 있다. 오늘날 많은 직장에서 필요로 하는 것은 큰 돌이 아니라 작은 쐐기돌이다. 자신을 낮추고 상사와 동료와 팀을 위해 묵묵히 일하면 어느 날 큰 돌의 위치로 올라설 것이다.

혼자
밥 먹지 마라

밥을 먹으며 '사람'에게서 배워라. 사람에게서 배울 수 있는 가장 편한 자리는 식사 자리이다. 식사를 같이하면 사람들은 대개 허리띠를 풀어 놓고 평소보다 더 많이 자신을 드러낸다.

식사 시간에 자연스레 나타나는 어떤 이의 행동은 그 사람의 진정한 본성을 들여다볼 수 있게 하는 하나의 창이다. (제프리 J. 폭스, 마케팅 컨설턴트)

한국식 점심 문화

　　　　　미국이나 유럽에서 유학하거나 근무를 마친 동료와 선후배들의 얘기를 들어 보면 그곳 사람들은 점심을 먹을 때 자기 편리한 대로 사무실에서 일하면서 샌드위치나 햄버거로 때우거나 '12시 점심시간'에 구애받지 않고 아무 때나 구내식당에 내려가서 먹고 온다고 한다. 혼자 식사하는 경우가 많고 주위 시선에 별로 거리낌이 없다는 것이다. 12시가 되면 함께 모여 우르르 밥 먹으러 나가는 것이 오히려 예외적인 일인 셈이다.

그에 비하면 우리의 직장 문화는 좀 유별난 데가 있는 것 같다. 혼자서 밥 먹는 것을 매우 꺼리고, 행여 혼자 식당에 갈 땐 외진 구석 자리에 앉거나 가는 것 자체를 어색하게 여겨 여간해선 혼자서는 밥을 먹으려 하지 않는다. 어쩔 수 없이 혼자인 경우에도 먹는 내내 혹시 아는 사람을 마주치지 않을까 불안해한다. 구내식당만 해도 대략 정해진 시간에 끼리끼리 몰려와 함께 밥을 먹곤 한다.

이런 직장 문화가 자리 잡고 있다 보니 개인별로 이리저리 점심 약속을 잡으려는 움직임이 활발하다. 직장 내라면 공통적으로 인사부, 감사실, 비서실 사람들이 약속 대상으로 인기 있고, 그 밖에 업무와 연관성 높은 협조 부서 담당자들과도 평소에 우호 관계를 쌓기 위해 노력한다. 아니면 입사 동기, 학교 선후배나 동향 출신을 기준으로 이래저래 짝짓기가 이루어진다. 좀 더 적극적인 사람은 직장 바깥의 사람들과도 인간관계를 맺기 위해 열심히 다니기도 한다. 이런 현상은 공무원 세계나 기업에서나 크게 다르지 않은 것 같다.

그렇지 않으면 대개 과나 팀 단위로 점심을 해결하는 경우가 많다. 매월 일정 금액을 모아 대략 그 범위 안에서 지출한다. 식당은 부담이 크지 않는 몇 군데를 정해 놓고 번갈아 이용한다. 별도의 약속이 있는 사람은 자연스럽게 빠지고, 남아 있는 직원들끼리 함께 가는 게 일반적이다. 그렇게들 해서 12시 10분 전쯤이면 모두가 일시에 사무실에서 몰려나와 어디론가 사라지는 광경이 매일 반복된다. 한때 과천 청사 주변 도로에는 점심 때만 되면 공무원들을 식당으로 실어 나르는 봉고

차들이 줄을 서서 기다리곤 했다. 많은 부처가 세종시로 이전하고 나선 그런 풍경도 추억 속으로 사라지고 말았지만.

혼자 먹는 점심은 왠지 어색하다

과장 시절의 경험을 하나만 들어 보자. 가끔 있는 일이지만, 한번은 오전 내내 회의에 참석하느라 미처 약속을 챙기지 못한 채 점심시간이 되어 버렸다. 이런 경우는 대체로 별도 약속 없는 과 직원들과 함께 가곤 했는데, 그날은 공교롭게도 국장님이 우리 과 직원들에게 점심을 사 주시는 날이라면서 자기들도 괜히 미안해했다. 내가 혼자 밥 먹어야 하는 상황을 이해하기 때문이었다.

그 시간이면 다른 사람에게 전화하는 것도 어려워 하는 수 없이 나는 혼자 구내식당으로 갔다. 식판을 들고 줄을 서서 기다리면서 혹시 아는 직원이라도 볼까 괜히 두리번거리다가, 얼른 가까운 빈자리에 앉자마자 바쁜 일이라도 있는 양 서둘러 먹고는 자리에서 일어났다. 그런 상황이 때때로 생긴다. 국장 시절에도 몇 번 비슷한 상황이 있었지만 그때는 "다음 주 세미나에 발표할 자료를 준비한다."는 핑계를 대고 미리 김밥을 주문하여 조용히 사무실에서 먹곤 했다. 이처럼 혼자 밥 먹는 것은 직장 생활에서 가장 피하고 싶은 상황이다.

비록 크진 않지만 민간 기업의 CEO인 내 친구도 점심 식사 문제가 곤혹스럽긴 마찬가지라고 했다. 겉보기에 화려한 CEO라 해서 점심 약속이 늘 차 있는 것만은 아니라고 말이다. 업무의 변동성이 많다 보니 식사 약속이 변경되는 경우가 잦아 혼자서 밥 먹어야 하는 상황이 종종 발생한다는 것이다. 그럴 땐 건강을 위해 다이어트 하는 셈 치고 하루쯤 점심 식사를 건너뛴다든지, 사무실 주변을 산책하다가 김밥이나 햄버거 등으로 간단히 해결한다고 한다.

💬 식사 약속은 미리미리

          이런 어색한 상황에 마주치지 않으려면 가급적 미리미리 점심 약속을 잡으면 된다. 실제로 다들 그렇게 하려고 애쓴다. 같이 먹고 싶은 상대나 업무상 필요한 상대에게 네가 먼저 얘기를 꺼내고 곧장 수첩(요즘은 핸드폰)을 펼쳐 날짜를 정하는 것이 가장 좋다. 많은 사람들은 그저 인사치레로 "언제 식사나 한번 하시죠. 연락하겠습니다."라고 말한다. 그러면 이쪽에서도 "예, 그렇게 하시지요."라고 대답은 하나, 그 후엔 양쪽 다 깜깜무소식이기 십상이다. 따라서 정말 생각이 있다면 바로 그 자리에서 수첩을 꺼내 약속을 정하거나 사무실에 돌아가서 곧바로 몇 개의 가능한 날짜를 문자로 보내 확인받는 것이 좋다. 그러면 상대방도 진지하게 받아들인다.

 하지만 모든 일을 언제나 사전에 대비할 수는 없는 노릇이다. 때로 번개팅도 약발이 있다. 미처 약속을 못 했다면 10시 반쯤에 편하게 생각되는 몇 사람을 상대로 번개팅을 제안해 봐라. 왜 하필 10시 반이냐고? 그때쯤이면 다들 그날의 점심 약속을 확인하고 없으면 고민하기 시작하는 시간이기 때문이다. 아마도 30~40퍼센트는 좋다고 금방 회신이 올 것이다. 모두가 약속이 있는 것이 아니고 변경되거나 없는 날도 더러 있기 때문이다. 그러면 재빠르게 예약하고 그들에게 다시 알려 주도록 해라. 아마도 일부러 나서 준 너에게 고마워할 것이다. 번개팅을 잘 주선하는 사람은 작은 네트워크에서 중심에 설 수 있는 자질이 있다 하겠다.

그리고 이참에 회사 주변 맛집에 대한 리스트를 한번 작성해 봐라. 식사 약속은 잡기도 어렵지만 어떤 식당에 갈지 결정하는 문제도 쉽지 않다. 평소 리스트를 관리하면서 계속 업데이트해 나가면, 가끔 요긴하게 쓰일 수 있다.

💬 식사는 인맥을 넓히는 자리다

식사를 함께하면 단지 먹는 것 이상의 많은 것을 얻을 수 있다. 사무실에서 나누는 한 시간의 대화가 식사하면서 하는 20분의 대화보다 효과가 덜할 수도 있다. 한 번의 식사로 마치 오래 만난 사이처럼 느껴지는 경우도 있다. 친밀감이 생기고 공통 문제에 대해 인식을 공유하는 것도 기대할 수 있다.

　책이나 경험에서 배우는 것도 중요하지만 사람에게서 배우는 것은 그보다 더 가치가 있다. 다른 사람들과 함께 식사하는 시간은 새로운 정보와 아이디어를 얻을 수 있는 유익한 시간이다. 다른 부서 사정을 짐작할 수도 있고, 힘들이지 않고 유관 업계 사정을 귀동냥할 수도 있다. 결코 책 몇 권으로는 메울 수 없는 귀중한 내용이다. 또 공식 접촉이 갖는 한계를 식사 자리와 같은 비공식적 만남이 보완해 줄 수 있다. 담당자의 솔직한 속내를 들어 볼 기회이기도 하다. 밥 먹으면서까지 완전히 모르쇠로 일관하는 사람은 드물기 때문이다.

　흔히 말하는 '인맥'도 대체로 식사를 통해 많이 형성된다. 지나치게 의도를 앞세울 필요는 없지만 식사 자리에서 사람들과 유대 관계를 형성하는 일은 자연스러운 일이다. 네트워킹은 건조한 것이 아니다. 키이스 페라지는 『혼자 밥 먹지 마라』에서 다음과 같이 주장한다.

　"네트워킹은 내가 가지고 있는 지식과 자원, 시간과 에너지, 친구와 아는 사람들과 우러나오는 감정까지 함께 나누며, 타인에게 가치를 더하기 위한 지속적인 노력이다. 이렇게 하면 저절로 좋은 일이 생긴다."

　사회학자 피에르 부르디에는 '사회관계자본'이 있다고 지적하며, 그것이 '돈으로서의 자본' 이상으로 막강한 영향력을 갖고 있다고 주장했다. 여기서 사회관계자본이란 간단히 말해 '인맥'을 뜻한다. 즉 사람들이 갖는 신뢰 관계나 인간관계가 자본이 되는 것이다.

💬 '시간이 있어서'가 아니라 '시간을 내는 것'

특히, 우리나라처럼 인맥을 중시하는 사회에서는 식사를 통한 인맥 형성은 직장 생활의 중요한 포인트가 된다. 나도 인맥을 중시하여 가끔 현실적 도움을 주고받기도 한다. 어떤 때는 누구를 알고 있다는 것이 이렇게 큰 도움이 되는가 실감할 때도 있다. 그런 차원에서 나름의 인맥을 쌓기 위해 고심도 해 왔다. 사회생활의 필수 요건이니까. 대단치는 않지만 몇 가지 예를 들어 보자.

- 사교성 있는 직장 동료들과 잘 지내도록 노력한다.(인맥을 확장하는 발판이 될 수 있으므로.)
- 때로 예정에 없이 지인에게 안부 전화를 건다.
- 부재중 전화는 늦더라도 내 쪽에서 걸도록 한다.
- 이메일이나 문자 메시지에는 가급적 빨리 회신하도록 한다.
- 부탁이나 문의 사항에 대해서는 성의 있게 결과를 알려 준다.
- 모임에 참석하라는 권유를 받으면 가급적 참석한다.
- 가끔 대화나 운동, 식사 자리 주선에 적극 나선다.
- 상하 관계를 따지기 애매할 땐 라운드 테이블이 있는 식당을 예약한다.
- 가급적 헤어질 때는 서너 달 앞일지라 하여도 멀찌감치 다음 약속 날짜를 잡는다.
- 신문의 인사 발령 소식을 보고 축하 난이나 전보, 문자를 보낸다.

- 받은 명함에 만난 날짜와 특기 사항을 적어 둔다.
- 만나는 사람들의 이름을 기억하기 위해 노력한다.(실은 굉장히 어려운 일이다.)
- 경조사에는 가급적 참석하여 예의를 표한다.
- 연하장은 보내지 않아도 문자 메시지로 새해 인사를 대신한다.
- "'무엇을 알고 있는가'보다는 '누구를 알고 있는가'가 더 중요하다."는 말을 중시한다.
- 업무와 무관한 곳에서 인맥을 확장하려고 노력하는 것은 아닌지 주기적으로 따져 본다.

딱히 비결이라고 할 만한 것이 아니다. 하지만 살다 보면 이런 정도도 제대로 실천하기 어렵다. 나도 이 부분에서는 부족한 사람이다 보니 네게 특별히 전해 줄 말은 많지 않다. 살면서 자신에게 맞는 방법들을 실천하면서 터득해 가는 수밖에 없다. 나의 얘기는 단지 참고가 될 뿐이다. 중요한 것은 언제나 일관성을 가지고 기본적인 예의를 지키며, 이왕이면 상대에게 긍정적인 영향이나 도움을 줄 수 있는 역할을 하도록 노력하는 자세이다. 네트워크를 외형적으로 확장시키는 것도 좋지만 그것을 오래도록 유지하려면 업무 능력을 배양하고 독서와 사색을 통해 좋은 품성을 계발하는 것이 우선이라고 믿는다.

어쨌든 나는 그런 마음가짐으로 고등학교나 대학 동문 모임에도 자주 나가는 편이고, 직장 선후배들과 맥을 유지하는 데도 나름대로 노력한다. 각종 조찬 모임이나 세미나에도 가급적 얼굴을 내밀려고 한다. 일을 통하여 만난 사람 중에는 그 이후에도 오랫동안 관계를 유지하는 사람도 있다. 이런 인맥을 만드는 데 핵심 요소는 아마도 '시간을 내는 것'일 것이다.

'시간이 있어서'가 아니라 '시간을 내는 것'이다. 누군가에게 연락하고, 안부를 묻고, 차 마시고, 식사 약속 잡고, 상대방의 일에 관심을 보이고, 대화하는 모든 것이 결국은 자신의 시간을 얼마나 할애하느냐에 달려 있다. 어떤 일을 하기 위한 시간은 절대로 저절로 생기지 않는다. 시간이 필요하다면 만들어야 한다. 요령이 있다면 우선 누군가와 약속을 잡고 같이할 수 있는 사람 몇 명에게 연락해 보아라. 즉 '연결 고리' 역할을 자임해 보는 것이다. 나도 몇 군데 모임에서는 그런 역할을 자발적으로 떠맡고 있다.

여기서 한 가지 주의할 점은 누군가에게서 연락이 왔을 때 회답하는 문제다. 즉시 회신하는 것이 상책이나, 사정이 있어 그렇지 못한 경우에는 좀 늦더라도 문자 메시지나 부재중 전화에 대한 회답은 빠트리지 않도록 하는 습관이 몸에 배어야 한다. 연락을 하는 입장에서는 빠르게 회신해 주는 사람이 가장 고마운 법이다. 가끔 제때 회신할 기회를 놓쳐서 나중에 '아차!' 하고 아쉬워하는 일이 없도록 해야겠지. 앞서도 소개한 바 있지만 기획재정부에 오래 같이 근무했던 일 잘하는 내 친구는, 새벽 2시나 3시에도 답 문자를 남겨 상대방을 감탄하게 한다. 투자 없이 되는 일은 세상에 없다.

💬 식사 시 대화 예절

식사를 할 때는 몇 가지 주의할 점이 있다. 인맥 확장과 유지에도 영향을 미치므로 몇 가지만 들어 보겠다.

첫째, 식당에서 일하는 종업원들을 함부로 대하지 마라. 주문하거나 독촉하는 경우에도 절대로 무례하게 대해서는 안 된다. 음식을 내올 때는 반드시 고맙다는 말을 건네고, 가급적 트집 잡는 언사는 삼가라. 가끔, 나이 든 사람들과 같이 식사하다 보면 종업원에게 함부로 반말하거나 아랫사람 다루듯 대하는 경우를 목격한다. 이런 사람과 같이 있으면 괜히 불편해진다. 『광수생각』이란 만화책에서 읽은 한 대목이 기억나지 않을 수 없다. "음식점 종업원에게 반말하는 사람과는 그가 누구든 사귀지 마라." 그런 사람과 교류하거나 같이 사업하지 말라는 뜻이다.

둘째, 다른 것에 주의를 뺏기지 말고 항상 상대방에게 시선을 고정해라. 레일 라운즈는 『사람을 얻는 기술』에서 이렇게 조언한다. "대화를 할 경우 코가 가렵더라도, 귀가 간지럽더라도, 다리가 간질거려도 초연하라. 초조해하지도 말고, 썰룩썰룩 움직이지도 말며, 몸부림치지 말고, 긁지도 마라. 그리고 무엇보다도 필요 이상으로 몸을 만지지 마라. 얼굴 가까이 손을 가져가면, 초조해하는 표정이나 자세를 보이면, 상대는 당신이 거짓말을 하고 있다고 직감적으로 생각하게 된다."

셋째, 말을 어디서 끊고 이어야 할지 잘 판단해야 한다. 자신이 하고 있는 이야기를 언제 마무리 지어야 할지, 언제 한발 물러서서 상대에게 대화의 주도권을 넘겨야 할지를 생각해라. 될수록 상대방에게 대화의 주도권을 넘겨주는 것이 좋다. 만약 둘이라면 60퍼센트 이상을 상대에게 넘겨주고, 셋 이상이라면 평균 비율의 반 정도만 자신이 쓰도록 해라. 사실은 80~90퍼센트를 상대방에게 할애해 줘도 좋다. 중요한 계약서를 쓰거나 권리와 의무에 관해 꼼꼼히 따지는 경우가 아니라면, 내 기준은 대략 그렇다. 원래 그러자고 같이 밥 먹자 한 것 아니겠니? 길고 지루한 이야기도 피해라. 혼자서 3분 이상은 계속 말하지 마라. 전체 분위기를 어색하게 하거나 부정적 인상을 줄 우려가 있다. 어느 경우에나 간결한 것이 돋보인다.

식사 중에도 상대방에게 주의를 기울이지 않고 고개를 숙인 채 문자 메시지를 주고받는 데 여념이 없는 사람들을 요즘 어디서나 볼 수 있다. 자신의 말만 하고 남 얘기에는 관심도 보이지 않는 사람도 있다. 예의에 어긋날 뿐만 아니라 결코 보기에도 좋을 리가 없다. 또 급한 전화가 아니면 아예 받지를 마라. 그저 의미도 없는 사적인 통화를 위해 방문을 자주 들락날락하지 않도록 언제나 주의해라.

💬 식탁은 언제나 깨끗이

앞에서 식당 종업원에게 함부로 대하지 말라 했지만, 그 외에도 식당에서 지켜야 할 예절이 있다. 밥상이나 식탁위를 너무 너저분하게 어지르지 말라는 것이다. 나는 여럿이 식사를 하는 경우에는, 예를 들면 새우 껍질, 고기 뼈, 감자 껍질, 냅킨 등이 함부로 나뒹굴지 않도록 조심한다. 거꾸로 생각해 보면 쉽게 이해할 수 있다. 그런 모습을 앞에 두고 밥을 먹으면 과연 맛이나 제대로 나겠니? 식탁을 어지럽힐 수 있는 것들은 될수록 나오지 않게 주의하고, 할 수 있으면 별도로 접시에 모아 중간 중간에 치우도록 해라. 언제나 식탁은 깨끗한 상태를 유지해야 한다. 그게 상대에 대한 배려이다.

또 아무리 내 돈 내고 사 먹는 것이라 해도 치우는 사람 입장도 생각해야 한다. 뷔페 레스토랑 같은 곳에서도 조금씩 먹을 만큼만 가져와야지 욕심을 부려 쟁반 가득 가져와 반 이상 남기는 행동은 삼가야 한다. 어느 구내식당에는 다음과 같은 게시물이 있더라.

"식사 후에 깨끗이 치워 주세요. 여기에는 당신의 어머니가 살지 않습니다!"

이런 식탁 예절은 눈에 잘 띄진 않지만 우리가 지켜야 할 기본적 예의라고 나는 믿는다. 사람의 자질이란 일상생활의 미세한 부분이 쌓여 형성되는 것이다. 작은 것이지만 주의 깊은 노력이 필요한 부분이다. 최근에 우연히 읽은 김덕인 요넥스코리아 회장의 신문 인터뷰에서 한 말은 이런 내 생각을 뒷받침해 준다. 왜 식탁 예절에 대해 이렇게 강조하느냐면 모처럼 갖는 인맥 확장을 위한 식사 자리가 예절 부주의로 부질없이 끝나 버릴 수도 있기 때문이다.

"가령 난 식당에서 밥을 먹고 나올 때 무릎에 놓았던 냅킨을 어떻게 하고 나오느냐, 젓가락, 숟가락은 어디 두느냐도 주의 깊게 본다. 그게 그 사람의 진면목이다. 누구나 사람들이 보는 앞에서는 깨끗하고 정갈한 모습으로 있을 수 있지만, 그런 시선이 없을 때 스스로 어떻게 하느냐가 더 중요하기 때문이다."

혼자 밥 먹는 것을 두려워하지 마라

한 번의 점심 식사를 같이했다 하여 관계가 계속 유지되는 것은 아니다. 돌아서면 곧 잊어버리는 것이 사람이다. 그 후에도 가끔 이메일, 문자 메시지, 전화 등으로 연락하여 관계를 유지하는 노력이 필요하다. 이 밖에도 자신을 적절히 드러낼 방법은 많을 것이다.

다시 한 번 강조하마. 혼자 밥 먹지 말고 함께 먹어라. 그러려면 미리미리 약속을 잡는 습관을 들여라. 나아가 밥 먹는 시간을 사람에 대한 이해의 기회나 인맥 확장의 계기로 적극적으로 활용해라. 회사 생활에서 점심 식사는 배고픔을 해결하기 위한 것만이 아님을 명심해라. 때로 중요한 상담을 겸한 식사 자리라면 허기진 모습을 보이지 않기 위해 미리 가볍게 요기하고 가는 것도 좋다.

그렇다고 하여 혼자 밥 먹는 것을 두려워하지도 마라. 늘 자신의 일정에 식사 약속을 빼곡히 채워 넣을 수는 없는 일이다. 상대방이 있는 일이라 변동이 잦기도 한다. 빈 날은 주위 동료들과 자연스럽게 어울려라. 또 설령 혼자서 밥 먹을 일이 있더라도 너무 쑥스러워하지 말고 태연히 식당에 들어가 봐라. 이외로 혼자 밥 먹는 사람도 많다. 주위의 따가운 시선을 느끼면서.(하지만 걱정하지는 마라. 실은 아무도 너에게 관심을 두지 않는다. 나도 이 장을 쓰는 도중에 몇 번 혼자서 식당에 가 보았지만, 실제로 아무도 눈길을 주는 이가 없었다.)

"한 사람이 먹는 것이 그 사람을 만든다."는 말은 건강한 신체를 유지하기 위해 다양한 음식을 먹어야 함을 권장하는 말이다. 마찬가지로 건전한 인간관계를 유지하기 위해서는 다양한 사람들과 만나야 한다. 그 만남의 자연스러운 촉매가 식사이다. 누구를 알고 있느냐가 중요한 것이 아니라 누구와 밥 먹느냐가 더 중요하다. 오늘 점심시간에 혼자서 밥을 먹어야 한다면 자신의 직장 생활을 점검하는 모처럼의 기회로 삼아라. 인생에 성숙이 일어나는 것은 항상 그런 지점이다.

말할 필요가 없을 때는
침묵하라

이상스럽게도 그저 경청한다는 것, 그것 자체가 많은 다른 사람들에게 힘을 불어넣는 데 있어서 가장 훌륭한 수단이 되고 있다. (톰 피터스, 『경영혁명』 중에서)

신이 우리에게 듣기보다 말을 더 많이 하기를 원했다면, 우리에게 두 귀가 아닌 두 입을 주셨을 것이다. (캔 블랜차드, 『칭찬은 고래도 춤추게 한다』 중에서)

💬 언제나 듣는 게 문제다

과장 시절의 일이다. 한번은 현안 과제에 대해 20페이지가 넘는 꽤 두툼한 보고서를 준비하여 앞 머리칼을 한 번 더 단정하게 쓸어 올리고, 담당 사무관과 같이 나름 뿌듯한 마음으로 실장님 방에 들어갔다. 2주 정도 고심해서 만든 보고서여서 다소 기대를 했기 때문이다. 하지만 실장님의 반응은 처음부터 그리 신통치 않았다. 다른 일에 정신을 더 두고 있는지 제목과 목차만 흘끗 쳐다보곤 설명을 다 듣지도 않은 채 자기 생각과 주장을 편 뒤 "다시 작성해서 오라."고 해서 무척이나 난감해했던 적이 있다.

이틀 후 전체 틀은 거의 바꾸지 않은 채 형식만 약간 수정하여 "그 저께 지적하신 내용을 반영하여 새로 작성했습니다." 하고 말씀드렸더니, "그래, 알았어. 수고했어."라면서 더 이상 묻지 않고 넘어가 주셨다. 속으론 '결국 이럴 거라면 처음에 설명을 충분히 듣고 나서 판단하셨으면 더 좋았을 텐데……' 하는 생각이 들었다. 상사가 아랫사람의 말에 주의를 기울이지 않는 경우이다. 이처럼 '부하의 말을 제대로 듣지 않는 상사'는 우리 주위에 의외로 많이 발견된다.

나라고 해서 예외는 아니다. 내가 윗사람의 위치가 되었을 때도 마찬가지였으리라. 내게 보고하러 왔던 직원 중에는 내가 과거에 느꼈던 것을 그대로 느꼈던 경우도 있었을 것이다. 피곤한 표정이나, 정신이 딴 데 가 있는 느낌을 받았을 수도 있다. 아니면 나의 섣부른 반응이나 속단에 그들도 마찬가지로 난감해했을 것이다. 소위 '경청'은 다른 사람의 문제가 아니라 바로 나 자신의 문제였던 셈이다. 보고 중에 그때의 상황이 떠오르면 '아차!' 하고 정신이 번쩍 나 "미안하지만 다시 한 번 들어 보세." 하며 자세를 고쳐 잡는 경우도 종종 있었다. 돌이켜보면 반성할 대목이 많다. 좀 더 잘 듣기 위해서는 늘 스스로 주의를 기울일 수밖에 없다.

회의나 토론회에서도 경청의 문제는 자주 발견된다. 윗사람이 지시만 하는 회의는 너무나 흔하다. 토론회에서도 상대방의 말이 채 끝나기도 전에 반박이나 부연 설명에 안달하는 참석자들을 자주 본다. 게

다가 자유로운 분위기가 요구되는 식사 자리에서도 어느새 모든 이야기가 윗사람 일방으로 흘러가고 있음을 본다. 심한 경우 80~90퍼센트의 대화를 윗사람 혼자서 독점하고, 나머지 참석자들은 머리를 숙이고 그저 먹는 데 열중하면서 간간이 마지못해 "네, 네, 맞습니다."라며 맞장구를 치는 모습도 목격했다. 보통 2~3시간이 걸리는 저녁 식사 모임에서 끝까지 말 한마디 못 하고 돌아가는 사람도 있다.

나는 이런 경우 윗사람의 '대화 점유율'이 40퍼센트를 넘으면 듣는 데 문제가 있다고 여긴다. 내가 중심이 되는 모임에서는 식사든 회의든 모든 참석자가 3~5분간 돌아가며 말하는 원칙을 적용한다. 참석자들의 말문을 터줌은 물론, 나의 발언 시간을 최소화하려는 노력이다. 이처럼 발언에 한도 시간을 설정하는 방식은 나름대로 효과가 있다. 하고 싶은 말이 있어도 눈치를 보며 망설이는 사람들이 의외로 많아 강제적인 시간 할당은 오히려 마음을 편하게 하는 면이 있다. 그러면 의외로 들을 만한 얘기를 풀어 놓거나, 속내를 털어놓는 경우가 생긴다.

💬 혀보다
귀를 내밀어라

미국 남가주대학 총장을 지낸 바 있는 스티븐 샘플은 그의 책 『창조적인 괴짜들의 리더십』에서 사람들의 듣기에 관한 흥미로운 비유를 든다. 그에 따르면 보통 사람은 세 가지 망상을 가지고 있는데, 첫째가 자기가 운전을 잘한다고 생각하는 것이고, 둘째가 자기가 유머 감각이 뛰어나다고 생각하는 것이고, 셋째가 자기가 남들의 이야기를 경청한다고 생각하는 것이라고 한다.

그러나 리더들을 포함한 대부분 사람들은 남의 이야기를 듣는 태도가 형편없으며, 실제로 그들은 이야기하는 것이 듣는 것보다 더 중요하다고 생각한다고 스티븐 샘플은 주장한다. 나도 그런 부류에 속한다.

사실 스티븐 샘플 총장의 지적이 아니더라도 많은 이들이 인간 사회의 기본 문제 중 하나로 경청의 중요성을 강조해 왔다. 그런 탓일까? 고대 로마 철학자 에픽테투스의 다음과 같은 경구가 꾸준히 회자된다. "우리는 두 개의 귀와 한 개의 입을 가졌다. 이는 두 배로 열심히 들으라는 의미다." 유사한 경구 중 몇 가지만 더 보자.

- 눈과 귀는 크게 열고, 입은 꼭 다물어라.
- 말을 많이 해서 이득을 얻음은, 침묵하여 해가 없음만 못하다(多言獲利 不如默而無害).
- 타인이 어떤 의견을 말했을 때 먼저 그 의견의 장점을 생각하라.
- 귀 기울여 경청하는 일은 사람의 마음을 얻는 최고의 지혜이다.
- 경청은 최고의 칭찬이다. 무언가를 말하려고 안달 난 사람이 되지 말고 무언가를 배우려고 하는 사람이 되어라.
- 침묵은 예술이다, 웅변도 예술이다. 그러나 경청은 잊혀져 가는 예술이다.

그렇다면 이처럼 중요한 경청을 잘할 수 있는 방법은 없을까? 가장 손쉬운 길은 '혀를 내밀기보다는 귀를 내미는 것'이다. 내가 상대방에게 어떤 달콤한 말을 한다 해도, 상대방에게는 자기 자신에 대해 말하고 싶어 하는 얘기의 절반만큼도 흥미롭지 않은 법이다.

강연이나 연설에서도 경청은 하나의 과제이다. 하루에도 수많은 강연이 벌어지고 있지만 감동을 불러일으키지 못하는 것은 연사들이 대개 소통이 아닌 전달에 더 큰 비중을 두고 있기 때문이다. 한마디로 '듣기 능력'이 부족하다는 얘기다. 남에게 이해시키기 위해서는 말하는 자신이 먼저 듣는 연습부터 해야 한다는 것을 알 수 있다. "다른 사람의 말을 안 들으면 자신의 말 역시 이해시킬 수 없다."라는 영국 속담을 기억해라.

오늘부터라도 당장 경청을 더 잘하기 위해 다음 두 가지 방법을 실천해 보자. 복잡하거나 어려운 방법은 아니다.

첫째, 말은 적게 하면서 상대방의 말은 많이 듣자. 사람들은 자기가 하는 말을 들어 주는 사람을 좋아한다. 너도 너의 말에 지루해하거나 관심 없는 듯한 표정을 짓는 사람보다는 흥미롭게 들어 주는 사람과 대화하고 싶지 않겠니?

둘째, 주장은 적게 하고 질문을 많이 하자. "그건 왜 그렇죠?" "이런 면은 생각해 본 적이 없나요?" "그리고 그 후엔 어떻게 되었나요?" "다른 얘긴 없나요?" 등등. 하지만 때로 질문이 너무 날카로우면 상대방의 감정이 상하는 경우도 있으니 너무 나가지 않도록 조심해야 한다.

두 사람 간의 대화든 여러 사람 간의 모임에서든 시험적으로 한번 적용해 봐라. 분명 분위기가 달라지는 걸 느낄 수 있을 것이다.

💬 비즈니스의 성과는 경청에 달려 있다

한편, 기업 프레젠테이션 전문가 제리 와이즈먼은 『프리젠테이션 마스터』에서 '열심히 듣기(Active Listening)'를 완벽한 해결 방안으로 제시하고 있다. 그는 이렇게 주장한다.

"이 단어를 인터넷에 검색해 보면 800만 개 이상의 검색 결과가 나오지만 이 기술의 핵심은 한 줄로 요약할 수 있다. 질문을 받을 때 답을 생각하지 말고 질문의 내용이 무엇인지에 집중하라. 이것이 바로 경청이다."

비즈니스에서도 상대방의 말을 잘 듣는 것이 성과를 올리는 핵심 요소이다. 미국의 유명한 세일즈맨 닉 퍼튼의 경우를 보자. 그는 고객이 말할 때에는 절대 물건이나 실적에 대해 생각하지 않았다. 오로지 고객의 말만 경청했다. 이것이 그가 판매왕이 된 비결이었다. 다음은 『마음을 사로잡는 경청의 힘』에 실려 있는 닉 퍼튼의 말이다.

"나와 보통 세일즈맨의 차이가 뭐라고 생각하십니까? 딱 하나입니다. 나는 고객이 말을 할 때 절대로 물건이나 실적에 대해 생각하지 않습니다. 그 순간, 나는 아무 생각 없이 고객의 말만을 '경청'합니다. 보통 세일즈맨들은 열에 아홉은 물건과 실적에 대해 생각하지요. 스스로는 고객의 말을 굉장히 잘 듣고 있다고 착각하면서 말입니다."

1994~1995년 물가를 담당했던 당시 경제기획원 국민생활국 생활물가과에서 사무관으로 근무하던 시절의 얘기다. 물가가 오르면 국민 생활에 미치는 영향이 크기 때문에 대통령에서부터 물가 문제는 늘 관심 사항의 최우선 순위에 놓인다. 그때가 그런 시기였다. 농축수산물과 서비스 요금이 전반적으로 불안하고 공산품 가격도 다방면으로 인상 압력을 받고 있었다.

사실 통제경제가 아닌 자본주의 시장경제 체제에서 개별 상품의 가격이나 서비스 요금을 관리할 수단은 마땅치 않다. 그럼에도 불구하고 정부의 책임은 무한한 것이다. 국 소속 모든 직원이 강원도 대관령 고랭지 배추 단지 등 주요 산지로 출장 가서 농수축산물의 출하를 독려하였다. 부당 요금을 받지 못하도록 행정지도 차원에서 시장을 방문하여 상인들과 면담하거나, 사업자 단체, 협회 관계자들과 간담회를 하고 어려운 경제 여건을 설명하며 물가 안정을 위해 협조를 부탁했다.

이런 때에도 공무원인 내가 먼저 말을 많이 하여 설득하려고 하기보다는 우선 그분들의 이야기를 들어 주고 요구 사항을 파악하여 최대한 반영하려고 노력할 때 더 많은 협조를 얻을 수 있었다. 다른 부처와의 관계에서도 마찬가지였다. 상위(?) 부처임을 내세워 일방적으로 전화하거나 우리 사무실로 오라고 하기보다는 내 쪽에서 부처 사무실로 담당자를 찾아가 협의했을 때 분위기가 더 좋았다. 그렇게 해서 신뢰가 형성되고 협조 관계도 계속되었다.

  이런 지혜는 당시 축산물을 안정하게 공급하기 위해 애를 태우면서 가축들의 인공 수정 현장까지 쫓아다니며, 관련 단체 임직원들의 불만을 3시간이고 4시간이고 들어 주셨던 정 과장님으로부터 몸으로 배웠다. 그분은 지금 꽤 큰 기업에서 부회장을 맡고 계신다. 늘 그렇게 할 순 없지만 가끔은 새로운 접근을 위한 노력도 필요하다. 그것도 업무를 추진할 때의 경청이라면 경청이다.

💬 자신에게
경보음을 울려라

  경청의 반대는 말이 많다는 것이다. 지나치게 말이 많은 사람은 무능한 사람이기 쉽다. 듣기보다는 말을 많이 하는 유형의 사람은 정보를 수집하기는커녕 남에게 자신의 정보나 아이디어를 도둑맞을 우려가 크다. 지금 우리가 할 일은 '입을 다무는 일'과 '귀를 열어 두는 일'이다. 물고기는 입을 벌리지 않으면 낚이지 않는다. 사람도 입을 벌리지 않으면 구설수에 오를 염려가 없다.

  타인의 말을 경청하는 태도는 상대의 불안을 완화시키는 인정 방식이다. 서로 이해하지 못한다고 하더라도 생각을 교환하는 과정에서 관심과 연대를 교환할 수 있다.

  또 경청은 자신을 예의 바른 사람으로 만드는 것은 물론, 말하는 자신에게도 숨 고를 기회를 준다. 나아가 상대와 자기 자신에게도 육체적 안정을 안겨 준다. 미국 듀크 대의 연구진은 다른 사람의 말을 자르는 사람은 경청하는 사람보다 심혈관계 질환에 걸릴 위험이 일곱 배나 높다는 연구 결과를 발표한 바 있다.

자동차를 운전하다 보면 자신도 모르는 사이에 속도가 높아지는 것을 깨닫는다. 다행인 것은 단속 구간이 가까워지면 내비게이션에서 "뚜-뚜-뚜-" 하고 미리 경보음을 울려 주는 것이다. 속도를 낮추라는 신호다. 마찬가지로 자신이 듣기보다 말을 많이 하고 있다고 느낄 때는 마음속으로 경보음을 울릴 필요가 있다. 예를 들어 상대방과의 대화에서 네가 3분 이상 말을 계속하고 있다면 서둘러 멈출 지점을 찾는 게 좋다. 머릿속으로 다음과 같은 경보음을 울리면서.

"뚜-뚜-뚜- 지금 당신은 말을 너무 오래 하고 있습니다. 말의 제한 시간을 준수해 주시기 바랍니다."

아니면 침묵을 적절히 활용하도록 해라. 일반적으로 사람들은 3분 이상 얘기를 들으면 집중력이 현저히 떨어진다는 점을 감안해야 한다.

질문을 던지기보다 내 말을 더 많이 하고, 답을 구하기보다 추정을 더 많이 하는 경우에도 경보음을 울릴 필요가 있다. "차라리 밑 빠진 항아리는 막을 수 있지만, 코 밑에 가로놓인 입은 막기 어렵다." 명심보감에 있는 말이다. 그렇기 때문에 더욱 입을 닫는 노력이 필요하다.

💬 때로 침묵의 가치를 알라

경청과 함께 강조되어야 할 것이 침묵이다. 동전의 앞뒷면 관계라고 봐도 된다. 듣기는 침묵과 일맥상통하기 때문이다. 떠벌이는 신뢰를 주지 못한다. 쉴 새 없이 지껄이는 사람을 마주하고 있으면 듣는 사람은 머릿속에 혼란이 온다. 듣기 좋은 꽃노래도 한두 번이다. 좀 쉬어 가면서 들어야 한다. 간주곡이 필요한 이유다. 노래방에서 혼자 마이크를 독점하면 분위기가 금방 어색해지는 것과도 같다. 다른 사람에게도 부를 기회를 줘야 분위기가 산다. 대화 중간 침묵할 줄 알고, 상대에게 말할 기회를 넘겨주는 여유를 잊지 마라.

프랑스 사상가 볼테르는 말한다. "지루한 인간이 되고 싶으면 쉴 새 없이 입을 놀려라." 지루한 인간에게는 사람이 모이지 않는다. 사람을 얻는 자들은 대부분 수다쟁이가 아니다. 그들은 사람들의 말문을 터주고 적절히 그 물길의 방향을 이끄는 경청의 달인이다.

가급적 입을 다물고, 침묵 속에 숨어 있는 가치를 기억해라. 묵묵하게, 그리고 꾸준히 일해라. 이것이 직장 생활에서 이기는 비결이다. 참, 한 가지 더! 동료들과 식사하고 나선 '입을 여는 속도보다는 지갑을 여는 속도'가 빨라지도록 행동하고. 괜히 신발 끈 고쳐 맨다고 딴청부리지 마라.

'위대한 영혼' 간디는 일주일에 하루 침묵을 실천하며 자신을 돌아보았다. 다른 사람에게 말을 걸지도 않고 다른 사람의 말을 듣지도 않으며 정기적으로 명상하고 물레를 돌리고 책을 읽었다. 내면의 소리에 귀 기울이며 '나는 누구인가?' '내 인생에서 가장 중요한 것은 무엇이었나?' '내가 진정 추구하고 싶었던 모습으로 살고 있나?'를 되짚으며 살아온 삶의 자취를 들여다보는 것이다. 간디처럼 일주일에 한 번은 아니더라도 1년에 한 번은 이렇게 자신을 곰곰이 되돌아보는 시간이 필요하다.

과학자인 아인슈타인도 침묵에 대해 재치 있게 비유한 바 있다. "인생에서 성공을 A라고 한다면, 그 법칙을 $A = X + Y + Z$로 나타낼 수 있다. X는 일, Y는 노는 것이다. 그러면 Z는 무엇인가? 그것은 침묵을 지키는 것이다."

긴 침묵만이 아니라 아주 짧은 침묵이 유용한 경우도 있다. 예를 들어, 말하는 도중의 짧은 침묵은 말의 효과를 높인다. 청자의 주의를 끌기 때문이다. 로마 시대 정치가이자 군인이었던 율리우스 카이사르는 연설 중간에 잠시 말을 끊어 효과를 극대화하는 방법을 즐겨 사용했다. 이는 요즘에도 뛰어난 연설가들이 많이 쓰는 방식이다.

💬 일은 민첩하게
말은 신중하게

말조심하기 위해서는 '말하기 전에 생각하기'가 중요하다. '삼사일언(三思一言)'이란 사자성어에 그런 의미가 집약

되어 있다. 한동안 나는 이 말을 메모지에 적어 지갑 속에 넣고 다니면서 때때로 꺼내 보곤 했다. 적어도 세 번 이상 생각하고 입 밖에 낸다면 큰 말실수는 없을 것이다.

삼사일언이 동양적 정서를 표현한 말이라면, 서양에서도 어렵지 않게 유사한 경구를 찾을 수 있다. 조지 워싱턴 미국 초대 대통령이 어릴 적부터 늘 처신의 기준으로 삼았던 110가지 항목 중에는 '말'과 관련된 내용이 7가지나 발견된다.

- 누군가를 헐뜯는 소문을 성급하게 믿지 마라.
- 농담이건 진담이건 상대에게 상처 주는 말은 삼가라.
- 말하기 전에 생각하고 또박또박 발음하라.
- 너무 빨리 말하지 말고 차근차근 말하라.
- 그 자리에 없는 사람의 험담은 하지 마라.
- 입에 음식을 넣은 채 말하지 마라.
- 누구에게라도 비난의 말을 삼가라. 저주하지 말고 욕하지도 마라.

이를 시인의 입을 빌려 표현하면 이렇게 된다. "말할 필요가 없을 때는 침묵하라." 프랑스 시인 프랑시스 퐁주가 우리에게 주는 경구이다.

이번 장은 공자의 "일은 민첩하게 말은 신중하게(敏於事而愼於言)"라는 표현으로 마무리 하는 게 좋겠다. 『논어』 학이(學而) 편에 나오는 구절이다.

"군자는 먹는 데 있어 배부름만을 추구하지 아니하고, 사는 데 있어 편안함만을 추구하지 아니한다. 일에는 민첩하고 말에는 신중하며 올바른 도를 가진 이를 따라 바르게 행동한다면, 학문을 좋아하는 이라고 말할 수 있을 것이다."

직장인이라면 모름지기 말을 앞세우지 말고 기동력 있게 업무에 대처해야 할 것이다.

친절과 겸손은
사람을 머물게 한다

사람의 삶에는 중요한 세 가지가 있다. 첫째는 친절이고, 둘째, 셋째도 친절이다.
(헨리 제임스, 영국 소설가)

인생을 엄숙하게 살아가면서도 삶을 즐길 줄 아는 마음과 자기 자신을 너무 드러내지 않는 겸손한 마음을 갖게 하소서. (맥아더 장군, 「아들을 위한 기도」 중에서)

💬 친절은 이자가 붙어 돌아온다

        미국 필라델피아에서 일어난 일이다. 하늘에 구름이 잔뜩 낀 어느 날 오후, 갑자기 비가 세차게 내렸다. 길에 있던 사람들은 가까운 상점으로 들어가 비를 피했다. 온몸이 흠뻑 젖은 할머니가 비틀거리며 한 백화점 안으로 들어왔다. 많은 종업원들은 비에 젖은 노인의 모습을 보고도 외면했다. 옷차림이 누추했기 때문이었다.

  이때 '필립'이라는 젊은이가 할머니에게 친절하게 다가가 말했다. "도와드릴 일이라도 있습니까?" 할머니는 빙그레 웃으며 대답했다. "괜찮아요. 잠깐 비를 피하고 갈 거니까."

할머니는 남의 건물에서 비를 피하고 있자니 미안한 마음에 백화점을 돌아보기 시작했다. 머리핀이라도 하나 사면 비를 피하는 일이 좀 떳떳해지지 않을까 생각했던 것이다. 할머니의 표정을 살피던 필립이 또 다가와서 말했다. "할머니, 불편해하실 필요 없습니다. 의자를 하나 가져다드릴 테니 앉아서 쉬세요."

두 시간 뒤 비가 그쳤다. 할머니는 다시 한 번 필립에게 고맙다는 인사를 하고는 명함 한 장을 달라고 했다. 그러고는 비틀거리며 비 갠 후의 무지개 속으로 걸어 들어갔다.

몇 달 후 백화점 사장 제임스는 편지 한 통을 받았는데 바로 그 할머니가 쓴 것이었다. 그녀는 놀랍게도 당시 미국의 억만장자였던 '강철왕 카네기'의 모친이었던 것이다. 편지에는 필립을 스코틀랜드로 파견하여 한 성루를 장식할 주문서를 받아 가게 할 것과, 그에게 카네기 소속 대기업들이 다음 분기에 쓸 사무용품의 구매를 맡기겠다는 내용이 적혀 있었다. 제임스는 놀라움을 금치 못했다. 계산해 보니 이 편지 한 통이 가져다줄 수익은 백화점의 2년 이윤 총액을 웃돌았기 때문이었다. 제임스는 바로 필립을 회사의 이사회에 추천했다. 필립이 짐을 꾸려 스코틀랜드로 가는 비행기를 탔을 때, 이 스물두 살의 젊은이는 이미 백화점의 중역이 되어 있었다.

물론 이런 행운이 모두에게 생기는 일은 아니다. 뭔가를 바라고 친절한 행동을 해서도 안 된다. 하지만 이야기 속의 청년이 선의를 갖고 친절하게 대하지 않았다면 그런 반대급부는 돌아오지 않았을 것이다. 그날 필립 외에도 백화점에는 많은 직원들이 있었으나 하나같이 그 할머니를 외면한 점을 봐도 그렇다.

대접받고 싶은 대로 대접하라

직장 생활이란 고단한 일이다. 그래서 동료 간에, 아래 윗사람들 간에 그리고 업무 관련 회사 사람들과의 관계에서도 서로의 입장을 배려하는 태도를 몸에 익혀야 한다. 누가 네 책상 앞으로 다가와 말을 걸거나 업무를 상의할 때는 그가 누구든 곧바로 하던 일을 중지하고 일어서서 응대해야 한다. 그냥 앉은 채로 시선은 컴퓨터 화면에 고정한 채 사람을 맞이해서는 안 된다는 말이다. 친절이란 그런 바탕에서 나온다.

누가 조금이라도 맘에 들지 않으면 너는 사정을 파악하기도 전에 급하고 예민하게 반응하는 면이 있다. 그럴 때마다 "네가 대접받고 싶은 대로 남을 대접하라."는 말을 명심하면 좋겠다.

앞으로 오래 직장 생활을 하다 보면 한 번 만났던 사람을 또 만날 확률이 매우 높다. 세상은 생각보다 좁다. 같은 직장에서든 동종 업계에서든 계속 만날 가능성이 있는 사람들이라면 언제나 주의 깊게 대해야 한다. 그들에게 비춰진 인상을 통해 너의 평판이 형성되기 때문이다. '업계는 좁고 인생은 길다.'는 사실을 언제나 기억해라.

내가 공직 생활을 하면서 직장 밖에서 들은 얘기 중에는 공무원들의 불친절한 행동이나 고압적 자세에 관한 것이 많았다. "업무 설명을 하러 사무실을 방문하여 용건을 말했지만 담당자가 고개만 끄덕이고는 20~30분을 그냥 세워 둔 채로 자기 하던 일을 계속하더라."와 같은 하소연을 간혹 들었다. 이런 행태는 반드시 공무원 사회만 해당하는 얘기는 아닐 것이다. 용역이나 납품 계약을 맺고 있는, 즉 '갑을 관계' 하에서는 어느 조직에나 있을 수 있는 일이다.

만약 네 사무실에 누군가 낯선 사람이 방문하여 두리번거리거든 네 손님이 아니더라도 용무를 물어보거나 자리를 권하고 음료수 한 잔을 대접하는 정도의 친절은 베풀어라. 형편을 봐서는 기다리는 동안 읽을 만한 신문도 갖다 주고. 너를 위하고 네 회사를 위한 길이다. 하긴 보안이 철저한 너희 사무실 같은 경우 약속 없이 낯선 사람이 출입할 리도 없겠지만 노파심에서 하는 얘기다. "친절하라. 우리가 만나는 사람은 모두 힘든 싸움을 하고 있다." 고대 그리스 철학자 플라톤의 말이 아니더라도 우리 모두의 삶은 힘드니까.

내가 한때 일했던 기획재정부 예산실에는 찾아오는 사람이 많았다. 사업에 필요한 예산을 확보하기 위해서다. 사실 좋은 사업 계획이 있어도 예산이 뒷받침되지 않으면 실현할 수 없어 모든 공무원은 예산 확보를 업무의 최상위에 놓는다. 중앙 부처 공무원들은 물론 지자체 공무원들과 공공 기관 임직원 그리고 정부 업무와 관련된 일을 하는 민간 기업 임직원들도 더러 방문한다. 특히 여름철 예산 편성 기간에는 복도가 '발 디딜 틈 없을 정도'로 복잡하다.

우리나라 문화상 아직은 미리 면담 약속을 하고 방문하기보다는 예고 없이 불쑥 찾아오는 경우가 더 많다. 한때는 일의 효율을 높이기 위해 예약 없이 방문하면 만날 수 없다는 안내문까지 붙여 놓기도 했으나 효과는 별로 없었다. 방문자들 입장에서야 나름 절박한 이유가 있어 염치 불구하고 사무실 문을 두드리지만, 나도 늘 형편이 좋은 것은 아니었다. 여기저기 시달리다 보니 짜증이 날 때도 있었다. 하지만 애써 내색하지 않은 채 설명이나 요구 사항을 웃으며 들어 주려고 노력했다. 비록 친절하지는 못하더라도 성의는 보여야 한다고 생각해서다. 특히 요구하는 사업을 도저히 반영하기 어려운 경우 그 이유를 상세히 설명하고 더욱 친절하게 대응하려 애썼다. 그들도 모두 어설픈 논리로는 설득되지 않는 예산실이라는 조직을 상대로 어려운 싸움을 하고 있다는 것을 알고 있기 때문이었다.

회사도
친절해야 한다

비록 내가 과문하여 한 번도 직접 구경하지는 못했지만 책이나 자료를 통해 종종 접하는 감탄사가 절로 나오는 친절 사례 중 하나가 미국의 노드스트롬 백화점 이야기이다.

어느 날 노드스트롬 백화점 경영진은 직원들에게 200페이지에 달하는 고객 응대 서비스 매뉴얼을 배포하는 것이 아무 소용이 없다는 사실을 깨달았다. 서비스상의 의무, 상황별 대응 방안 등이 나열된 두껍고 무거운 규정집은 일단 책장에 꽂히고 나면 아무도 펼쳐 보지 않는 애물단지가 되기 일쑤였으니 말이다.

그리하여 노드스트롬 백화점은 자사의 모든 고객 응대 서비스의 목표를 한 문장으로 압축했고, 이를 전 직원에게 알렸다. 그 문장이 어떤 것이었냐고? 바로 "어떤 상황에서든 친절한 쪽으로 판단을 내려라."였다. 이 한 문장 덕분에 노드스트롬 백화점은 다른 백화점을 제치고 성장을 계속할 수 있었다.

이러한 회사의 방침이 밑바탕이 되었기에 '노디(Nordie)'라고 불리는 노드스트롬 백화점 직원들은 수많은 친절 사례를 보여 줄 수 있었다. 그 사례들은 입소문을 통하여 널리 퍼져 나갔다. 그중 몇 가지만 보도록 하자.

- 그날 오후 중요한 회의가 있는 고객을 위해 새로 산 셔츠를 다림질해 준 노디
- 메이시 백화점에서 산 선물을 기꺼이 포장해 준 노디
- 한겨울에 고객이 쇼핑하는 동안 자동차 히터를 틀어 놓고 기다린 노디
- 파티 준비를 하느라 정신없는 여주인에게 파티가 시작되기 직전 드레스를 배달해 준 노디

- 타이어체인을 가져온 고객에게 두말없이 환불해 준 노디. 여기서 감탄스러운 점은 노드스트롬 백화점에서는 타이어체인을 팔지 않는다는 것!

💬 평판이 가장 가치 있는 자산이다

한 연구 결과에 따르면 소비자들은 어떤 제품이나 서비스에 대해 만족할 경우 여섯 명에게 이 사실을 알리지만, 불평은 스물두 사람에게 알린다고 한다. 다른 예도 있다. 14년간 1만 4000대의 승용차와 트럭을 판매하여 자동차 판매왕으로 명성을 날렸던 조 지라드는 자신의 경험에 근거하여 '지라드의 250 법칙'을 제시하였다. 사람들은 누구나 결혼식이나 장례식 같은 인생의 중요한 행사에 초대할 정도로 친숙한 사람을 약 250명을 두고 있다는 것을 뜻한다. 그러므로 한 사람이라도 세일즈맨인 자신에 대해 부정적으로 생각하게 되면 잠재적으로 250명에게 나쁜 영향을 미칠 수 있다는 얘기다. 모든 고객을 그런 관점에서 관리해야 한다고 지라드는 주장한다. 조 지라드가 1960~70년대 미국 동부 디트로이트 시를 영업 기반으로 했다는 점을 감안하면, 오늘날 우리나라 서울이나 대도시의 직장인의 경우는 250명보다 더 많을 것으로 예상된다.

하지만 이건 직접 입으로 전하는 효과를 말하는 것이고, 요즘은 인터넷이나 트위터에 올려 버리면 순식간에 많은 사람이 접하고 퍼 나르게 되므로 그 영향을 가늠하기가 어렵다. 따라서 회사원 개인 차원에서는 물론 회사 자체도 친절하지 않으면 살아남기 어려운 세상이다. 개인이든 회사든 남는 건 결국 평판이다.

한 번 형성된 평판은 생명력이 길다는 점도 유의해야 한다. 좋은 평판이라면 더 널리 퍼진들 크게 개의치 않아도 되겠지만, 그 반대라면 얼마나 곤혹스러울까. 좁은 직장 안에서는 말할 것도 없고, 업계에서도 불친절하다는 소문의 진원지는 되지 마라. 어떤 업계라 해도 알고 보면 좁으니까.

겸손은 사람을 머물게 한다

친절의 이웃사촌은 겸손이다. 겸손이란 자기 자신을 낮추는 것이다. 친구 간이건 직장에서의 인간관계건 업무상 관계건 구분 없이 겸손은 사람을 편안하게 한다. 다산 정약용 선생은 『목민심서』에서 "겸손은 사람을 머물게 한다."고 적고 있다. 링컨은 "겸손해져라. 그것은 다른 사람에게 가장 불쾌감을 주지 않는 종류의 자신감이다."라고 강조했다.

일찍이 공자가 말한 오덕(五德) 중 하나인 '공(恭)'도 겸손과 관련이 있다. 공은 '공손(恭遜)'해야 한다는 의미다. '공손'이란 '예의가 바르고 겸손한 것'으로, 다시 말해 자기 자신을 낮추는 자세이다. 여기에 더하여 공자는 다음과 같이 말한다. "군자는 의로움을 행동의 기본 바탕으로 하고, 예에 맞게 행동하며, 겸손하게 말을 하고, 신의로서 완성해 나간다."고.

겸손의 반대말은 교만 또는 오만과 거만이다. 중국 명나라 시절 활약했던 양명학의 원조 왕양명은 "인생의 가장 큰 병폐는 오직 '오(傲)'라는 한 글자에 있다."고 했다. '오'란 겸허함의 반대로 거만함을 뜻한다. 바로 거만하게 사람을 얕잡아보는 태도를 일컫는 말로, 그러한 태도가 살아가는 데 가장 큰 장애가 된다는 것이다. 왕양명은 "겸손은 선이 모이는 데 기본이 되고 거만은 악이 모이는 데 으뜸이다."라고 덧붙였다.

하지만 실제로 자신을 낮추는 일은 쉽지 않다. 즉 겸손해지기가 어렵다는 것이다. 인간은 누구나 자신을 높이려는 욕망으로 가득 차 있기 때문이다. 은근히 알려지기를 바라고 남이 알아주기를 바란다. 몰라주면 섭섭해한다. 사람들이 많이 모이는 행사장에서의 좌석 위치나 발언 여부, 순서 등에 민감하게 반응하는 것도 그런 연유이다. 때로는 자처하여 스스로를 드러내기조차 한다. 똑똑하다, 빈틈없이 일을 처리한다는 평가에 앞서 겸손하다는 평을 듣는다면 직장 생활에서 반은 성공한 거나 다름없다. 나는 이렇게 표현하고 싶다. '첫째도 겸손, 둘째도 겸손, 셋째도 겸손'이란 점을 잊지 마라.

💬 겸손하면 이익을 얻는다

만초손 겸수익(滿招損 謙受益). "가득 차면 손실을 부르고 겸손하면 이익을 얻는다."는 뜻이다. 사람이 아무리 재산이 많고 권세가 높아도 줄어들 때가 있고 낮아질 때가 있으니 잘난 체하고 똑똑한 체하면 덕을 잃게 된다는 것이다. 반대로 겸손한 사람은 존경과 신뢰를 받아 재물과 명예도 모여들게 된다. "교만하면 손해를 부르고 겸손하면 이익이 된다."는 뜻으로 풀이해도 되겠다.

'퇴계 가훈'에서도 겸손을 강조한다. "무릇 행하는 일을 스스로 높이지 마라. 귀하여도 낮게 처신하고 높아도 낮게 처신하여 힘써 학문과 행실을 닦아 매사에 최선을 다하라. 그러면 사람마다 존경하리니 누가 감히 업신여기겠는가." 이어서 교만을 경계하는 것도 잊지 않는다. "교만할 '교(驕)', 이 한 글자는 특히 재앙을 불러들이는 문이니, 부유하다 해서 교만하지 마라. 겸손하면 흥하고 교만하면 망하게 된다."

직장에서 우리가 받는 이익의 현실적 형태는 급여 인상이나 승진으로 나타난다. '겸손하면 승진한다.'는 명제가 반드시 성립하진 않지만, 교만하면 승진에서 손해 볼 수는 있다. 지난 내 공무원 생활을 되돌아보면 주변에 뛰어난 능력의 보유자들이 많았다. 과거 경제기획원이나 기획재정부에는 유능한 공무원들도 수두룩했다. '경제기획원 3대 천재'니 하면서 직원들 간에 이름이 오르내리는 인물도 있었다.

사무관 초임 시절 직장 대선배에게서 들은 얘기다. 그 선배의 친한 동료 중에 주위 사람들로부터 장래가 촉망되어 고위직까지 오를 것으로 평가받는 똑똑한 한 사무관이 있었다. 그런데 예상과 달리 그는 국장급을 끝으로 공직을 마감하고 민간 기업 임원으로 몸을 옮겼다. 주위에선 관운이 따라 주지 않았다고 했지만, 아래위로 부딪치는 매끄럽지 못한 그의 태도가 한계였다고 선배는 설명했다. 그가 조금만 자세를 낮추었더라면 더 높은 책임 있는 지위로 승진했을 것이라 아쉬워하며, 우리에게도 언제나 한 발짝 물러서는 자세를 주문한 것이다. 승진이 직장에서 성공을 판단하는 현실적인 척도라고 할 때, 선배의 '몸을 낮추라.'는 조언은 이제야 나도 조금 이해된다.

기업인도 겸손해야 한다

한발 더 나아가 윤석철 서울대 명예교수는 기업인도 겸손해야 한다는 점을 강조한다.

"과거의 경영학 이론은 겸손(humility)을 가르치지 않았다. 그러나 요즘 겸손을 지도자의 필수적 자질로 강조하는 이론이 나오고 있다. 1965년부터 1995년까지 30년 동안 '포춘(Fortune) 500'에 올랐던 기업을 대상으로 실시한 연구에 따르면, 기업의 성과를 획기적으로 개선하고 이 성과를 30년 이상 지속시킨 기업은 열한 개 사에 불과하다. 이들 열한 개 사의 공통점은 이들의 지도자가 강력한 추진력(drive)을 가지면서도 겸손하고, 자기반성(doubt) 성향을 강하게 가지는 인물이었다는 데 있다. 자기 처지가 궁하여 강제된 겸손에는 철학이 필요치 않다. 그러나 든든한 실력과 기반을 가지면서도 겸손하려면 철학을 가져야 한다."

그의 『경제·경영·인생 강좌 45편』에 실려 있는 말이다.

일본 스즈키 자동차도 '겸손'을 무기로 삼는다. 스즈키 오사무 회장은 2006년도에 매출액이 3조 엔을 돌파했지만 스스로 자신의 회사를 '중소기업'이라 표현하며 급성장을 경계했다. 어릴 적 눈이 많이 내리는 산골 마을에서 자란 오사무 회장은 "빨리 생장하는 삼나무는 눈 무게에 쉽게 가지가 부러지지만 일정한 마디를 지니고 자라는 대나무는 휘어질지언정 부러지는 법이 없다"며 급성장이 가져올 위험에 미리 경고를 보냈다.

그런 겸손한 마음가짐이 있었기에 스즈키 자동차는 여전히 앞으로 나아가고 있는지도 모른다. 반면 한때 급속히 성장했던 기업 중 지금은 이름마저 사라진 기업들이 나라 안팎으로 부지기수이다. 제각기 원인이 있었겠지만 성장하는 과정에서 자신의 본분을 잃지 않고 앞뒤를 가리며 조심했더라면 사정이 달라질 수도 있었을 것이다. 만일 '능력을 벗어난 방만한 투자'가 기업 부실화의 원인이었다면, 사람으로 치면 그것은 겸손을 잃은 행동이라 할 수 있다.

한때 '맛집'으로 소문난 음식점 중에서도 어느 날 손님이 뚝 끊어진 모습을 접한다. 원인을 알아보면 대개 "초심을 잃었다."는 말들이 들린다. 처음엔 주인이 새벽에 도매시장에 나가 직접 신선한 식재료를 구입했는데, 어느 날부턴가 새벽 골프에 재미를 붙여 시장에는 나가지 않고 배달해서 조달한다는 것이다. 바로 겸손을 잃었기 때문이다. 나도 한때 가끔 들리곤 했지만, 서민풍으로 소문이 자자했던 광화문 근처의 어느 맛집은 고급화를 지향했다가 애초의 맛도 잃고 손님도 잃어버렸다. 이런 것들은 심심치 않게 목격하는 사례들이다. 겸손을 잃은 대가는 역시 크다.

겸손한 옛 사람 이야기

"벼는 익을수록 고개를 숙인다."는 속담이 있다. 언제나 겸손하게 처신하라는 의미다. 드러내려 하면 오히려 낮아지고, 감추고 겸손하게 행동하면 오히려 높아진다는 점을 사회생활을 하는 동안 늘 잊지 말기를 바란다. 겸즉유덕(謙卽有德), 겸손하면 덕이 있는 법이다. 그런 뜻에서 겸손을 실천한 옛 사람의 얘기를 준비해 봤다. 네 가슴에도 여운이 남았으면 좋겠다.

맹사성(1360~1438)은 천하제일의 수재였다. 19세에 장원급제하여 스무 살에 경기도 파주 군수가 될 정도였다. 그의 삶에 얽힌 향기로운 일화가 많이 전해져 내려온다. 승승장구하던 그는 자신도 모르게 교만에 차기 시작했다. 하루는 우쭐거리는 마음으로 무명 수도사를 찾아가 물었다.

"이 고을 수장으로서 삼아야 할 좌우명이 무엇입니까?"

무명 수도사가 천천히 대답했다.

"간단하지요. 나쁜 일 하지 말고 선한 일을 많이 하면 됩니다."

"그건 삼척동자도 다 아는 사실 아닙니까? 이 먼 길을 달려온 사람에게 겨우 그 정도 말뿐입니까?"

수도사는 조용히 웃으며 차를 따라 주었다. 그런데 찻물이 넘치도록 따르는 것이었다.

"아니, 찻물이 넘쳐 바닥이 다 젖었습니다."

맹사성이 소리쳤지만 수도사는 계속 차를 따랐다. 이윽고 맹사성이 화를 내자 수도사가 말했다.

"찻물이 넘쳐 바닥을 적시는 것은 알면서, 지식과 자랑이 넘쳐 인품을 망치는 것은 어찌 모르십니까?"

무명 수도사의 말에 맹사성은 얼굴이 붉어져 옴을 느꼈다. 부끄러움을 감추려 황급히 일어나 방을 나가는 순간, "쿵!"하고 문설주에 머리를 부딪치고 말았다. 그의 등 뒤에서 수도사는 빙그레 웃으며 한마디 덧붙였다.

"고개를 숙이면 부딪치는 법이 없지요."

맹사성은 처음엔 그렇지 못했지만 어떤 계기로 겸손의 의미를 깨닫고 몸소 실천하여 더욱 성장했다. 겸손한 태도가 몸에 밴 후 그 능력이 더욱 발휘되었다는 뜻이다. 주위의 존경도 받으면서.

　나도 부족하지만 이런 태도를 본받으려 애쓰고 있다. 가끔은 유명한 사람들의 일화를 들춰 보며 자신을 다잡는 거울로 삼는다. 겸손은 돈 주고는 결코 살 수 없는 귀한 성품이다. 네가 어디에 있건 겸손한 사람이 되었으면 좋겠다.

승진의 비결은 있다

지금 하고 있는 일에 최선을 다하라. 다음 일이나 승진에 대해서는 미리부터 걱정하지 마라. 지적받기 전에, 요구받기 전에 일을 스스로 시작하는 습관을 들여라.

앉을 수 있을 때 서 있지 말고, 탈 수 있을 때 걷지 말며, 연줄이 있을 때 혼자서 **승진하려고 하지 마라.** (로렌스 피터, 『피터의 원리』 중에서)

💬 모든 길은 승진으로 통한다

6~7년 걸러 한 번씩 우리 집으로 축하 난(蘭)이 배달되어 올 때마다 내게 좋은 일이 생긴 모양이라고 어렸던 너도 짐작은 했을 것이다. 주로 승진했을 때였다. 나는 32년의 공무원 기간 중 다섯 번 승진했다. 5급 사무관으로 출발하여 정무직(차관급)까지 올라간 것이다. 보직 발령과는 다소 차이가 있을 수 있다. 남들에 비해 어떠냐고? 글쎄, 단순 비교는 어렵지만 같이 출발한 동료 중 중간쯤 되지 않나 생각한다. 다만, 다른 사람과의 비교는 늘 불행의 원인이

기 때문에 그 의미를 크게 두진 않았다. 승진하면 소관 업무 범위가 넓어지고 그 방면에서의 영향력이 확대되고 급여도 따라 올라간다. 전반적인 처우가 좋아지고, 목소리와 발걸음에 힘이 느껴진다. 회사에서도 매한가지일 것이다.

흥미로운 점은 승진이 건강과도 관련이 있다는 사실이다. 이건 내 얘기가 아니다. 어느 조직에서나 승진은 권한과 영향력을 확대시킨다. 즉 '권력'을 더 많이 얻게 된다는 뜻이다. 여기서 권력은 물론 정치적인 권력만을 의미하지 않고, 더욱 광범위하게 모든 조직에서 나타나는 일반적인 '영향력의 보유 상태'를 가리킨다. 영국의 과학자이자 저술가인 매트 리들리는 직장에서의 지위와 건강 관계를 다음과 같이 묘사하고 있다.

장기간에 걸쳐서 영국 공무원 1만 7000명을 연구한 결과 믿을 수 없는 결론이 도출되었다. 직장에서의 지위를 이용하여 비만, 흡연, 고혈압보다 훨씬 더 정확하게 심장마비를 예측할 수 있다는 것이다. 수위와 같은 낮은 직급의 사람은 그보다 높은 지위인 사무차관보다 심장마비를 일으킬 확률이 네 배나 더 높다. 사무차관으로 근무하는 사람이 비만이거나 고혈압, 흡연자이더라도 날씬하고, 담배를 피우지 않고, 정상 혈압인 수위보다 심장마비에 걸릴 확률이 더 낮았다. 1960년대 실행한 벨의 직원 100만 명을 대상으로 한 유사한 연구에서도 같은 결론이 도출되었다.

이러한 연구 결과를 근거로 스탠퍼드 경영대학원의 제프리 페퍼 교수는 『권력의 기술』에서 힘없고 낮은 지위에 있으면 건강에도 좋지 않고, 반대로 권력과 그에 따르는 통제력을 갖고 있으면 수명도 늘어나기 때문에 적극적으로 권력을 얻기 위해 노력해야 한다고 주장한다. 글쎄, 틀린 주장이라 보긴 어렵지만 여과 없이 이를 받아들이기에는 세심한 주의가 필요할 것 같다.

그런 이유만이 아니더라도 모든 직장인의 관심사는 온통 승진 문제에 쏠린다. 일부 전문 직종에서는 승진의 의미가 다소 퇴색되었긴 하지만, 일반 직장인들은 오로지 승진을 목표로 일한다고 해도 과언이 아니다. 물론 나무랄 일도 아니다. 왜냐하면 승진이야말로 자신에 대한 총체적 평가의 결과이고, 직장인의 꿈이기 때문이다.

겨우 입사한 햇병아리 사원인 너에게 이런 몇 년 후에나 닥칠 승진 문제를 이야기한다는 게 어색하긴 하다만, 직장인의 가장 중요한 관심사이므로 어느 정도는 알아 둘 필요가 있다고 본다.

💬 실적이 우선이다

여기서 '승진'이라 할 때는 나의 공무원 경험으로는 중앙 부처라면 국장(급)까지, 일반 회사라면 상무(급)까지를 가정하고 설명한다는 것을 이해하기 바란다. 그 이상의 직급으로 승진하는 것은 어느 쪽이나 작용하는 요소가 너무 많아 나로선 정리할 수가 없다. 그런 정도임을 감안하고 보아라.

그럼 어떻게 하면 승진할 수 있을까? 전통적 의미에서는 부지런함, 성실함, 자기계발을 바탕으로 한 조직의 업무에 대한 기여도가 승진의 기본 방식이었다. 동기부여 전문가 지그 지글러는 이렇게 말한다.

"우선 매일 아침 15분씩 일찍 출근하라. 15분 일찍 출근하면 하루를 제대로 시작할 수 있다. 고용주들은 당신이 일찍 출근한다는 사실을 알아본다. 늦게까지 일하는 것보다 일찍 출근하는 것이 훨씬 더 효과적이다. 다음으로 마치 그 일에 승진이 달린 것처럼 각각의 업무를 열심히 처리하라. 물론 각 업무가 자동으로 승진과 연결되진 않는다. 하지만 하나하나가 쌓이면 그 효과는 무시할 수 없는 작용을 한다. 각 업무에 최선을 다할 때 여러분은 긍정적인 평가를 받게 될 것이고, 이는 훌륭한 안전장치이자 승진 보험인 것이다."

광고인 데이비드 오길비도 비슷한 시각을 보여 준다. "당신이 여가 시간을 장미를 심고 아이들과 노는 데에 모두 보낸다면 나는 당신에게 호감을 갖겠지만 당신은 진급이 느린 것에 대해서 불평해선 안 된다."

영국의 평론가이자 역사가인 토머스 칼라일은 "지금 당장 해야 할 일을 충실하게 하는 것, 이것이 성공의 비결"이라고 말한다. 말단 비서직으로 시작하여 마침내 휴렛패커드의 CEO 자리에 오른 칼리 피오리나의 경우가 여기에 부합한다. 밑바닥부터 시작하여 거대 회사의 최고 위치까지 오른 인물이다. 《포춘》지는 1998년에 그녀를 '비즈니스계에서 가장 영향력 있는 인물'로 선정하기도 했다. 피오리나는 이렇게 말한다.

내가 맡은 업무는 사무실 앞에 앉아서 손님들을 접대하고 전화를 받아 연결해 주고 문건이 넘어오면 타자를 치는 일이었다. 나는 일에 최선을 다했고 일찍 출근하고 늦게 퇴근했다. 업무에 능숙해지기로 마음먹었다. 앞으로 어떻게 될지는 생각하지 않았다.

하찮은 업무라는 생각을 하지 않았다. 직장이 있는 게 고마웠고 내게는 새로운 세상을 배우는 게 흥미로웠다. (나는) 또 상사에게 사람을 제대로 뽑았다는 것을 증명하고 싶어 안달이 났다. 그러면서 중개사들이 물건을 팔면서 얼마나 흥분하는지, 사람들이 사업을 키우려고 얼마나 헌신하는지 관찰했다. 내가 어떤 태도로 전화를 받는가 하는 간단한 일이 고객들이 우리 회사를 평가하는 데 매우 중요한 잣대가 된다는 것을 배웠다.

나도 기본적으로 이들의 의견에 동의한다. 3장 '상사도 칭찬에 목말라 한단다'와 관련하여 설명하자면, 승진을 포함해 회사에서 너에게 가장 큰 영향력을 행사하는 이는 상사이니 그의 인정을 받는 것이 가장 중요하다고 생각한다. 인정을 받기 위해서는 성실하고 부지런히 일하여 상사에게 도움이 되도록 실적을 내야 한다. 거기다 창의적이고 혁신적이기까지 하다면 더할 나위 없다. 상사의 인정은 승진의 토대이다. 네가 일을 시작한 순간부터 이미 상사는 너를 평가하기 시작했다는 점을 명심해라. 자신에게 승진의 기회가 과연 있을까 의심할 이유는 전혀 없다. 일하는 동안 몇 번의 승진 기회가 주어지지 않는 사람은 없다고 장담할 수 있다.

인정을 받으려면 상사가 수고와 부담을 조금이라도 덜 수 있도록 힘닿는 데까지 일하는 게 우선이다. 이게 승진의 비결이라면 비결이다. 바꿔 말하면, 상사의 신뢰를 얻는 일, 좋은 인상을 심어 주는 일, 적극적이고 창의적인 일을 통해 성과를 내는 게 승진의 지름길이다.

그러려면 우선 상사의 관심사를 파악해야 한다. 이에 대해 제프리 페퍼 교수는 앞서 소개한 『권력의 기술』에서 매우 현실적인 조언을 해 주고 있다.

"사람들은 대부분 상사가 무엇에 관심이 있는지 알고 있다고 생각한다. 하지만 독심술사가 아닌 바에야 그런 짐작은 빗나갈 확률이 높다. 어설픈 짐작보다는 상사가 가장 중요하게 여기는 요소가 무엇인지, 당신이 하는 일을 그들이 어떻게 생각하는지 주기적으로 직접 묻고 확인하는 편이 훨씬 효과적이다."

💬 승진에는
운도 따라야 한다

이렇게 설명하면 '그럼 승진은 상사가 알아서 챙겨 줄 테니 나는 그저 일만 묵묵히 하면 되겠다.'고 생각할 수도 있겠지만, 세상일이란 그리 단순하지가 않다. 실적만 있으면 당연히 윗사람이 이를 알아주고 승진도 시켜 주리라는 생각은 너무 순진한 태도다. 실제로는 개인 실적 외에 자신에 대한 사내 평판, 경쟁 상대, 조직이 처한 상황(회사라면 호경기나 불경기냐 여부), 개인적 연줄 같은 요소가 복합적으로 작용한다. 게다가 '운(運)'도 한몫한다. 우리는 가끔 합리적으로 설명할 수 없는 경우를 뭉뚱그려 편리하게 '운 때문'이라고 넘어가기도 하지 않나.

운이 따르지 못한 사례를 하나 보자. 1차 세계대전과 2차 세계대전 사이에 아이젠하워는 16년 동안(1920~1936) 소령 계급장을 달았다. 이것은 그의 능력이 부족해서가 아니라 미 육군이 1차 세계대전 중 급속히 성장했다가 다시 규모가 축소된 탓이었다. 당시 아이젠하워는 다음 계급인 중령으로 진급하는 데 필요한 총 복무 기간이 부족한 상태였다.

나도 1981년 4월 사무관으로 공무원 생활을 시작하여 1994년 5월에 서기관으로 승진했으니, 한 계급 승진하는 데 무려 14년이 걸렸던 셈이다. 당시 인사가 심하게 적체된 탓이었다. 동료들도 같은 처지였기 때문에 누굴 탓할 수도 없었다. 그저 운으로 돌릴 수밖에.

이처럼 다양한 요소가 복합적으로 작용하는 상황에서 장래의 승진을 염두에 둔다면 평소 자신의 행동을 면밀히 관리해야 한다. 소위 '높은 사람에게 눈도장 찍기' 같은 약삭빠른 처세를 주문하는 것이 아니다. 자신의 존재를 적절히 드러낼 수 있는 행동을 가미하는 것이 필요하다는 의미다. 정작 본인은 고개를 숙이고 가만히 있는데 남이 알아주는 경우는 어디에도 없으니까.

그래서 평소에도 눈에 띄기 위한 처신이 필요하다. 은연중 눈에 띨 방법으로는 업무 설명회, 세미나, 강연회 등 사내에서 각종 행사가 열릴 때 될수록 앞줄에 앉는 것이다. 어딜 가나 앞의 두세 줄은 늘 비어 있다. 당연히 높은 사람들이 앉는 자리로 여겨 모두 꺼리기 때문이다. 수업 시간에 앞자리에 앉으면 강의 집중도가 높아지듯 사내 행사에서 앞자리에 앉으면 이점이 있다. 윗사람의 눈에 띄거나 대화할 기회가 생기는 것이다.

또 윗사람이 초대하는 식사 자리는 다른 약속을 취소하고라도 응하는 것이 좋다. 그보다 더 윗사람과 이미 선약을 했다면 모르겠지만. 이것도 마찬가지의 효과가 있다. "높은 사람과 식사하면 밥이 안 넘어간다."는 식의 어설픈 평계를 대면서 피하지는 마라. 설령 밥 한 끼 제대로 못 먹어도 건강에 지장은 없다. 보이면 기억되고, 기억되면 선택된다. 그게 세상이 돌아가는 이치다.

💬 연줄도 활용하라

승진에 있어 연줄의 효과는 가장 설명하기 어려운 요소이다. 작용한다고 할 수도 있고 그렇지 않다고 주장할 수도 있다. 하지만 혈연, 학연, 지연, '근무연'(여기서는 과거에 같이 일한 인연을 뜻하는 말로 사용한다.)이 회자되는 것을 보면 '연줄'이 승진에 보이지 않는 요소임은 분명하다. 정확히 증명할 수는 없지만, 대개 느낌은

오는 법이니까. 승진 인사가 있고 나면 누구는 누구의 줄이라서, 누구는 사장이 기획팀장일 때 모셨기 때문에, 또 누구는 누구와 같은 고향이라서 임원으로 발탁되었다는 등의 소문이 꼬리에 꼬리를 문다. 설사 실적이 좋고 나름의 경력도 있어 승진한 경우에도 그런 평가가 따라다닌다.

이 중 '근무연' 같은 것은 적절히 활용할 필요가 있다고 본다. 왜냐하면 일과 관련하여 나를 가장 잘 아는 사람은 과거에 나와 같이 일해 봤거나, 현재 나와 같이 일하고 있는 사람들이니까. 나도 승진 심사가 있을 땐 직근 상사와 차상위 상사에게 "이젠 저도 승진할 때가 되었으니, 인사위원회가 열리면 잘 챙겨 달라."라고 말하거나 이전에 모시던 분들에게는 "제 얘기 좀 잘해 주십시오."라고 부탁했다. 정당하게 연줄을 활용하는 것으로 생각했기 때문이다. 때로 효과도 없지 않았다.

그 후 나 또한 기회가 있을 때면 나와 같이 일했던 직원 중 능력 있고 믿음직한 경우는 그들이 원하는 곳에서 일할 수 있도록 다른 간부들이나 윗사람에게 추천하거나 "믿을 수 있으니, 꼭 데려다 쓰라."고 권유하기도 했다. 이런 경우를 인사 청탁이라고는 하지 않을 것이다. 추천과 청탁도 어느 정도 구분할 필요가 있다.

로렌스 피터와 레이몬드 힐의 공저 『피터의 원리』에는 "연줄이 있을 때는 혼자 힘으로 승진하려 하지 마라."고 나와 있지만, 모든 일은 양면성이 있는 법이다. 연줄이 없어 더 크게 성공한 사례도 있다. 미국 초대 대통령 조지 워싱턴이 좋은 예이다.

민병대 장교로 복무하며 프랑스를 상대로 전쟁을 벌이던 초창기 시절이 지나고, 워싱턴은 영국 군대에서 정식 임관 사령을 맡을 수도 있었다. 그랬다면 우리는 그 이름을 영영 못 들었을지도 모른다. 십중팔구 인도나 영국 제국에서 복무했을 테니 말이다. 하지만 워싱턴은 한자리 차지하기에는 '연줄'이 부족했다. 18세기를 특징짓는 대표적 단어의 하나인 연줄을 자주 사용했던 건 정작 그에겐 연줄이 없었기 때문이다. 연줄만 있었어도 그는 영국 해군에서 다른 이력을 제안받고 그 길을 갔을지도 모른다.

연줄이 있어도 이용하지 않는 경우도 있다. 처칠은 영국 정계의 실력자인 아버지 랜돌프 경의 힘을 빌리지 않고 자신의 경력을 쌓아 나갔다. 처칠은 남아프리카 전쟁이 발발했을 때 종군 기자로 근무하고 있었다. 이때 그의 아버지는 경제 장관이었다. 한 동료가 이를 시기하며 말했다. "유명한 아버지를 둔 사람은 쉽게 경력을 쌓을 수 있지." 이 말을 들은 처칠은 이렇게 받아넘겼다. "어느 날, 사람들은 랜돌프 경에 대해서, 그는 처칠의 아버지였다고 말하게 될 것이다."

워싱턴이나 처칠은 특수한 사례로 치더라도, 어쨌거나 내 경험에서 보면 승진이나 성공에 연줄이나 편법도 가끔은 통하지만, 결국에는 정수가 이긴다고 이해해 왔다. 그래서 사회는 발전하는 것이다.

바둑에 비유해 보자. 바둑을 잘 두기 위해서는 정석을 알아야 한다. 수학에서의 기본 공식이라 해야겠지. 정석에 근거한 수를 정수라고 하고, 기발하거나 상대를 속이는 수를 묘수 또는 암수라고 한다. 묘수는 때때로 효과를 보기도 하나, "묘수 세 번 두면 바둑 진다."는 바둑 격언도 있다. 묘수는 기발한 착상으로 돌을 살리거나 죽이기도 하고, 부분적으로는 전세를 역전시키기도 한다. 하지만 묘수를 연발하여 바둑을 이기는 경우는 드물다. 오랜 기간 바둑계의 최강자 위치를 지키고 있는 이창호 9단은 이렇게 말한다.

"한 건에 맛을 들이면 암수의 유혹에 쉽게 빠져들게 된다. 정수가 오히려 따분해질 수 있다. 바둑은 줄기차게 이기지 않으면 우승할 수 없고 줄기차게 이기려면 괴롭지만 정수가 최선이다."

💬 동료나 상사가 먼저 승진하게 도와라

승진과 관련해 지난 직장 생활에서 얻은 교훈은 크게 세 가지이다.

첫째는 '내공이 쌓이는 속도보다 출세가 빠르면 언젠가는 탈이 난다.'는 것이다. 기획재정부 출신으로 지금은 재선 국회의원으로 활동하고 계신 직장 선배 김 차관님께서 가끔 상기시켜 주시는 말씀이다. 실력 향상을 우선하란 의미와 함께, 과도한 승진 욕심을 경계하라는 말씀으로 나는 이해한다.

둘째는 '자신이 승진하기를 원한다면 상사나 선배를 먼저 승진시키는 데 힘을 쏟으라.'는 것이다. 자신의 승진은 그 결과로 따라온다. 예를 들어, 중앙 부처의 과에는 네다섯 명의 사무관이 근무한다. 과의 주무 (선임) 사무관이 먼저 승진해야 차석, 삼석 사무관이 근무 성적 평정을 좋게 받을 수 있다. 만약 주무 사무관이 계속 다른 과 주무 사무관에 밀려 승진이 늦어지면 그 부담은 고스란히 차석, 삼석 사무관에게 돌아간다. 따라서 그들로서는 역설적이지만 주무 사무관을 승진시키기 위해 열심히 노력하는 것이 자신의 승진을 앞당기는 길이다. 회사라고 해서 크게 다르진 않을 것이다. 결국 팀워크가 중요하다는 의미다. 개별 활동보다 팀워크로 움직일 때 놀라운 성과를 낼 수 있다.

생물 시간에 배운 바로는, 사람의 심장에는 좌심방, 좌심실, 우심방, 우심실이 있다. 각자의 역할은 다른 기관이 제 기능을 발휘하도록 지원하는 것이다. 회사에는 인사부, 경리부, 마케팅부, 영업부, 기술부가 있다. 각 부서가 존재하는 이유는 단 한 가지, 타 부서의 성과에 공헌하기 위해서다. 부서의 중요성 여부도 마찬가지로 타 부서에 대한 공헌도에 비례한다.

이는 직장인 개인에게도 똑같이 적용할 수 있다. 상사나 동료 직원이 성과를 낼 수 있도록 공헌하는 게 자신의 중요성을 높이는 방법이다. "빨리 가려면 혼자 가고 멀리 가려면 함께 가라."는 아프리카 속담처럼 말이다. 팀의 선임 직원이 먼저 승진할 수 있도록 업무 성과를 돋보이게 하고, 너는 보조적인 역할에 충실하도록 해라. 우선 자신이 맡은 일을 해낸 뒤, 그것이 팀의 업무 성과 향상으로 이어지게 처신해야 한다.

셋째는 좀 긴 안목이 필요하지만 '상사와 함께 승진해야 한다.'는 것이다. 일단 상사가 관심을 가질 수밖에 없는 일을 만들고 끊임없이 상사를 관여시켜 함께 추진해 나가라. 중요한 일이라면 상사는 자연히 관심을 둔다. 상사의 상사가 흥미를 느낄 만한 정도의 일이라면 더욱 좋겠지. 눈에 불을 켜고 그런 일이 있는지 찾아라. 크고 대범한 일을 저지르고, 그 일을 성공시켜 상사와 함께 승진해라.

상사와 함께 성공한 남 사무관의 사례

위 셋째 항목과 관련하여 상사의 관심을 끈 사례 하나를 소개하마. 2007년도 기획예산처 재정운용실 산업재정기획단장(현 예산실 경제예산심의관)을 맡았을 때의 경험이다. 당시 철도예산을 담당하던 남 사무관은 도시철도와 광역철도의 국가 예산 지원 기준을 바꾸어야 한다며 어느 날 내게 백 과장과 함께 두툼한 보고서를 들고 왔다. 요지는 간단했다. 형평성에 어긋난다는 거였다. 지하철은 운영 방식에 따라 도시철도와 광역철도 두 가지로 나뉘는데, 둘 중 중앙정부의 지원을 더 많이 받는 쪽은 광역철도였다. 광역철도의 경우 두 개 이상의 시·도에 걸쳐 있었는데, 그러다 보니 지자체들은 당연히 자신들의 행정구역을 지나는 지하철이 도시철도가 아닌 광역철도이길 원했다. 자기 주머니에서 나가는 돈 아까워하는 건 평범한 사람들이나 지자체나 마찬가지니까. 국가 예산이 이렇게 운영되고 있다는 건 심각한 문제였다.

이 친구가 제기한 문제는 그뿐만이 아니었다. 당시 건설교통부가 서울 외곽에 계획하고 있던 광역철도가 수요에 맞지 않게 과다하게 설계되었다는 점도 짚어 냈다. 국가 재원은 한정되어 있고 광역철도의 수요는 도시 발달에 따라 계속 늘어난다. 그런데 어떤 노선에서 예상 이용 인원을 과다하게 잡아 우리나라에서 이용 승객수가 가장 많은 서울의 2호선처럼 10량 중량 전철 규모로 설계해 버린다면 그 피해는 누가 보게 될까? 재원 부족으로 철도 개통은 지연되고 텅 빈 객석의 적자는 결국은 국민의 세금으로 메꿔야 한다.

맞는 말이고 끌리는 보고서였지만 막상 조정하기가 쉽지 않았다. 중앙과 지자체 간의 이해관계가 부딪치고 건설교통부와 재정 당국의 견해차도 컸다. 철도 노선에 따라 집값이 오르락내리락하는 상황에서 지역 주민들의 관심도 컸고, 그에 따라 지역구 국회의원과 지자체도 이해 당사자에 포함되어 있었다.

이때 남 사무관은 관계 부처들을 비롯한 이해 관계자들을 설득하기 위해 집요하게 대응 논리를 만들어 나갔다. 수시로 내게 와서 관련 내용을 물어보거나 검토받고, 때로 내가 조금 미적지근하게 반응하는 부분이 있으면 진지한 눈빛으로 "국장님, 이거 진짜 중요합니다."라고 하면서 말을 이어 나갔다. 백 과장도 적극적으로 뒷받침했다.

남 사무관의 노력이 빛을 발했는지 결국에는 장관 주재로 기획예산처와 건설교통부 간에 회의가 열리기까지 했다. 주무 부처인 건설교통부의 논리도 일리가 있는 데다, 이해관계가 첨예하게 대립하는 문제였기 때문에 당시 회의에서 바로 결론을 내지는 못했다. 다음 해 나는 다른 자리로 이동했지만, 이후 관계 부처 합동으로 '광역철도 재정투자 효율화를 위한 계획'이 마련되었다는 얘기를 전해 들었다.

남 사무관은 누구도 관심을 가지지 않았던 일을 먼저 찾아서 고민했다. 이를 상사에게 다가가 자신감 있는 태도로 의논했다. 미적미적하던 상사인 나를 적극적으로 개입시키고 함께 고민하게 하는 전략적인 선택도 좋았다. 백 과장은 현재 기획재정부 국장으로 재직 중이고, 남 사무관은 서기관 승진과 스탠퍼드 대 유학을 거쳐 기획재정부 과장으로 일하고 있다.

요즘도 나는 젊은 후배 공무원들과 식사하는 자리가 있을 때, 우리가 일할 때 갖추어야 할 기본적 자세나 태도에 대한 사례 중 하나로 남 사무관의 이야기를 가끔 들려주곤 한다. 직장 생활에서의 변함없는 성공 원칙 중 하나는, 놀랄 만한 일을 기획하여 상사의 참여를 이끌어내고, 그 과정을 통해 같이 성공하는 것이라고 나는 생각한다. 우선 관심을 끌 만한 일을 만들어라.

팀워크가
최우선이다

다른 사람이 오르는 것을 도와주는 사람이 가장 높이 오를 수 있다. (조지 매튜 애덤스, 소설가·칼럼니스트)

성공은 당신이 아는 지식 덕분이 아니라, 당신이 아는 사람들과 그들에게 비치는 당신의 이미지를 통해 찾아온다. (리 아이아코카, 전 크라이슬러 자동차 사장)

💬 대통령 주재
회의를 준비하다

앞 장에서 승진과 관련하여 팀워크가 필요하다는 얘기를 약간 언급하긴 했지만, 이 장에서는 그 부분에 대해 좀 더 얘기해 볼까 한다. 왜냐하면 오늘날 직장 생활에서 팀워크의 중요성은 계속 커지고 있기 때문이다.

2001년 3월, 나는 공직 입문 20년 만에 정식으로 중앙 부처의 과장이 되었다. 사무관과 과장 간의 거리는 한 직급밖에 안 되는데 승진이 이처럼 오래 걸린 이유는 당시 인사 적체가 아주 심했던 탓이다. 조금

앞서거니 뒤서거니 했지만 같이 출발한 동료들도 대체로 비슷한 처지였다.

당시 직함은 기획예산처 재정기획국 사회재정과장이었다. 인원은 과장인 나와 사무관 세 명을 포함해 총 일곱 명이었다. 주요 업무 중 하나는, 장관님이 참석하시는 당시 대통령 주재 사회관계장관회의 등의 주요 회의에 상정되는 관계 부처 안건을 검토하여 이견이 있을 때에는 이를 미리 조정하거나, 장관님이 토론에 참여하실 수 있게 자료를 작성해 올리는 일이었다.

대통령 주재 회의는 어느 장관이나 다른 회의에 비해 신경을 많이 쓰는 탓에 발언을 신중히 하는 경향이 있다. 실무 과장으로서 더욱 고심하여 준비해야 하는 이유이다. 때때로 이틀이나 사흘 전에 급히 회의 일정이 잡히기도 하여, 안건을 검토하고 말씀하실 포인트와 관련 자료를 정리하는 것이 여간한 일은 아니었다. 촉박한 시간을 고려하여 세 명의 사무관들과 의논하여 전체적인 작성 방향과 역할 분담을 정한 뒤, 작업을 시작하였다. 사무관들에게만 맡겨 두고 마냥 기다릴 수만은 없어서, 나도 직접 자료를 찾고 인터넷을 검색하면서 같이 참여하였다. 사무관들의 1차 검토 자료가 모이면 내가 추가로 마련한 내용을 포함하고 다듬어 장관님께 보고 드리곤 했다.

그런데 몇 번의 회의에서 장관님께서 말씀하신 내용이 대통령을 포함한 많은 분의 공감을 얻은 덕분에, 칭찬을 들은 적이 있다. 한번은 기분이 좋아진 장관님께서 청와대 회의를 마치고 돌아오시는 길에 점심을 사겠다고 전화를 주셨다. 말하자면 장타까지는 아니지만 단타를 몇 번 쳤다고 해야겠지. 그런 성과를 거둔 데에는 결과적으로 사무관들과 내가 팀워크를 잘 짜서 각자의 역할에 충실했기 때문이라 생각된다. 돌이켜보면 과원들 간에 협동 정신이 잘 발휘된 시절이었다.

이처럼 일이란 한 사람의 힘만으로는 적절하게 대응할 수 없는 경우가 많다. 모두가 나서도 여의치 않을 때도 있다. 직장 생활에서는 팀원들이 합심하여 각자의 역할을 다하고 협조해 나가는 것이 조직의 성과를 올리는 길이다. 당시 함께 일했던 세 명의 사무관은 현재는 중견 과장급으로 성장하여 기획재정부와 중소기업청에서 일하고 있다.

여담이지만 장관님께서는 그 얼마 후 박 차관에게, 일면식도 없던 나를 과장으로 발령 냈을 때 속으론 잘 해낼 수 있을까 걱정이 많았다고 털어 놓으셨다고 한다. 그때 박 차관은 "우리 기획예산처 사무관과 서기관 들은 기회만 주면 모두 제 몫 이상을 해냅니다."라고 했다는 얘기를 내게 전해 주었다. 박 차관께서는 그 후 장관과 청와대 정책실장을 역임한 뒤, 지금은 자유인으로 지내고 계신다.

💬 조직 간에도
팀워크는 필요하다

위 이야기는 과 단위에서 팀워크가 잘 발휘된 사례이다. 이번에는 보다 독립적이고 큰 규모의 조직 간에서 팀워크를 바탕으로 일을 원만히 진행한 경우를 하나를 소개해 보마. 사회재정과장에 이어 기금정책국의 기금총괄과장을 거친 뒤 대통령비서실 근무를 마치고, 2007년 3월 초 기획예산처 산업재정기획단장으로 복귀했을 때의 일이다.

4월 들어 정부는 한·미 FTA 체결을 공식 발표하였다. 찬반 논쟁이 치열하게 전개되고, 농어민을 중심으로 반대 움직임이 구체화하기 시작했다. 이에 서둘러 FTA로 인한 피해를 보전하고 국내 산업의 경쟁력을 강화하는 대책을 수립하게 되었다. 발등에 불이 떨어진 것이다. 대책의 핵심은 피해가 가장 클 것으로 예상되는 농림 축산 분야에 대한 재정 지원 규모와 기간이었다. 기존에 시행하던 '119조 원 농업·농촌 종합 대책(2004~2013)'과의 중복 여부, 차별성 확보가 난제였다. 나는 농촌경제연구원이 추정한 피해 예상 규모를 기초로 농림 예산 담당 조 과장, 김 사무관과 함께 실무(안)를 마련해 나가는 한편, 위로는 장차관께도 수시로 진도를 보고하고 방침을 받았다.

대외적으로는 재정경제부 정책조정국장, 농림부 농업정책국장과 삼각 축을 이뤄 협의를 진행해 나갔다. 각 국장은 부서 내 의견을 마련한 뒤, 국장급 협의체를 구성하여 정기적으로 의견을 조율해 나갔다. 도중에 얼굴을 붉힐 정도로 격렬한 설전도 벌였지만, 자기 부처 입장보다는 대승적인 시각에서 조금씩 양보하고 타협하여 어려운 과제를 마무리할 수 있었다. 나는 두 부처 사이에서 나름의 중재 역할도 떠맡았다. 최종적으로는 경제부총리 주재 장관 회의를 통해 10년간 21조 원 규모의 지원을 골자로 하는 'FTA 국내 보완 대책'이 확정되어 11월에 발표되었다. 정치 사회적으로 폭발력 있는 이슈였는데도 세 부처가 긴밀한 공조 관계를 유지하여 극단적인 반대나 저항을 피할 수 있었다. 이처럼 팀워크란 작은 부서 단위를 넘어, 부서 간 그리고 조직 간에도 요구되는 경우가 많다.

이때 마련한 보완 대책은 현재 시행 중인 'FTA 종합 지원 대책'의 골간을 이루고 있다. 당시 함께 대책 수립에 고심했던 조 과장은 국장으로 승진하여 현재 대통령비서실에서 일하고 있고, 김 사무관은 서기관으로 승진한 뒤 유학을 마치고 현재 기획재정부에서 일하고 있다.

체육대회에서 발휘된 팀워크

어느 조직에나 나름의 문화가 있는 법이다. 2008년 2월에 정부 조직 개편으로 재정경제부와 기획예산처가 기획재정부로 통합되었다. 나는 신설된 재정정책국장으로 발령 났다. 통합된 부처의 단합을 위하여 5월에 체육대회를 열기로 하였다. 과거 재무부의 후신이라 할 수 있는 재정경제부는 축구를 매우 중시하는 경향이 있었다. 각 실·국장은 체육대회에 대비하여 타 실·국에서 축구를 잘한다고 소문난 직원을 평소 유심히 점찍어 두었다가 인사이동 시 서로 데리고 가려고 물밑 싸움까지 벌일 정도였다. 심지어 "축구를 못하면 일도 못한다."고 평가절하할 정도로 의미를 부여했다.

　다른 실·국에선 체육대회 한 달여 전부터 아침 6시에 모여 한 시간 정도 연습한다는 소식이 들어왔다. 우리 국에서도 신경을 쓰지 않을 수 없었다. 총괄 담당 조 과장이 총대를 메고 팀을 짰다. 사실 나는 운동 체질이 아니었기 때문에 처음엔 무덤덤하게 받아들였다. 또 세제실이나 예산실이 우리 국보다 인원도 많고 강팀으로 소문이 나서 승산도 크게 없는 것으로 판단했다. 하지만 위로는 장관님부터 관심이 지대한 데다, 직원들의 주된 화제도 축구였기 때문에 뭔가 적극적 대응이 필요함을 느꼈다.

　우리 국도 연습에 들어갔다. 처음에는 그저 그런 분위기였다. 하지만 그중 축구의 중요성을 잘 알고 있던 민 사무관은 팀의 간사가 되어 동분서주하면서 직원들의 연습 참여를 열정적으로 독려하였다. 국장이 아침에 연습장에 들러 함께하는 모습을 보여 주는 게 좋겠다는 조 과장의 권유에 나도 몇 번 연습장으로 나가 지켜보고, 아침 식사도 같이 했다. 점차 고조되어 가는 열기가 느껴졌다. 그렇지만 큰 기대는 하지 않았다.

　하지만 막상 뚜껑이 열리니 상황은 달라졌다. 우리 국이 야금야금 이겨서 결승까지 올라가 국고국과 맞붙게 된 것이다. 격렬한 공방이 전개되는 가운데 민 사무관은 이마를 부딪쳐 피를 흘리면서도 끝까지 포기하지 않고 물고 늘어졌다. 이에 자극받은 다른 팀원들의 집중력도 높아졌다. 다음 날 부서 간 화제의 중심은 '재정정책국 축구 우승'이었다. 여기저기서 축하의 인사를 건네 왔다. 나는 얼떨결에 꽃가마를 탄 기분이었다. 우승컵은 내 방에서 한 달간 보관했다가 각 과로 돌아가면서 기쁨을 맛볼 수 있게 했다. 이후 국 전체가 훨씬 더 조직화하는 모습을 보고 축구의 위력을 실감했다. 조 과장은 국장으로 승진하였고, 현재 산업통상자원부에 근무하고 있다. 키맨(Key-man)이었던 민 사무관은 서기관으로 승진한 뒤 영국으로 유학을 떠났다.

동물의 세계에도 팀워크가 있다

팀워크는 사람 사이에서만 일어나는 일이 아니다. 동물의 세계에서도 목격할 수 있다. 미국 서부 개척사에 등장하는 포장마차를 끄는 거대한 말 클라이즈데일(Clydesdale)은 팀워크의 좋은 예다. 한 마리의 클라이즈데일이 끌 수 있는 화물의 양은 5천 파운드이지만, 두 마리의 클라이즈데일은 1만 5000에서 2만 파운드의 화물을 끌 수 있다. 그런데 네 마리가 함께 끌 수 있는 화물의 양은 자그마치 4만 파운드에서 5만 파운드 정도나 된다. 늑대의 힘도 떼를 지을 때 나온다는 말이 있다. 여기서는 기러기가 겨울철에 이동할 때 나타나는 팀워크의 대표적 사례를 한번 살펴보도록 하자.

기러기는 본능적으로 협동할 줄 아는 새다. 경험 많고 힘센 녀석을 중심으로 '역 V자형' 편대를 이뤄 날아간다. 기러기들에게 역 V자 편대는 매우 경제적인 비행법이다. 공기 터널 시험 결과, 기러기들은 서로의 날갯짓으로 형성된 상승 기류로 홀로 날 때보다 약 72퍼센트 더 많이 날아갈 수 있는 것으로 나타났다.

   기러기 편대는 매우 탄탄한 팀워크를 자랑하는 조직이다. 기러기들은 날면서도 늘 서로 돕는다. 선두가 지치면 다른 녀석이 그 자리를 대신한다. 즉 잠시 대타로 나서는 것이다. 대열 맨 끝의 기러기는 지속적인 울음소리로 선두를 격려한다. 지쳐 낙오할 위기에 처한 녀석이 생기면 덜 지친 녀석들이 지친 녀석과 함께 땅으로 내려와 체력 회복을 기다린다. 이처럼 기러기는 우리가 본받아야 할 소통과 협력의 중요성을 너무나도 잘 아는 조직이다.

   직장에서도 무슨 일에나 다투고 경쟁의식을 발휘하기보다는 협동할 때 더 멀리까지 날아갈 수 있다. 성과를 낼 수 있다는 말이다. 이처럼 협력과 팀워크가 성과를 내는 데 대단히 중요하다는 점을 알아야 한다.

💬 궂은일을 떠맡는 사람이 팀워크를 살린다

기러기 편대처럼 팀워크가 잘 작동하려면 우선, 하기 싫고 귀찮은 일을 적극적으로 떠맡으려 나서는 직원이 있어야 한다. 누구나 정규 업무 외의 일은 맡기를 꺼린다. 저녁 퇴근 무렵에 내일 아침까지 보고서를 올리라는 지시가 내려온다든가, 급작스런 주말이나 휴일 상황 근무가 그런 일에 속한다. 예상되었던 일이라면 순번을 정해 공평하게 부담을 나눠 가지면 되지만, 돌발 상황이 발생하는 경우는 누구도 선뜻 나서기를 꺼린다. 모두 다른 계획이 있거나 나름의 사정이 있기 때문이다.

  2005년도에 대통령비서실 국정상황실에 근무할 당시에는 여러 부처의 행정관들이 파견 나와 합동 근무 형식으로 일했다. 당시 경찰청 소속이었던 서 행정관은 이런 상황에서 몇 번이나 휴일 근무를 자원하여 다른 동료들을 편하게 해 주곤 했는데, 그로 인해 팀장 역할을 했던 나로서도 강제로 누군가를 지정해야 하는 부담을 덜곤 했다. 서 행정관 경우는 초등학생 어린 애들이 있어 주말에 같이 시간을 보내야 할 형편이었는데도, 주말 상황 근무를 맡겠다고 자처했던 것이다. 현재 서 행정관은 수도권의 일선 경찰서장으로 근무하고 있다.

  이런 팀원들이 많을수록 팀 안의 분위기가 부드러워지고 시너지 효과가 크게 나타날 수 있다고 본다. 가장 예쁜 직원은 궂은일을 마다치 않고 자기 일처럼 하는 이들이다. 너도 때에 따라서는 하기 싫은 일이 있더라도 앞뒤로 재지 말고 흔쾌히 떠안는 자세를 갖도록 노력해 보아라. 따지고 보면 사실 그런 상황이 발생할 수 있는 날은 1년 중 며칠에 지나지 않는다.

💬 썩은 사과는 팀워크를 해친다

반면, 유독 자기주장을 내세워 불화를 일으키고 분위기를 썰렁하게 만드는 팀원도 있다. 고집이 세거나 다른 사람을 안중에 두지 않거나 남의 일에 쓸데없이 참견하거나 회의 시 발언을 독점하는 사람들이 그런 유형에 속할 확률이 높다. 비유하자면 사과 상자 속의 '썩은 사과'라 할 수 있다. 한 개의 썩은 사과는 상자 속 다른 사과들도 썩게 한다.

제2차 세계대전 전후 미국의 외교 문제 전문가 딘 애치슨은 자신의 연설에서 "한 개의 썩은 사과가 상자 안에 있는 신선한 사과를 모두 썩게 한다."는 비유로 좌중을 사로잡았다. 이후 이 말은 소위 '썩은 사과 이론'이라 불리며 21세기가 돼서도 즐겨 인용하는 이론으로 자리 잡았다. "미꾸라지 한 마리가 온 우물을 흐린다."는 우리 속담도 비슷한 예로 흔히 쓴다. 이 두 말에는 '소수가 다수에게 피해를 준다.'는 공통점이 있다. 그러나 미꾸라지가 흐려 놓은 우물은 시간이 흘러 정화되는 것과는 달리 기왕에 썩어 버린 사과는 영영 신선한 사과가 될 수 없는, 회복 불능의 피해가 있어 사뭇 다르다.

팀에 적용하면 자신의 임무도 제대로 수행하지 못하면서 조직의 성과를 방해하는 유형의 인물이 여기에 해당한다. 트러블 메이커란 표현이 적정한지 모르겠다. 팀장이 어떤 제안을 하면 그 자리에서 "전에 해 봤는데 안 된다."고 면전에서 핀잔을 주거나, 자신이 해야 할 일을 교묘하게 회피하여 동료 팀원에게 떠넘겨 버리는 경우도 있다. 무슨 일에나 부정적이고 냉소적인 태도를 견지하는 직원이 여기에 속한다. 그리곤 밖에 나가선 자신의 팀장이나 동료들을 험담하는 데 열을 올린다. 그런 직원은 어딜 가나 환영받지 못한다. 그 사실을 본인만 모를 뿐이지만.

　자신의 한마디 말이나 상례에 어긋난 행동이 팀 분위기를 해칠 수 있다. 동료, 상사, 후배에게 가급적이면 좋은 말, 긍정적인 말, 용기를 북돋우는 말을 건네라. 그들은 도움을 기대하지 찬물을 끼얹어 주기를 바라지는 않는다. 때로는 선의의 거짓말이 큰 효과를 발휘하는 경우도 있다. 결코 썩은 사과가 되지 마라. 다른 동료들까지 썩게 한다.

팀워크에 충실한 직원이 발전한다

　　　　　　　　　1978년 파산 직전에 몰린 미국 크라이슬러 자동차의 사장에 취임한 뒤 5년 만에 위기를 극복하고 자리에서 물러난 리 아이아코카도 팀워크의 중요성을 십분 이해하고 있었다.
　아이아코카는 전설적인 미식축구 코치이자 개인적으로도 친한 빈스 롬바르디와 함께 저녁을 먹었다. 아이아코카는 식사하는 동안 롬바르디에게 팀을 승리로 이끄는 비결이 무엇이냐고 물었다. 미식축구 역사상 가장 유능한 코치로 손꼽히며 슈퍼볼 트로피 이름의 장본인인 롬바르디라면 분명 어떤 비결이 있을 터였다.

그는 전설적인 경력을 쌓는 동안 자신의 팀에 누구보다도 많은 승리를 선사했다. 그는 우선 모든 선수에게 게임의 기본 요소와 각각 맡은 포지션에 충실해야 한다는 것을 가르친다고 대답했다. 그런 다음 팀으로 경기하는 법과 자제력을 가르친다고 했다.

롬바르디는 이런 요소를 모두 갖춰도 꾸준히 경기에서 승리하지 못하는 팀이 많다고 덧붙였다. 그 차이는 세 번째 요소, 즉 다른 팀원들에 대한 생각에서 비롯된다. 팀원들은 서로 아껴야 한다. 모든 선수가 다른 선수의 안녕을 생각해야 한다. 다른 사람들이 각자 임무를 다할 수 있도록 자신의 역할에 충실해야 한다. '공동체 정신', '단결심' 등 어떻게 표현해도 상관없다. 중요한 것은 이런 태도가 큰 성과를 거둔다는 사실이다.

아이아코카는 비즈니스도 마찬가지라고 말한다. 다른 사람들과 원활하게 협력하고 그들이 자신의 임무를 수행하도록 돕는 사람들이 기업에서 승진하지만, 그러지 않는 사람들은 승진하지 못한다고 말이다. 참으로 정곡을 찌르는 분석이다.

자신의 위치를 분명히 하라

조직 생활을 할 때에는 자신의 자리매김, 즉 포지셔닝을 분명히 해야 한다. 나는 누구인가? 가령 '○○회사의 판매 팀에서 수도권 고객을 관리하는 사원'이라면, 팀의 일원으로서 팀이 목표를 달성하고 성과를 낼 수 있도록 최대한 협조하고 노력해야 한다. 설사 자신이 다소 손해 보는 일이 있더라도 말이다. 너의 동료나 팀장이 너를 위해 무엇을 해 줄 수 있는지 묻지 말고, 네가 그들을 위해 무엇을 해 줄 수 있는지를 물어라.

다음 행동 요령이 나름의 기준이 될 수 있다. 일정하지는 않지만 큰 조직에서는 대체로 2~3년 한곳에서 일하면 다른 부서나 팀으로 이동하는 경우가 많다. 몇 년 후 혹시 네가 팀을 떠나게 되는 날, 어떤 사람으로 기억되고 싶은지 한번 생각해 봐라. 너의 팀장이나 선배, 동료들이 너를 어떻게 생각해 주기를 바라는가? 이들이 환송회에서 너를 어떤 팀원이었다고 말해 주길 바라는가? 너는 그들이 네가 한 일 중에서 어떤 것을 기억해 주길 원하는가? 한번 깊이 생각해 보고 네가 바라는 모습이 될 수 있도록 그에 맞추어 세심하게 행동해라.

혼자 힘만으로는 할 수 있는 게 많지 않다. 인생의 성공은 너 스스로 얼마나 해내느냐보다는 다른 사람이 너를 위해 얼마나 해 주느냐에 더 많이 달려 있다고도 할 수 있다. 그 다른 사람에는 너의 팀장과 팀원과 여타 부서의 동료가 포함된다. 너의 일하는 태도를 누군가가, 대개는 윗사람들이지만, 지켜보고 있다.

아빠와 차 한 잔, 세 번째

프로젝트를 성공적으로 끝냈다고 상사가 술을 산다고 하는데, 원체 술을 못 마시는 저에게는 술자리도 업무의 연장처럼 느껴져요. 이럴 때는 어떻게 대처해야 하나요?

술은 참 정의하기 어려운 대상이다. 직장 생활에서의 술은 분명 긍정적인 측면이 있다. 술을 지나치게 꺼리면 동료들이나 상하 간의 소통에 문제가 생기기도 한다. 물 위의 기름이라 해야 하나? 어쨌든 대부분 사람들이 술을 마시는데, 혼자만 빠지려면 상당한 용기가 필요하다. 하지만 '진짜로' 술을 한 방울도 입에 대지 못해도 차관까지 승진한 분도 있고, 중요 직책을 맡고 있는 과장도 알고 있다. 술과 업무 성과는 직접적인 관계가 없다고 본다. 많이 마시고 아니고의 문제라기보다는 처신의 문제 아닌가 생각된다.

나도 술은 세지 않다. 그래도 참여는 한다. 거부하지도 않는다. 어떨 땐 퇴근 후 한잔하자고 동료들을 모으기도 한다. 때때로 소주나 폭탄주 몇 잔을 이기지 못하고 앉은 채로 졸거나 옆방에 가서 잠시 드러눕기도 한다. 그러면 대개 사정을 봐줘서 심하게 권유하지는 않더라. 자리가 파할 때쯤이면 정신을 차리게 되고.

요즘 기업들도 술을 강요하는 문화가 점점 사라지는 추세라고 들었다. 술을 아예 못 마실 경우 사실대로 얘기하면 대체로 이해한다. 그냥 술

잔만 받는 정도는 가능하다. 여자니까 그 정도는 봐주겠지. 술 대신 탄산음료를 시켜 주는 경우도 있다. 만약 술을 아예 못 하는 체질이 아니라면, 첫 잔은 예의상으로라도 받아 놓고 천천히 오랫동안 마시면 된다. 술을 '지금 마시는 중이다.'라는 느낌만 보여 줘도 팀 분위기에 맞춰 나가려고 노력하는 모습으로 보인다. 술이나 술자리가 주는 긍정적 측면을 참작하여 대응하되, 어떤 경우든 분별없이 취해서 흐트러진 모습을 보여서는 안 된다.

자신의 일을 미루려고만 하는 팀 동료가 너무나 미워 보여요. 행여 관계가 나빠질까 봐 무시하고는 있는데, 마음이 왜 이리 불편하죠? 앞으로 그 동료를 어떻게 대해야 하나요?

직장에는 언제나 두 부류의 사람이 있다. 일을 떠맡는 사람과 일에서 도망치려는 사람. 이미 후자의 부류에 대해서는 공공연한 평가가 내려져 있다. 유행가에도 있지 않니? '아, 얄미운 사람.' 하지만 같은 팀 안에서 일어나는 일이라면 현실적인 문제가 된다. 그런 동료 때문에 네게 부담이 과중하게 돌아온다면 말이다.

동료가 같은 직급일 경우 팀 안에서 업무 분장에 대한 이야기를 공개화하고 다른 직급의 분들이 공평하게 업무 분배를 지시하도록 조심스럽게 유도한다. 동료가 상급자인 경우 내가 하는 모든 일을 팀 전원과 공유한다. 그렇다면 내 업무 로드가 공개되고, 자연스럽게 팀장이 일을 재분배하려고 할 것이다. 하지만 그렇지 못할 경우, 추가적인 업무가 생길 때에는 "제가 언제까지 12345 등등등의 업무를 하고 있어 지금 하기가 조금 곤란한데, 다 끝내고 해도 될까요?"라고 하면 보통 일을 미루는 상급자 동료한테 일을 시킨다.

더 중요한 것은 불만을 품고 잘못된 것을 바로잡으려고 무리하기보다는 자신이 팀 안에서 일을 조금 더 할 수도 있다는 것을 받아들이도록 노력하는 것이다. 일이 많다고 투덜대지는 마라. 일이 많으면 개인적인 경험과 업무 능력이 향상될 기회가 더 많아진다고 볼 수 있다. 그뿐만 아니라, 일하면서 주변 사람들에게 좋은 인상을 심어 주는 기회도 생긴다. '일이 많지만 열심히 하고 있어요.'의 모습을 자연스럽게 보여 주면 좋은 평가를 받을 수 있다. 이것만으로도 회사 생활을 길게 봤을 때 많은 것을 얻는 것이다.

어느 날 아침에 눈을 딱 떴는데, 회사 가기가 죽기보다 싫은 거예요. 제가 맡은 업무도 적성에 맞지 않는 것 같고, 사무실에 있으면 딴생각만 나는 게 완전 의욕을 잃은 것 같아요. 어떻게 이 무기력증을 극복할 수 있을까요? 이직이라도 해야 하는 건가요?

나도 그런 적이 있었다. 꽤 긴 기간을 벗어나고 싶은 업무에 계속 매달려 있어야 했다. 직장 생활에서 빠질 수 있는 웅덩이라 할 수 있다. 사무관 초임 시절, 기획관리실(법무 담당)과 같은 지원 부서가 아닌 정책 수립 부서에서 근무하고 싶어 체신부에서 경제기획원으로 옮겼지만 애초 기대와는 달리 또 기획관리실(감사 담당)

에 배정받은 것이다. 실망이 컸다. 하지만 그걸 이유로 어렵게 얻은 공무원직을 그만 둬야겠다는 생각은 하지 않았다. 1~2년 근무하면 원하는 곳으로 이동시켜 줄 것이라는 말을 믿고 기다리며 그 일에 재미를 붙여 보려고 노력했다. 그리고 2년 뒤 다른 부서로 옮겼다.

자신이 가고 싶은 팀에 배정받지 못했을 경우 의욕 상실을 충분히 느낄 수 있다. 애초의 부풀었던 기대가 허물어지기 때문이다. 나와 맞지 않은 이 업무를 언제까지 해야 되느냐며 회의에 빠진 동료들도 보았다. 하지만 평생 그 팀에 있는 것은 아니며, 팀을 옮기더라도 같은 사업 분야에 속할 확률이 높다. 그러므로 지금은 내가 장차 하고 싶은 일에 대한 기반을 다지는 시기로 받아들이고, 싫더라도 내색하지 않고 열심히 하는 것이 좋다.

속담에 "집에서 새는 쪽박은 밖에서도 샌다."고 했다. 어느 부서에 있든 최선을 다하는 모습을 보여 평소의 신뢰와 평판을 쌓아 가야 한다. 그게 너에 대한 추천서이고 보증서이다. 1년 후에도 정말 이 업무가 나와 맞지 않는다는 생각이 들면, 그때 인사 팀을 찾아가 다른 팀으로 발령 내줄 것을 진지하게 의논하면 된다. 공자님 같은 말씀이라고 여길지 모르지만 때로 최선의 방법은 그러한 것이다.

4부 자기계발 & 삶의 자세

무뎌지면
숫돌로 날을 세워라

'벼리다'는 말은 날이나 끝이 무뎌진 연장을 불에 달구고 두드려서 날카롭게 만든다는 뜻이다. 대장간의 냄새가 물씬 풍기는 낱말이다. 요즘은 그런 모습을 보기 어렵지만 예전 엄마들은 부엌칼이나 낫이 무뎌지면 숫돌에 갈아서 쓰곤 했다. 이때도 '벼린다'는 말을 쓴다. 옛날 이발소에서는 소가죽에 쓱쓱 커다란 면도날을 갈았다. 거기선 가죽이 숫돌 역할을 했다. 날카로워야 할 것이 무뎌지면 벼려서 날을 세워야 한다.

직장 생활에서도 누구에게나 무뎌지는 시기가 찾아온다. 그건 매너리즘이라는 웅덩이일 수도 있고, 원인 모를 의욕 상실의 모습으로 나타날 수도 있다. 마음을 다잡고 새롭게 도전하는 자세가 요구되는 시점이기도 하다. 중요한 것은 주위가 변하기를 기다리는 것보다는 자신이 먼저 변해야 한다는 사실이다. 다음 할 일을 미리 찾아 나서라. 그것이 새롭고 커다란 일이라면 더욱 좋다. 어느 때고 날을 세울 수 있는 숫돌 하나를 장만해 두자.

웃음으로 하루를 열고
미소로 하루를 닫아라

이 세상에서 가장 가난한 사람이 누구인지 아는가? 그것은 미소와 웃음이 없는 사람이다. (지그 지글러, 동기부여 전문가)

인간에게는 효과적인 무기가 하나 있다. 그건 바로 웃음이다. (마크 트웨인, 소설가)

💬 웃음도 노력의 산물이다

　　　　　　　　업무 성격에 따라 차이가 나지만 중앙 부처의 과 인원은 열 명 안팎이다. 과장 아래 너덧 명의 사무관과 주무관을 두고 있다. 가끔 회의를 하면 웃음소리가 그치지 않는 과도 있는 반면, 과장의 꾸중 소리가 옆 사무실까지 들리는 민망한 경우도 있다. 어느 과의 돌아가는 사정은 이웃한 과의 직원들도 대략 알게 된다. 아무래도 웃음이 많은 과의 분위기가 좋은 건 사실이다. 직원들도 신이 나서 일하는 모습이었다.

나도 웃는 사무실 분위기를 만들려고 나름대로 노력하였다. 실없는 농담도 가끔 하고 회식 자리에선 다른 데서 들은 유머를 과장해서 써먹어 보기도 했다. 그렇게 하려고 재미있는 이야기를 들으면 메모해서 나중에 내 것으로 소화해 보려고 시도했다. 물론 그것도 아무나 할 수 있는 것이 아님을 곧 깨닫고 말았지만. 그 방면에 별 재주가 없는 나로서는 아무래도 자연스럽지가 못했던 모양이다.

나아가 가급적이면 얼굴에 웃음이 보이도록 노력했다. 살다 보면 몸이 찌뿌둥한 날도 있고, 집에 뭔가 좋지 않은 일이 생길 때도 있다. 일이 잘 안 풀려 고민이 쌓일 때도 있기 마련이고. 윗사람에게 꾸중을 들을 때도 있고, 승진이나 보직이 원하는 대로 되지 못할 경우도 있다. 그런 때는 웃음이 나오긴 어렵겠지만, 웃으려고 하는 의식적인 노력이나 마음가짐의 영향도 무시할 수는 없다. 억지로라도 웃다 보면 정말 기분이 좋아진다는 말도 있지 않느냐. 틱낫한 스님의 다음 말을 보자.

때로는 기쁨이 미소의 근원이기도 하지만,
때로는 미소가 기쁨의 근원이 되기도 한다.

한때 기획재정부 같은 과에서 근무했던 문 사무관이 재작년 말에 보내온 카드에 적힌 구절을 봐도 내가 인상을 찌푸리고 일하기보다는 "허. 허. 허." 하고 웃으면서 지내려고 애썼던 것은 사실인 것 같다. 최근 국과위에서 나와 가장 가까운 방을 쓴 정 실무관도 비슷한 연하장을 보내온 것을 보면 더욱 그렇다. 하. 하. 하.

김화동 차관님께,
차관님의 여유로운 웃음소리가 늘 그립습니다.
새로운 조직에서도 좋은 열매 맺고 있다는 소식 듣고 있습니다.
임진년 새해에도 건강하시고, 행운이 함께하시길 빕니다.
2011년 12월 20일 문○○ 드림

차관님, 국과위에 들어와 가까이서 일할 수 있게 되어 감사하고 있습니다. 특히 차관님의 웃음소리를 자주 들을 수 있어 좋아요.^^ 내년엔 그 웃음소리만 가득하시길 바랄게요.
2011년 12월 30일 정○○ 드림

분위기는 자기 자신에 의해서도 많이 좌우된다. 아침에 집을 나설 때 작은 소리이긴 하지만 이렇게 중얼거리는 날도 있었다.

오늘은 즐거운 날이다. 출근할 사무실이 있고 할 일이 있음에 감사하자.(버나드 쇼가 "출근할 사무실이 없는 남자와는 그가 누구든 절대로 임신을 해서는 안 된다."고 자신의 딸에게 조언한 바 있듯이 '사무실'은 매우 중요하다.) 선량한 동료들과 만날 수 있음에 감사하자. 내가 하는 일의 효력이 미미하긴 하지만 그래도 우리 사회 발전에 기여할 수 있음에 감사하자. 어제 윗사람에게 핀잔을 듣긴 했어도 그조차도 나의 발전을 위한 배려 아니었겠냐고 생각하자…….

　그러면서 콧노래라도 흥얼거려 보면 몸과 마음이 조금은 가벼워지는 것을 느낄 수 있었다.

💬 웃으며 인사를 건네라

　　　　　　　　　　소문만복래(笑門萬福來). 웃음이 있는 집에 많은 복이 들어온다는 뜻이다. 이 말을 가훈으로 내걸고 있는 집도 심심치 않게 발견된다. 예전에는 「웃으면 복이 와요」라는 인기 코미디 프로그램도 있었다. 요즘도 개그 프로그램이 인기가 높지 않으냐. 행복은 언제나 웃음 가까이 있다.

　미국 스탠퍼드 대학에서 한 사람의 다섯 살 때와 그로부터 40년이 지난 마흔다섯 살 때를 비교하여 연구한 적이 있다. 그 결과, 다섯 살 때는 하루에 창조적인 과제를 98번 정도 시도하고, 113번 웃고, 65번 정도 질문하는 반면, 마흔다섯 살이 되면 하루에 2번 정도 창조적인 과제를 시도하고, 11번 정도 웃고, 6번 정도 질문한다고 한다. 나이가 들면 그만큼 웃는 횟수가 급격히 떨어진다는 사실을 알 수 있다.

　"인생을 웃으면서 사는 것이 슬퍼하며 사는 것보다 이롭다."고 세네카는 말했다. 일이 좀 고되더라도 무거운 표정을 짓지 말고 즐거운 생각을 하도록 해라. 아침에 사무실에 도착하면 큰소리로 "안녕하세요!"

라고 외쳐라. 가끔은 "좋은 아침입니다."를 덧붙이고. 복도에서 마주치는 사람들에게 고개를 들고 웃으면서 반갑게 인사를 먼저 건네라. 직장 내에선 웃는 직원이 가장 호감을 주는 법이다.

웃음은 전염성이 강하기 때문에 네가 밝게 웃으면 다른 사람들도 웃게 될 가능성이 높다. 웃음은 즐거운 마음 상태를 나타내는 것으로, 개인의 생산성은 물론 팀의 업무 효율도 높일 수 있다. 집을 나설 때부터 가능하면 하루를 웃음으로 시작해라. 즐거운 기분은 표정으로도 바로 나타난다. 네 주변의 공기가 부드러워진다. 소리 내어 웃어라. 네가 웃으면 모두가 웃는다. 단, 경박하지는 않게. '스마일 은지'를 너의 트레이드 마크로 만들어라.

흔히들 한국인들은 많이 웃지 않는다고 한다. 그러나 웃음에 대한 한국인의 해부학적인 단점은 연습으로 충분히 극복될 수 있다고 전문가들은 말한다. 웃음은 타고난 것이 아니라 연습이고, 습관이라는 것이다. 따라서 평소 꾸준히 연습하면 누구나 자연스럽게 웃는 표정을 지닐 수 있다.

서울 교대 조용진 교수는 특히 입 꼬리를 움직이는 훈련의 중요성을 강조한다. 우리 뇌에는 웃는 입 모양을 식별하는 전용 시스템이 존재하는데, 이것을 가장 쉽게 자극하는 방법이 입꼬리를 위로 올려서 웃는 것이라는 말이다.

💬 업무상 만남도 미소로 대하라

사람을 만날 때 첫인상은 대단히 중요하다. 첫인상은 보통 3초 안에 결정된다고 한다. 캘리포니아 대학의 심리학과 교수인 알버트 메라비안은 첫인상에 대한 아주 흥미로운 연구 결과를 다음과 같이 내놓았다.

그는 커뮤니케이션에서 언어적인 요소(말하는 내용)가 7퍼센트, 외모, 표정, 태도 등 시각적인 요인이 55퍼센트, 그리고 목소리 등 청각적인 요인이 38퍼센트를 차지한다고 했다. 이러한 원칙은 첫 만남에서 가장 강력하게 나타난다고 한다. 그의 연구를 웃음의 관점에서 보면 웃는 얼굴과 웃음소리가 첫 만남의 93퍼센트를 지배한다고 해도 무방할 것이다. 얼굴을 펴고 미소를 지어라.

미국의 과학 저널리스트 대니얼 맥닐은 그의 『얼굴』이라는 저서에서 판사들은 재판에 임할 때 공평무사하게 판결을 내리는 것 같지만 실제로는 재판 중에 미소 짓는 피고인에게 더 가벼운 형량을 선고한다고 밝혔다. 가장 객관적이고 논리적인 곳이어야 할 법정에서도 웃음과 미소가 최고의 변호사가 될 수 있다는 이야기이다.

💬 미소도 연습이다

앞서 소개한 바 있는 보험 세일즈맨 프랭

크 베트거는 가난한 어린 시절을 보낸 탓에 자신의 얼굴에 알게 모르게 새겨진 '걱정스러운 표정'을 부드럽게 바꾸려 오랫동안 연습했다. 아침마다 15분간 샤워를 하면서 크고 행복한 미소를 짓도록 연마했다. 실제로 고객을 방문하기 직전에도 크고 환한 미소를 지어 보고 나서 사무실로 들어갔다. 물론 효과는 컸다.

도산 안창호 선생은 음울한 일제 치하에서도 웃음을 권장하였다. 우리 민족이 어려움을 극복하는 데 에너지를 얻을 수 있다고 판단했기 때문이다. "갓난이의 방그레, 늙은이의 벙그레, 젊은이의 빙그레, 저마다 서로 웃도록 전국에 미소 운동을 일으키자."고(故) 김수환 추기경도 9대 인생 덕목 중 하나로 웃음을 들고 있다. "웃음을 생활화하라. 웃음은 만병의 예방약이며, 치료약이며, 노인을 젊게 하고, 젊은이를 동자로 만든다."

미국의 심리학자이자 철학자인 윌리엄 제임스는 "행복하기 때문에 웃는 것이 아니라, 웃기 때문에 행복하다."라는 유명한 말을 남겼다. 이를 자세히 살펴보면 다음과 같다.

열다섯 번이라도 웃어 보게나.
무슨 말인지 알겠나?
웃음은 우리의 영혼을
치료해 주는 보약일세.
설사 웃을 기분이 아니더라도

거울을 보면서 잠시라도 웃어 보게.

그러면 정말

멋진 기분이 들 걸세.

우리는 행복하기 때문에 웃는 것이 아닐세.

웃기 때문에 행복해지는 거야.

💬 미소를 머금은 채 잠들어라

미국 볼 메모리얼 병원 건강 안내서를 보면 웃음이 수명을 늘린다고 소개한다. 15초 동안 크게 소리를 내서 웃으면 수명이 이틀이나 연장된다는 것이다. 15초의 웃음으로 분비되는 엔돌핀 양과 NK세포(자연살상세포)의 활성도 증가량이 면역계 등 우리의 몸에 미치는 영향을 수명으로 환산한 결과이다. 하루에 15초씩 그냥 웃기만 해도 수명이 연장된다면 투자해 볼 만하지 않은가?

영국의 심리학자 로버트 홀덴의 연구에 따르면 1분 동안 호탕하게 웃으면 몸속의 650개 근육 중 231개가 움직여 10분 동안 에어로빅이나 조깅 혹은 자전거를 타는 것만큼 근육이 이완되고 피가 잘 돌게 된다고 한다. 또 산소 공급을 평소보다 두 배나 증가시켜 머리를 맑게 하고 심장 박동 수를 높여 혈액순환을 돕는다.

이처럼 웃음의 효과와 웃는 방법 등에 대해서는 많은 연구 결과가 나와 있을 뿐만 아니라 웃음 치료, 웃음 운동 등 전문적인 영역으로까지 발전하고 있다. 어떻게 하면 웃을까에 대한 전문가들의 강의 프로그램도 많다. 비전문가인 내가 그런 부분을 설명하고자 하는 것은 아니다. 단지 사람들이 모여 공동체를 이루는 직장 생활에서 이왕이면 밝게 웃는 모습으로 사람들을 대하는 게 자신에게도 도움이 된다는 점을 강조하곤 것이다. 하루의 3분의 1 이상을 보내는 직장에서 무겁게 찡그릴 필요가 있겠느냐는 생각에 이런 것들을 이야기해 봤다.

  아침에 집을 나설 때와 마찬가지로 퇴근하여 집에 들어올 때도 쾌활하게 웃으며 "잘 다녀왔습니다."라고 인사해라. 그러면 부모는 안심이 된다. 얼굴을 펴고 표정을 밝게 해라. 설령 밖에서 힘든 일이 있더라도 굳이 얼굴에 드러내지는 마라. 부모는 물론 다른 식구들이 불편해한다. 하루를 마감하면서 잠자리에 들 때는 미소를 짓도록 해라. 찌푸린 마음으로 잠들면 다음 날 아침 얼굴에 주름이 져 있을지도 모른다. 너는 어릴 때 보조개가 있어서 미소가 예뻤다.

독서는 자신에 대한
R&D 투자다

지식에 대한 투자가 여전히 가장 이윤이 높다. (벤저민 프랭클린, 정치가·발명가)

만 원으로 할 수 있는 가장 가치 있는 일은 책을 사는 것이다. (공지영, 소설가)

💬 케케묵은
조언 하나

조선 시대 대유학자 퇴계 이황은 아들 '준'에게 보낸 편지에서 독서에 뜻을 세우라고 이렇게 간곡히 부탁한다.

"독서에 어찌 장소를 택해서 하랴. 향리에 있거나 서울에 있거나, 오직 뜻을 세움이 어떠한가에 있을 따름이다. 마땅히 십분 스스로 채찍질하고 힘써야 할 것이며, 날을 다투어 부지런히 공부하고 한가하게 시간을 낭비해서는 안 될 것이다."

퇴계 선생뿐만이 아니라 보통의 가정에서도 부모가 자식에게 주는 가장 큰 가르침은 책을 많이 읽으라는 것일 거다. 이처럼 부모님으로부터, 또 학교 선생님으로부터 커 오면서 너무나 많이 들어 온 말이 '독서'이다. 나도 때때로 그걸 강조하는 부모 중 하나다. 그만큼 새로울 게 없는 주문이고, 그 필요성을 모르는 사람도 없다. 그 때문에 중·고교 시절 생활기록부의 취미란에는 '독서'가 늘 단골 메뉴로 등장하곤 했다. 너무 가난한 탓에 여기저기 먼 길을 달려가서 책을 빌려 와 읽었다는 어린 시절 에이브러햄 링컨의 이야기도 귀가 따갑게 들어 왔다.

하지만 누구나 실천하는 조언은 아니다. 김경식 경남대학교 도서관 부관장의 설명에 따르면 우리나라의 독서 실태는 한마디로 빈약 그 자체다. 육체 건강을 위한 운동은 어떻게든 시간을 내서 하면서, 정신 건강에 필수적인 독서에 대한 노력은 게을리 하고 있는 꼴이다. 그는 이렇게 분석하고 있다.

"2011년 우리나라 성인의 1인당 평균 독서량은 0.8권이다. 게다가 우리 국민 10명 중 6명은 아예 책을 한 권도 읽지 않았다. 이웃 일본의 1인당 연평균 독서량은 40권이다. 유태인은 유치원에서 고등학교까지 약 1만 권의 책을 읽는다고 한다. 이에 비해 우리나라 유아들은 취학 전까지 1만 시간의 TV를 본다. 우리 국민들이 얼마나 책을 안 읽었으면 정부에서 나서서 하루에 20분씩 1년에 12권의 책을 읽자는 '2012 운동'을 펼치고 있을까. 아무래도 독서량으로는 일본이나 유태인을 따라잡지 못할 것 같다."

의도적인 노력이 필요한 것이 책 읽기다. 끈기와 지구력도 요구된다.

모처럼 맘먹고 서점에서 한 권의 책을 샀지만 이삼십 페이지도 채 읽지 못하고 옆으로 밀쳐 두고는 TV 리모컨을 이리저리 돌리곤 하는 게 우리의 일상이다. 내가 보기에 너도 그런 범주를 벗어나지 못하는 것 같다. 단지 TV 대신에 컴퓨터가, 스마트폰이 그 자리를 차지하고 있을 뿐이다. 네 방의 책장을 봐도 교과서류 몇 권 외에는 책다운 책은 거의 눈에 띄지 않는다. 독서량이 많지 않음을 금방 알 수 있다. 내가 "제발, 책 좀 읽어라."라고 하면 너는 귓전으로 그냥 흘려버리거나, 아니면 속으로 '또 잔소리한다.'고 생각할 것이다.

이어서 소개할 독서가들에 대해 네가 보일 반응도 짐작이 간다. 다 아는 얘기를 뭘 그리 새삼스럽게 늘어놓느냐고 할 것이다. 하긴 그렇다. 아마 지금껏 여러 번 듣고 본 내용일 것이다. 그런 줄 알면서도 어쩔 수 없이 되풀이하는 이유는 독서의 당위성을 인정하면서도 실제로는 네가 책과 친하지 않기 때문이다.

독서는 힘이 세다

흔히 현재를 지식 정보화 시대라고 표현한다. 과거의 노동과 자본보다 지식과 정보가 중시되는 사회가 지식 정보화 사회이다. 가장 중요한 경쟁력 요소도 지식과 정보이다. 따라서 지식과 정보를 끊임없이 넓혀 나가지 않으면 뒤처지게 된다. 현상 유지란 있을 수 없다. "지식에 대한 투자가 여전히 가장 이윤이 높다."던 산업혁명 시대의 벤저민 프랭클린의 말이 오늘날에도 딱 들어맞는다. 그의 혜안에 그저 놀랄 뿐이다.

비즈니스에서도 지식은 필수이다. 지식은 어떤 경쟁 상황에서도 결정적인 역할을 하는 도구이다. 구매자가 됐건 판매자가 됐건 시장에서 남들보다 더 많이 알고 있다면 그것은 막대한 이점으로 작용한다. 이를 '지식의 우위'라 표현해도 된다.

'오마하의 현인', '투자의 귀재'라 불리는 워렌 버핏이 경제 서적을 탐독하는 독서광이란 사실은 그런 면에서 그리 놀랍지 않다. 세계 경제의 전반적인 흐름에 대한 폭넓은 지식이 바탕이 되었기에 투자에서 최고의 성과를 낸다고 볼 수 있다.

우리는 이러한 지식을 여러 경로를 통하여 얻을 수 있지만, 책이 가장 체계적으로 정리된 지식 창고라 할 수 있다. 당연히 책 읽기를 권장하는 이유이다.

이렇게 책 읽기를 강조하는 이유는 현실적으로 이득을 가져다주기 때문이기도 하다. 옛사람들은 이를 고사성어로 '개권유익(開卷有益)'이라 표현했다. "책을 펴서 읽으면 반드시 이로움이 있다."는 뜻이다.

중국 송(宋)나라의 황제 태종 조광의는 독서를 무척 좋아했는데, 특히 역사책 읽기를 즐겼다. 책을 읽고 있을 때면 밤이 새는 줄도 몰랐다고 한다. 그리하여 태종은 학자 이방 등에게 방대한 백과사전인 사서(辭書)를 편찬하도록 하여, 7년 가까이 그 일에 몰두했다. 그 결과,

1000권에 달하는 학술적으로도 대단히 가치 있는 사서가 완성되었다. 태평연간(太平年間)에 편찬되었으므로 그 연호를 따서 『태평총류(太平總類)』라고 이름 붙였다. 태종은 크게 기뻐하며 하루도 빠지지 않고 그것을 읽었다. 책 이름도 『태평어람(太平御覽)』이라 고치고, 스스로 매일 세 권씩 읽도록 규칙을 정했다. 나랏일에 시달리느라 계획대로 읽지 못했을 때는 다른 날에 틈틈이 그 몫을 채워 넣었다. 이 때문에 대신들이 건강을 염려하기에 이르자, 태종은 빙그레 웃으며 이렇게 말했다고 한다. "책을 펼치면 유익하다. 그래서 나는 조금도 피로하지 않다."

리더는 읽는 사람이다

"모든 독서가가 다 지도자는 아니지만, 모든 지도자는 반드시 독서가여야 한다."는 해리 투르먼 미국 대통령의 표현처럼 지도자 중에는 독서가들이 많다. 국내외 고금 역사에서 책을 특히 많이 읽어 이름을 남긴 사례를 몇 개 들어 보자.

대왕 세종의 힘의 원천은 독서였다. 최기억은 『인간 경영의 천재, 세종』에서 이렇게 묘사한다.

"그에게는 책을 읽고 있는 시간이 가장 행복한 순간이었다. 세종에게 서책은 자연이었고 광활한 우주였다. 서책은 그에게 강렬한 마취적인 효과가 있는 물건이었다. 태종은 어린 세종이 몸을 상할 정도로 책에 집착하자 이를 만류하며 서화와 화석과 가야금, 거문고 등 모든 유희와 애완의 물건을 두루 하사하기도 했다. 이 때문에 세종은 본의 아니게 각종 예능에도 정통하게 되었다. 세종은 즉위한 이후에도 손에서 책을 놓지 않았다. 문자로 쓰인 것이면 우리 역사상 중국에 대한 외교 문건에 이르기까지 읽어 보지 않은 것이 없었다."

독서와 관련해서는 나폴레옹도 빼놓을 수 없다. 그는 진중에서도 손에서 책을 놓지 않았다. 그는 이런 글을 남겼다.

근무 외에는 독서다.
속옷은 일주일에 한 번만 갈아입으면 된다.
요즘은 밤잠을 아껴 책을 읽고 있다.
식사도 하루 한 끼로 버티고 있다.
어머님의 말씀대로 고독의 벗은 독서뿐이다.

하지만 압권은 아무래도 안중근 의사라 하겠다. 안중근 의사는 "하루라도 책을 읽지 않으면 입안에 가시가 돋는다."는 유명한 말을 남기며 독서의 중요성을 강조해 왔다. 안 의사는 사형 집행을 당하기 직전까지 책을 읽었다고 한다.

이들은 모두 너무 옛날 인물이라 식상할 수도 있으니 요즘 사례도 하나 들어 보자. 국민 MC로 알려진 개그맨 유재석 씨도 독서를 많이 하는 것으로 알려졌다. 서울 시내 어느 서점 주인은 신문 인터뷰에서 다음과 같이 말했다.

"유재석 씨가 한 달에 한 번 정도 들린다. 한 번 오면 10권씩 사 간다. 지난번엔 아내와 아이랑 같이 왔더라. 베스트셀러 위주로 사 가는데 이달 초엔 댄 브라운의 『인페르노』와 무라카미 하루키의 『색채가 없는 다자키 쓰쿠루와 그가 순례를 떠난 해』를 사 갔다."

유재석 씨의 꾸준한 인기 유지 비결의 한 측면을 짐작할 수 있을 것 같다.

내 주변을 둘러봐도 자신의 조직에서 책임 있는 지위에 있는 사람들은 책을 항시 가까이 하는 모습을 볼 수 있었다. 그들에게 독서는 업무 능력을 배양하고 정신에 양식을 공급해 주는 통로 역할을 하고 있었다. 과거 모셨던 어떤 상사는 시간을 내기 어려워 같은 책을 두 권 사서 한 권은 사무실에 그리고 한 권은 집에 두고 틈틈이 읽는다고 했다. 기획재정부 도서실에서 오래 근무한 한 직원에 따르면 열심히 자료를 찾고 책을 많이 빌려 가는 사람이 나중에 고위직으로 승진하는 경향이 높다고도 했다.

💬 2주에 한 번은 서점에 들러라

책은 몇 페이지 넘겨 보면서 직접 고르는 것이 좋다. 제목과 내용이 동떨어지는 경우가 많기 때문이다. 요즘 많은 책이 제목에 과다하게 신경을 쓰는 통에 더욱 그런 경향이 있다. (이 책도 무슨 제목을 붙일까 고심하고 고심했다.) 머리말 한두 페이지만 읽어 봐도 저자의 정성이 들어갔는지 아닌지 어렵지 않게 판단할 수 있다. 글씨체나 종이의 질도 영향을 준다. 동네 서점도 좋지만 대형 서점에 가끔은 들러라. 쏟아지는 책들의 제목만 봐도 트렌드를 읽는 데 도움이 된다. 시간이 정 없다면 인터넷에서 서점 앱을 다운받아 아무 때나 간편하게 책에 접근할 수도 있다.

나는 서점을 둘러보는 것을 즐기는 편이다. 분위기도 좋고 이 코너 저 서가를 돌면서 이 책 저 책 들춰 보다 보면 한두 시간은 금방 지나가 버린다. 시간 보내기엔 제격인 곳이다. 마음이 내키면 퇴근길에 잠시 들리기도 하고, 휴일 저녁 식사 후에도 소일 삼아 가 보는 경우도 많다. 반드시 사러 가는 것만은 아니지만, 책 한 권을 집어들 때의 기대감은 크다. 2주에 한 번은 그런 분위기에 빠져 봐라.

그래도 무작정 둘러보기보다는 사전에 예정하고 가는 게 실수를 줄이는 길이다. 쇼핑도 마찬가지 아니냐. 알뜰하게 하려면 구매할 물품 리스트를 작성해서 가야지, 그렇지 않으면 충동구매에 빠지기가 쉽다. 충동구매를 한 물건치고 집에 와서 후회하지 않는 경우도 드물다. 매주 한 번씩 나오는 신문 서평란을 유심히 읽고 메모해 두는 것도 시행착오를 줄이는 길이다.

분야나 주제와 관련해선 자신의 취향에 따르면 무난하다고 생각된다. 저절로 손이 가는 책, 읽으면 재미 있는 분야, 술술 페이지가 넘어가는 책을 선정하면 무리가 없을 듯하다. 그 책의 주제가 대체로 네가 흥미 있는 분야라는 사실이 은연중에 드러나는 것이다. 물론 업무와 직접적인 관련이 있는 분야의 책은 재미 여부와 관계없이 정해야 하고. 덧붙여 소설이나 시를 비롯해 다양한 인문학 서적을 많이 읽기를 권한다. 상상력은 인문학의 토양 위에서 나온다는 것을 잊지 마라.

어떻게 읽을 것인가

그럼 구매한 책은 어떻게 읽는 게 효과적일까? 내 경험에 비춰 몇 가지만 조언하마.

첫째, 속독이냐 정독이냐 하는 것은 그리 중요하지 않다. 각자의 스타일이 있기 때문이다. 다만 어떤 책이든 한 번 읽어서는 그 뜻을 충분히 파악하기 어려우므로 두세 차례는 읽는 습관을 들이는 것이 중요하다. 두 번 읽을 필요가 없다고 판단되는 책은 과감히 버려도 상관없지만.

둘째, 자투리 시간이 있을 때는 언제 어디서나 읽어라. 단, 하루에 일정 시간 이상은 반드시 읽는 것이 좋다. 지하철에서건(단, 아침 지하철에서는 아무것도 읽지 말고, 이 책 1장에서도 말했듯이 그날 할 일을 생각하는 데 시간을 써라.) 버스 정류장에서건 약속을 기다리는 커피숍에서건 어디서나 읽어라. 읽을 땐 나중에 쉽게 참고할 수 있도록 반드시 연필로 밑줄을 그어라. 이게 중요하다. 두 번째 읽을 때부터는 주로 밑줄 친 부분을 읽으면 되니 효율적이다. 가끔은 읽을 때의 느낌이나 연관성 있는 다른 자료를 여백에 기록해 두는 것도 괜찮다. 또 읽다가 재미있는 부분이 나오면 책 앞 장이나 뒷장에 표기해 두거나, 마음을 사로잡는 부분에 포스트잇을 붙여 두면 나중에 쉽게 찾아볼 수 있다. 어떤 식으로든 자기만의 방법을 생각해 보고 실천해라. 중요한 것은 매일 일정 시간을 독서에 투자하는 것이다. 브라이언 트레이시는 『백만 불짜리 습관』에서 다음과 같이 주장한다.

"매일 아침 30~60분 동안 책을 읽는 습관을 들이면 당신이 일하는 분야에서 가장 독서량이 많고, 가장 지식이 풍부하고, 가장 전문적이고, 가장 많은 보수를 받는 사람이 된다. 나는 지구상 어느 곳에서도 매일 독서하는 습관으로 자신의 삶을 변화시키지 못한 사람을 만난 적이 없다."

셋째, 집중적으로 읽는 것도 필요하다. 연휴나 여름휴가 기간 중 독서 시간을 따로 만드는 것이다. 마이크로소프트의 창립자인 빌 게이츠와 그 후계자인 레이 오지는 해마다 독서 휴가를 보내는 것으로 유명하다. 1년 동안 읽어야 할 책의 목록 — 대부분은 마이크로소프트에서 하는 일과 관계 없는 책들 — 을 모은 다음 1~2주 휴가를 내서 활자의 바다 속으로 빠져든다. 너 같은 젊은 사원이 그대로 흉내 내기는 어렵겠지만 짧은 기간이라도 집중적으로 읽을 수 있는 시간을 내 보는 것은 효과가 크다.

넷째, 필요한 부분을 찾아서 읽는 방법이다. 대개 책을 사면 첫 페이지부터 끝까지 읽어야 한다는 어떤 의무감 같은 것이 생기기도 한다. 하지만 그런 부담은 전혀 느낄 필요가 없다. 네가 어떤 책을 샀다면 분명 그 책에서 끌리는 부분이 있을 것이기 때문이다. 당장 마음이 닿는 부분부터 읽으면 된다. 바쁜 직장 생활에서 우선 필요한 곳이나 마음이 가는 곳부터 읽고 다른 부분은 무리해서 읽지 말고 책장에 꽂아 두었다가 나중에 내키면 그때 꺼내 보면 된다. 물론 소설 같은 경우는 아무래도 처음부터 읽어야 제맛이겠지만.

마지막으로, 책을 살 때 느낌과는 달리 막상 몇 십 페이지 넘겨도 도저히 이해가 안 되고 재미가 없다면 굳이 끝까지 읽으려고 애쓰지 마라. 아까운 시간만 낭비할 뿐이다. 열 권을 사면 한두 권은 그럴 소지가 있다. 그럴 때는 일단 접어 두고 다른 책을 집어 들어라. 만약 그 책이 업무나 전공 관련 중요 도서라면 나중에 다시 한 번 꺼내 보도록 하고. 그땐 좀 더 이해할 수 있을지도 모른다.

💬 월급의 3퍼센트는 책을 사라

가령 월 급여가 200만 원이라 치자. 3퍼센트면 6만 원이다. 다른 것을 절약하면 충분히 마련할 수 있는 금액이다. 서너 권 구매는 무난하다. 1년이면 마흔 권 정도 된다. 흥미가 있거나 업무와 관련된 분야의 책을 1년에 마흔 권을 읽는다면 몇 년 지나지 않아 그 분야에서는 상당한 식견을 가지게 될 것이다. 그게 너의 폭넓은 경쟁력이다.

이론물리학자 제프리 웨스트의 분석에 따르면 이웃 도시보다 10배 큰 도시는 17배 더 혁신적이었고, 어떤 마을보다 50배 더 큰 도시는 130배 더 혁신적이었다. 이 결과는 독서에 비유할 수 있다. 독서량이 많은 사람은 적은 사람에 비해 상대적으로 혁신 능력이 더 향상될 수 있다. 나무는 뿌리가 넓게 퍼지면 퍼질수록 가지도 뻗어 나간다. 사람도 나무와 같다. 사람도 뿌리가 넓게 퍼지면 더 큰 능력을 발휘할 수 있다. 그 뿌리를 넓히는 데 독서만 한 것이 없다.

독서는 너 자신을 위한 R&D(연구 개발) 투자이다. 당장 효과가 나타나진 않지만 장기간에 걸쳐 서서히 그 효과를 기대할 수 있다. 기업도 국가도 R&D에 높은 비중을 두듯이 너 자신을 위한 R&D, 즉 독서를 소홀히 하지 말고 용돈 지출의 우선순위를 둬라. 특히, 뚜렷한 자질을 타고나지 못한 평범한 인재인 너로서는 꾸준한 독서를 통해 자신의 내면의 광산을 만들어 갈 수밖에 없다. 우리 정부는 다른 곳에도 돈 쓸 일이 많지만 미래의 성장 기반을 확충하기 위하여 정부 예산의 5퍼센트를 R&D에 투자하도록 목표를 설정해 놓고 있다. 그에 비하면 수입의 3퍼센트로 책을 사는 것은 그리 높은 수준도 아니다.

책 사는 돈을 아까워하지 마라. 목돈 마련을 위해 적금을 붓듯이 매월 책에다 일정액을 부어라. 돈은 쌓이지 않을지 몰라도 지식과 지혜의 잔고가 늘어 나중엔 가장 성과가 높은 투자 종목으로 판정 날 것이다. 지혜의 잔고를 쌓아 가는 데 월급의 3퍼센트는 결코 많은 돈이 아니다. 부존자원이 없는 우리나라가 R&D에 투자하듯이 타고난 재능이 없는 너는 독서를 중시해야 잘 살아갈 수 있다.

그럼 나는 책을 사는 데 얼마나 지출하느냐고? 자세히 계산은 해 보지 않았다만 너보단 급여가 좀 많다 보니 3퍼센트까지는 못 미친다. 하지만 늘 그런 수준을 염두에 두고 용돈을 쓰고 있는 것은 사실이다. 너도 틈틈이 서점에 들러 책을 고르는 쏠쏠한 재미를 느끼기를 바란다. 돈을 쓰고도 흐뭇한 기분이 드는 일은 살면서 흔치는 않다.

💬 내 인생을 바꿀 한 권의 책을 만나라

1865년 고전 문헌학에 몰두하는 학생이던 프리드리히 니체는 라이프치히의 헌책방에서 우연히 쇼펜하우어의 『의지와 표상으로서의 세계』를 구했고, 그 책은 니체의 삶을 완전히 뒤바꿔 놓았다. 니체는 보름 동안 그 책을 읽고 또 읽었고, 훗날 인간 의지와 예술을 통한 구원이란 쇼펜하우어의 생각을 자신의 철학으로 승화시켰다. 니체는 '신은 없다.'는, 즉 우리가 신에게 부여한 의미 이외에 어떤 본질적 의미도 갖지 못한다는 쇼펜하우어의 생각을 고스란히 물려받았다. 책이 한 사람의 인생을 바꾼 경우이다.

반드시 유명한 사람이어야만 인생을 바꾼 한 권의 책을 갖고 있는 건 아니다. 평범한 우리도 모두 자신에게 영향을 끼친 한 권의 책을 가질 수 있다. 자, 컴퓨터를 끄고, 이어폰을 귀에서 뽑고 책장에서 책을 빼 들어 보자. 삶이 풍부해질 수 있다. 생활에 어떤 전기가 될 수도 있다. 그리고 지금 어디에 있건 읽을 수 있다면 읽어라. 너의 인생을 바꿀 한 권의 책을 만날지도 모른다고 생각하면 가슴이 설레지 않느냐?

감가상각이란 개념이 있다. 시간의 흐름에 따른 자산의 가치 감소를 회계에 반영하는 것이다. 직장 생활을 하다 보면 자주 접하는 용어이다. 가령 올해 300만 원짜리 컴퓨터를 구매했는데, 1년에 30만 원씩 가치가 하락한다고 볼 경우 내년도에는 그 컴퓨터의 자산 가치를 270만 원으로 장부에 기재하는 것이다. 10년이 지나면 제로가 된다. 독서의 경우도 이에 비유할 수 있을 것이다. 네가 학교를 졸업하고 전혀 독서를 하지 않는다면 너의 자산 가치는 매년 얼마나 감소할까? 물론 사람이 시설이나 장비는 아니지만 배우고 연마하지 않으면 가치가 감소하는 것은 마찬가지다. 자신의 가치를 유지하고 또 높이는 가장 쉬운 방법은 독서이다. 내가 직장에서 어느 정도 승진할 수 있었던 것도 이런 저런 책을 읽은 게 은연중 도움이 된 듯하다.

세상에는 두 종류의 사람이 있다. 책을 읽는 사람과 책을 안 읽는 사람. 그 차이는 크다. 너는 과연 어느 쪽에 서려고 하느냐. 스스로 잘 판단해 봐라.

변화를 바란다면
네모 사과를 떠올려라

잭 웰치는 어디로 출장을 가든 귀국길에 뉴욕 공항에 착륙할 때마다 자신이 방금 GE 회장으로 임명되었고, 그날이 회장으로서 첫날이며, 자신의 전임자는 아무짝에도 쓸모없는 인간이었다고 상상한다고 했다. "매번 나는 생각하지요. 나는 내 앞의 무슨 일을 다르게 할 수 있을까? 내가 무슨 변화를 일으킬 것인가 하고 고민해야 해요." (빌 게이츠 외, 『위대함의 법칙』 중에서)

🗨 바깥바람을 쐬어라

아들이 대기업에 입사하여 5년이 된 친구가 있다. 그 친구는 33년 직장 경력을 쌓은 공공단체의 임원인데, 얼마 전 몇이서 식사하는 자리에서 이런 얘기를 꺼냈다. 늦게 퇴근한 아들이 아버지에게 고민을 털어놓았다는 것이다.

"위에선 자꾸 '신제품 판매 전략'에 대해 창조적으로 접근해 보라고 하는데 어떻게 해야 좋을지 모르겠어요. 기존 전략에 무슨 문제가 있느냐고 반문하는 이들도 있고. 아버지, 뭐 좋은 방법이 없을까요?"

그 친구는 아들에게 "기존 전략이나 규정에 대해 왜 응당 그렇게 해야 하는지, 다른 더 좋은 방법은 없는지 근본적으로 자문해 봐라. 즉 왜 기존 방법을 고수해야 하는지 의문을 가지고 대안을 찾아봐야 한다. 현재 그 업무를 하고 있는 사람들은 기본적으로 바꾸기를 꺼려한다. 상자 안에서만 생각하지 말고 상자 밖으로 나와서 그 안을 들여다보라."고 조언해 주었다고 했다. 자신도 오랜 직장 생활을 그런 자세로 해 왔다고 하면서.

큰 회사의 전무이사로 근무하고 있는 동석한 친구도 한마디 거들었다. 자신은 그룹 내에서 세 번에 걸쳐 회사를 옮겨 다녔는데, 그때마다 새로 맡은 회사의 기존 일 처리 방식이나 내용에 의문이 들어 '왜 꼭 그렇게 처리해야 하지?' 하고 자문했다고 한다. 하지만 기존 직원들은 자신들의 업무 처리에 대해 별반 의문을 갖지 않고 변화의 필요성에 대해서도 대체로 무관심한 태도를 보이더라는 거였다. 경우에 따라서는 국외자의 입장에서 다른 시각에서 바라봐야 문제가 보이고 대안도 떠오르더라고 그 친구는 말했다.

열심히 일하더라도 늘 접하는 사람이 직장 선후배와 동료로 한정되고 조직 문화에 젖어 버리면 생각도 굳어지기 쉽다. 관료제란 정부 조직에만 해당하는 말은 아니다. 어떤 조직이든 비대해지고 의사 결정 과정이 복잡해지면 관료제가 가진 부정적 속성이 드러나게 마련이다. 그 안에서 근무하는 개인도 물들기가 십상이다. 유연한 사고와 신축적 태도가 요구되고 강조되는 이유이기도 하다.

이는 직장인이라면 늘 염두에 둬야 할 부분이다. 나도 모든 일은 언제나 더 개선할 여지가 있다고 생각해 왔다. 더 나은 개선책을 마련하기 위해 관련 분야의 세미나나 포럼 행사에 참석하고, 전문가들과 간담회를 열며, 새로운 추세를 반영하는 자료를 접하고, 나아가 다른 분야 사람들도 만나면서 다양한 의견을 듣는 기회를 가지려고 애썼다. 우물 안 개구리에 머물지 않으려 늘 새로운 생각을 나의 업무에 접합시켜 보려 시도했지만, 남는 건 언제나 아쉬움뿐이다.

이처럼 우리가 창조적으로 일하기란 매우 어렵다. 창조성을 체질화할 수만 있다면 직장 생활이 한층 재미있어질 거란 생각도 든다. 하지만 너무 위축될 필요는 없다. 평범한 우리도 바깥바람을 쐬고 다른 시각으로 바라보는 습관을 들인다면 많은 것이 달라질 수 있기 때문이다. 이제 관점을 달리하여 창조성이 발휘된 사례들을 몇 가지 살펴보도록 하자.

💬 변화는 관점의 전환에서 시작된다

너도 한 번은 받아 봤을 테지만, 수능 시험이나 대학 입시 철에 많이 등장하는 소위 '합격 사과'는 관점을 전환하여 탄생한 상품이다. 그 기원은 이렇다. 1991년 9월 말 사과 주산지인 일본 아오모리 현에 태풍이 불어 닥쳤다. 초속 53.9미터의 강풍에 수확을 앞둔 사과의 80퍼센트가량이 떨어지고 말았다. 모두가 망연자실해 있을 때 한 청년이 아이디어를 냈다. '강풍 속에서도 떨어지지 않는 사과'라면 수험생에게 효험이 있으리라. 마침 대학 입시 철이 다가오고 있었다. 평소 개당 1000원에 팔리던 것에 '합격 사과'란 이름을 붙여 꼭지를 붙인 채 별도 포장하여 만 원에 팔기 시작했다. 우리처럼 학력 중시의 사회 풍토 분위기에 부합하여 물량은 금세 동나고 말았다. 이후 우리나라에도 도입되어 입시 철이면 어김없이 등장하곤 한다. 나날이 발전하여 요즘은 대학생을 상징하는 사각모를 쓴 '네모 사과'(생장하는 동안 사각 아크릴 포장을 씌워 네모 모양으로 키움)까지 등장하였다.

'우박 사과'도 관점의 전환이 가져온 사례다. 사연은 이렇다. 영거는 미국 뉴멕시코 주 고원에서 사과를 재배하는 농부다. 어느 해 사과가 전에 없이 풍작을 이뤄 그의 사과는 전국 각지의 구매자들과 미리 판매 계약이 성사되었다. 그런데 수확이 임박한 시점에 우박이 쏟아져 사과들이 온통 상처투성이가 되고 말았다. 주변 농가도 큰 피해를 당하였다. 모두가 하늘을 원망하고 있을 때, 영거는 아이디어를 냈다. 사과를 급히 구매자들에게 보내면서 한 장의 카드를 동봉하였던 것이다.

"올해 사과가 뜻하지 않게 부상을 입었습니다. 하지만 이것은 우박이 만든 영광의 상처이니 양해 바랍니다. 이 우박사과는 고원에서 자란 특산품이란 표시입니다."

사과를 맛본 구매자들 중 반품한 사람은 없었다. 양태석의 『이야기 속에 담긴 긍정의 한 줄』에 실려 있는 이야기다.

다양한 일화를 남긴 미국 작가 마크 트웨인은 생각을 바꿔 불운을 기회로 전환시킨 일이 있다. 1885년에 매사추세츠 콩코드의 공공 도서관이 그의 책 『허클베리 핀의 모험』을 금서로 정했을 때 그는 너무 들떴다고 한다. 그는 출판사에게 일부러 이 말을 퍼트리라고 했고, '금서'란 말 덕분에 그 책은 2만 5000부나 팔렸다.

생각을 어떻게 하느냐에 따라 힘든 일이 오히려 즐거움이 될 수도 있다. 어릴 땐 시골에서 할아버지가 밭일을 거들라고 하시면 그게 싫어서 요리조리 핑계 대며 피하곤 했지만, 요즘은 누가 시키지 않아도 매주 청계산 자락에 있는 주말 농장에 가서 힘들다는 생각 없이 잡초를 뽑고 상추와 배추 모종에 물을 준다. 좋아서 하는 일은 힘이 들지 않기 때문이다. 법륜 스님도 그의 '희망편지' 중 한 대목에서 이렇게 쓰고 있다.

> 설악산에 올라갈 때 군복 입고 총 매고 가면 힘들고
> 등산복 입고 배낭 매고 올라가면 즐겁습니다.
> 다리 아프게 올라가는 건 똑같은데
> 어떻게 생각하는가에 따라 다른 거예요.
> 일하러 다닌다고 생각하면 중노동이고
> 놀러 다닌다고 생각하면 즐거운 거죠.

관점의 전환은
새로운 비즈니스를 만든다

관점의 전환은 새로운 비즈니스를 만들어 내기도 한다. 말도 되지 않을 것처럼 보였던, 슈퍼마켓에서 책을 판매하기 시작한 흥미로운 사례를 살펴보자.

1950년대 초, 미국에서 TV가 보급되기 시작할 때, 일반적인 예상과는 달리 책의 판매가 계속 증가하고 있다는 지표들이 나왔다. 정확한 원인은 알 수 없었지만, 이를 새로운 기회로 활용하고자 하는 업자들이 나타났다. 출판사와 서점들은 아무런 대응을 하지 않았지만 미니애폴리스와 로스앤젤레스에 있는 대형 소매점들은 전통적인 서점 체인과는 전혀 다른 서점 체인을 시작했다.

이 소매점들은 기본적으로 슈퍼마켓이었기 때문에 책을 지식의 산물로서가 아니라 '대량 상품'으로 취급했다. 진열하는 책도 진열 면적당 최대 매출을 올릴 수 있도록 회전이 빠른, 즉 잘 팔리는 책들에 초점을 맞추었다. 전통적인 서적 업자들이 "서점이란 모름지기 임대료가 싼 곳에, 특히 대학 근처에 있는 것이 좋다."고 생각해 온 것에 반해, 소매점들은 임대료가 비싸도 사람들이 많이 드나드는 쇼핑센터에 서적 코너를 낸 것이다.

전통 서점의 주인들은 스스로 '문학적 기질'이 있는 사람이었고, 그래서 점원도 '책을 좋아하는 사람'으로 고용하려고 했다. 그러나 대규모 소매점이 시작한 서점 체인의 관리자들은 과거에 화장품 판매를 하던 사람들이 대부분이었다. 그들은 "책에서 가격표 외에 다른 것을 읽으려고 하는 판매원이 있다면 성공할 가능성이 없다."는 농담을 자주 했다.

지퍼(Zipper)의 발명 또한 그와 유사하다. 원래는 항구에서 곡물을 묶어 말아 올리기 위해 고안된 것인데, 한 의류 제조업자가 그것을 가져다 의상에 응용하여 획기적인 성공을 거두었다. 의류라는 업종의 바깥에서 혁신적인 아이디어를 발견한 것이다.

고민과 고민이 만나면 아이디어가 탄생한다

위와 같은 사례들과 그동안의 내 경험에 비추어 그래도 조금이나마 우리가 새로운 아이디어를 만들어 낼 수 있는 방법 몇 가지를 소개해 보마. 전혀 검증된 것은 아니지만 때때로 나는 여기서 문제를 푸는 작은 실마리를 얻기도 했다.

- 다른 분야의 책이나 잡지를 읽고, 전혀 다른 분야의 이론을 응용해 봐라. 때로는 힌트를 얻을 수 있다. 의외로 효과를 볼 수 있는 접근법이라 특히 권하고 싶다. '투자의 귀재'라 불리는 워렌 버핏은 테드 윌리엄스의 『타격의 과학』을 읽다가 "좋은 공을 골라서 쳐라."라는 구절을 발견하곤 "좋은 종목을 골라 투자한다."는 원칙을 세웠다.

- 주말에는 가까운 산을 올라가 봐라. 아니면 강변을 걷거나 가벼운 달리기를 해 봐라. 땀 흘릴 정도로 몸을 움직이는 것이라면 무엇이든 좋다. 몸을 움직이면 생각도 따라서 움직인다. 머릿속을 맴돌던 고민에 대한 아이디어가 불현듯 떠오를 수도 있다. 그리고 그 떠오르는 아이디어는 즉시 메모해라.

- 자신이 생각하기에, 되는 이유와 안 되는 이유를 생각나는 대로 전부 종이에 적어 놓고 비교해 봐라. 열 가지가 되든 스무 가지가 되든 모두 펼쳐 놓고 꼼꼼히 살펴봐라. 제3의 대안이 떠오를지도 모른다.

- 문제와 관련하여 자신이 가지고 있는 '점'(지식이나 정보)들을 모아 보고 재분류해 봐라. 6장 '메모해야 살아남는다'에서 예를 든 스티브 잡스처럼 점들을 이리저리 옮겨 재배치하고 연결하는 가운데 선이 그려지고 면이 탄생한다. 이는 '조합식 방법'이라 할 수 있는데, 손정의도 즐겨 사용하였다. 손정의는 카드에 생각나는 대로 단어를 적고, 그중 석 장을 뽑아 아이디어를 발굴하곤 했다. 예를 들어 '사과', '반도체의 음성칩', '시계' 세 가지를 조합하면 한가한 시골의 아침 소리를 연출하는 자명종이 된다는 식이다.

- 조언을 구해라. 가족들도 좋고, 친구들도 좋고, 직장 동료들도 좋다. 문제를 털어놓고 남들의 얘기를 들어 봐라. 뜬금없다 할지도 모르지

만 주위 친한 사람들에게 물어보고 의견을 들어라. '구하라. 그러면 얻을 것'이라는 말도 있지 않느냐.

- 때로는 자신을 긴박한 상태로 몰고 가라. 마감 시간에 쫓길 때 혁신적인 아이디어가 탄생하기도 한다. 전쟁 중에 많은 기술 발전이 있었음을 상기해라.

- 15분간 낮잠을 자라. 사무실에서는 남 보기에 흉할지도 모르니 휴게실 같은 곳을 요령껏 활용해라. 1장에서 15분간 미리 할 일을 생각하면 나중에 4시간을 절약할 수 있다고 했지만, 머리가 지끈거릴 때 15분간의 낮잠은 이후 4시간의 효율을 배가시킨다.

- 역지사지(易地思之), 즉 상대방의 입장에서 생각해 봐라. "대부분의 사람은 자기가 보고 싶어 하는 것밖에 보지 않는다."고 카이사르는 말했지만, 보고 싶지 않은 것도 볼 수 있어야 개선이 있다.

- 무리 밖으로 나가서 무리를 보아라. 같은 집단, 같은 성향의 사람들만 만나면 바뀌기는커녕 기존의 생각이나 신념이 고착될 수 있다. 동종 교배보다는 이종 교배가 더 강한 종을 생성한다고 배웠지 않느냐.

- 가끔 지하철 대신 버스를 타고 출퇴근을 해 봐라. 사람들의 움직임

과 거리의 풍경을 관찰할 수 있다. 미 프로야구에서 레전드로 불리는 요기 베라 선수의 말처럼 우리는 "지켜보기만 해도 많은 것을 이해할 수 있다."

- 질문해라. 의문을 품어라. 호기심을 억제하지 마라. 70여 년 전 어느 날, 에드윈 랜드는 어린 딸의 사진을 찍어 주다가 "사진을 보려면 왜 한참이나 기다려야 되죠?"라는 딸의 질문을 받고, 귀가 번쩍 뜨여 즉석에서 인화되는 폴라로이드 카메라를 발명했다.

- 문제를 끌어안은 채 잠을 자라. 자고 나면 해결책이 떠오르기도 하고, 꿈속에서 어려운 숙제가 풀리기도 한다. 1960년대 영국 생물학자 프랜시스 크릭은 DNA 분자 구조를 알아내기 위해 몇 년을 씨름하던 중, 꿈속에서 본 뱀이 서로 엉켜 있는 모습에 착안해 마침내 DNA 분자 구조를 발견하여 생물학사에 한 획을 그었다.

중요한 것은 이들 각자가 독립된 방법이라기보다는 서로 연결되고 중첩하여 작용하는 가운데 새로운 아이디어가 떠오를 가능성이 높다는 점이다. 쓸 만한 아이디어는 결코 혼자 오지 않는다. 고민과 고민이 접하는 곳에서 아이디어는 탄생한다. 함민복 시인은 이렇게 썼다. "모든 경계에는 꽃이 핀다."고.

이 장을 마무리하며 하나만 덧붙이겠다. '새로운 것을 만들어 내거나 발견해 내는 능력'이라고 사전적으로 정의되는 창조성을 어떻게 발현할 것인지 과도하게 고민하기보다는, 지금 하고 있는 일이나 해야 할 과제에 열의를 갖고 대처하는 것이 먼저라는 점이다. 모자라는 자원, 빠듯한 기한, 도움을 구하기 어려운 주변 상황에서 어떻게든 난제를 돌파하려는 의지가 앞설 때 해결책이 제시될 수 있는 것이다. 그 해결책에 창의적인 생각이 이미 묻어 있다. 일에 몰두해라, 그러면 창의성은 뒤쫓아 올 것이다.

자신의 생각을
글로 써 보라

말은 사람을 화려하게 하고, 글은 사람을 정확하게 한다. 소통과 공감이 중시되는 시대에 글쓰기는 필수적이다.

결국 남는 것은 말이 아니라 글이다.

💬 **글은 말보다
오래 남는다**

인트라넷이 운용되면서부터 사내에서도 글은 중요한 소통 수단이 된 것 같다. 아주 짧은 글도 자신이 무엇을 생각하고 있는지, 어떤 것에 관심이 있는지 알릴 수 있는 유용한 수단이다. 신변잡기도 좋고, 재미있는 정보도 좋고, 업무에 관한 참고 사항도 좋다. 자주는 못 하더라도 이런 공개된 장에 글을 올리는 버릇을 들이도록 해라. 사람들은 무심한 듯해도 글 올리는 사람을 기억한다.

나는 2005년 대통령비서실 행정관 시절부터 내부망을 통해 가끔 동료 직원들에게 하고픈 말을 정리하여 보내곤 했다. 일상의 단상에서부터 일하는 자세 등에 대해 내가 생각하는 바를 글로 써 봤다. 가끔은 글과 함께 옛날 유행가를 다운로드받아 첨부하기도 했는데, 그 시절 같이 일했던 직원들은 아직까지도 그때 받은 글과 노래에 대한 얘기를 하곤 한다. 생각보다 인상에 오래 남는 것이 글임을 느낀다.

 2010년 FTA국내대책본부장 시절에는 대여섯 차례에 걸쳐 정성 들인 편지를 본부 직원들에게 보냈다. 당시 착 가라앉은 조직 분위기를 바꿔 볼 필요성을 느꼈기 때문이다. FTA본부는 기획재정부 내의 다른 실·국에 비해 직원들에게 인기가 없는 대표적인 기피 부서였다. 3년 기한의 한시적인 조직이다 보니 직원들은 언제 어떻게 신분 변동이 있을지 불안해했고, 다음 보직과도 잘 연결이 되지 않는 것으로 여겼다. 업무 내용 면에서도 FTA 국내 대책에 한정된 탓에 다양한 경험을 쌓기엔 적합하지 않았다. 나는 편지에서 직원들에게 이런 어쩔 수 없는 여건은 받아들이되, 거기서 우리가 무엇을 더 할 수 있을지 머리를 맞대고 고민해 보자고 권유했다. 어느 정도 기운을 회복하는 효과는 있었던 것 같다. 말로하기 어려운 경우 글이 효과적인 경우도 있다. 당시 쓴 편지의 한 대목이다.

 입지 면에서 보면 우리 FTA국내대책본부는 처지가 좋지 않습니다. 후미진 곳에 위치한 소규모 낡은 아파트 단지처럼 주부들의 눈길을 끌지 못합니다. 어떤 이는 '찬밥 신세'라고도 하고, '생색 나지 않는 업무'라고도 합니다. 그런 사실을 굳이 부인할 생각은 없지만, 상황을 바꿀 수 있다는 점도 잊지 말아야겠지요. 조직 입장에서도, 그 안에서 근무하는 개개인 입장에서도 마찬가지라 봅니다. 우리가 우선순위를 둬야 할 대목이 어디인지, 선제적으로 대응할 사항을 놓치고 있지는 않은지, 바둑으로 치면 다음에 둬야 할 수는 무엇인지 정식으로 생각해 봅시다.

2010. 4. 30. 본부장 드림

국가과학기술위원회 상임위원으로 있을 때에는 신설 조직으로 여러 부처 출신 공무원들과 민간 출신 전문가로 구성된 집단인 탓에 상호 유대감이 약한 점을 고려하여, 몇 차례 글을 통해 직원들에게 한발 가까이 다가가려고 시도했다. 그리고 모든 시도가 그런 것처럼 일정한 성과를 남겼다. 그때 보낸 글 중 하나를 소개하마. 공무원 생활 30년 만에 미국 유타 주 솔트레이크시티에서 열린 '2011한미과학자대회'에 참관하기 위해 미국에 처음으로 출장 가게 된 소회를 적어 본 것이다. 네가 이 아버지의 공무원 생활의 한 단면을 이해하는 데 도움이 될까 하여 여기에 옮겨 본다.

아메리카노, 약하게!

'신의 선물' 커피를 즐겨 온 지도 35년이 넘습니다.
다방 커피를 즐겨 왔지만 10년 전부터는
문득 이건 아니다 싶어 원두 커피로 바꿨습니다.

그중에서도 아.메.리.카.노.를 즐기고 있지요.
카푸치노, 마끼아또, 에스프레소 같은 이름은
왠지 맞지 않은 옷 같이 느껴져 편하지 않습니다.
하루에 두세 잔 이상 마시는 탓에 건강을 생각해
주문할 때는 늘 약.하.게. 라는 말을 덧붙이고 있습니다.

110만 명, 작년에 미국을 방문한 한국인 숫자입니다.
올해는 더 늘어 140만 명에 이를 것으로 예측하고 있네요.
이렇게들 많은 한국인들이 미국을 찾는데
저는 어찌하다 나이 오십 중반을 넘어선 이제사
처.음.으.로. 아름다운 나라 미국을 가게 되었습니다.
중앙 부처 공무원 생활 30년 만에 미국이 처음이라 하면
다시 한 번 쳐다보면서 믿기지 않아 하는 분들도 있지요.

TV 드라마에선 이야기가 꼬여 진전이 없으면
해당 인물을 그냥 미국에 보내는 것으로 해결책을 삼고,
어학연수 초딩들도 적지 않게 미국을 오가는 시절에
미국이 처음이라니, 그리 흔치는 않겠지요.
제가 업무에 시야가 좁고 글로벌하고는 거리가 있고
아직 시대에 뒤떨어진 016 번호를 쓰고 있는 것은
아무래도 선진 미국을 구경해 보지 못한 탓이겠지요.

어쨌든 처음이지만

다음 주에 미국 = 아메리카에 가게 되었습니다.

10년간 아메리카노 커피를 고집해 온 정성이 통한 결과일까,

아니면 국과위로 왔기 때문에 이런 복이 굴러 들어온 걸까,

기재부에 그대로 눌러 있었다면 미국은 아.직.이었겠지,

나도 직장 운은 그리 나쁜 편은 아닌 모양이다,

등등의 생각을 하면서 돌아눕기를 반복하다가

요 며칠 밤잠을 설쳤습니다.

이런 저의 첫 미국 나들이를 기념해서

집사람은 지난 토요일 억지로 저를 백화점으로 끌고 가

양복 한 벌을 사 주었습니다.

첫 미국 길인데 추레하게 보낼 수야 있냐면서.

주머니 없는 와이셔츠도 권했지만 강하게 거절했습니다.

"공무원이 주머니 없는 옷을 우째 입노, 응? 볼펜도 꼽아야 하는데, 미국에서도 아무도 안 입는다 카더라." 하고 역정 내면서.

이번에 미국 갔다 오면 시야가 좀 더 넓어지겠지요.

좋게 말해 인생에 전환점이 되는 계기가 되겠지요.

이참에 016 번호도 010으로 바꿀까 합니다.

생활에 큰 지장은 없습니다만

과학기술을 한다면서 아직 016 쓰느냐고 빈정대는 이들도 있고
변화에 뒤처진 인상 줘서 뭐 그리 득 될 것도 없고 해서지요.

그런 나름의 계획을 세우면서
미국에서 커피 시킬 때 주문할 말을 생각해 봤습니다.

'아메리카노, 약.하.게. Please!'

2011년 8월 2일, 상임위원 김화동 드림

💬 사내 소식지에 글을 실어라

그렇다면 글을 쓸 수 있는 좀 더 공식적인 장으로는 어떤 것이 있을까? 어느 정도 규모가 있는 회사는 정기적으로 사내 소식지를 발간한다. 잡지 형식으로 발간하는 곳도 있고, 웹진 형식으로 발간하는 곳도 있다. 내부망에는 직원들이 단상이나 공지 사항을 알릴 수 있게 별도의 코너를 마련해 두는데, 이곳도 자신의 글을 실을 수 있는 편리한 곳이다. 7장 '스피치 능력은 높일 수 있다'에서 발표할 모든 기회를 활용하라고 했지만, 쓰기도 마찬가지다. 가능하다면 쓸 수 있는 모든 기회를 활용해라.

업계 전체로 보면 단체나 협회 또는 유관 기관이 발행하는 정기 간

행물이 있다. 그런 매체들은 통상 좋은 필자가 투고하기를 기다린다. 이처럼 사내보나 업계의 소식지 등에 자신의 글을 가끔 싣도록 해 봐라. 그 밖의 업계 전문지들도 대상이 될 수 있다. 이를 통해 회사 안에서는 물론 업계로 자신의 얼굴을 조금씩 알려 나갈 수 있다.

  나는 공무원이었기 때문에 《나라경제》, 《위클리공감》 같은 정부 발간 정기 간행물에 기고하려고 노력했다. 또 업계 전문지에도 관련 정책을 설명하는 글을 쓰기도 했다. 후배 공무원들에게도 자신의 업무와 관련된 정책이나 제도를 알리는 의미에서 글을 쓰라고 강권하기도 했다. 자신의 업무에 더욱 정통해지는 계기가 되는 것은 물론, 그러한 작은 경험들이 쌓이면 좀 더 본격적인 글도 쓸 수 있다. 내키지 않았더라도 내 권유에 따라 일단 글을 써 본 직원들은 새로운 경험을 하나 쌓았다 생각할 수 있다. 주변을 찾아보면 자신의 업무를 알릴 수 있는 수단이나 매체는 많다. 이를 적절히 활용한다면 자신을 한 단계 업그레이드시킬 수 있을 것이다. 결국 오래 남는 것은 말이 아니라 글이라는 점을 이해해 주면 좋겠다.

💬 일단 두드려라

많은 사람들은 엄두가 나지 않아서 글을 쓰기 어렵다고 한다. 하지만 글쓰기에 특별한 비결은 없다. 실제로 써 보는 것 외에는. 그렇다고 특별한 재능이 요구되는 것도 아니다. 글도 말과 마찬가지로 연습하면 상당히 좋아질 수 있다. 우선 짧은 글의 경우, 자신의 주장이나 전달하고자 하는 메시지를 분명히 한 뒤, 컴퓨터 자판을 두드려라. 그리고 진도가 잘 나가지 않을 경우에는 일단 저장하고 다른 일을 마친 후 다시 시작해 봐라.

나는 우선 쓰고 싶은 주제나, 써야 할 과제가 있으면 먼저 머릿속으로 개요를 그린 뒤, 서너 부분으로 구분하여 초안을 잡아 본다. 이때 몇 개의 키워드와 거기에 부합하는 사례를 상정한다. 그리곤 일단 컴퓨터 자판을 두드린다. 망설이지 말고 두드리라는 것을 강조하고 싶다. 이 장을 쓰려고 맘먹었을 때도, 전체 윤곽이 잡힌 것은 아니었고, 몇 가지 메시지만 염두에 둔 채 자판을 두드리기 시작했다. 엉성했지만 이것저것 추가하고, 이리저리 옮겨 붙여 수정하고 편집하다 보니 점차 형체를 갖추어 나갔다.

물론 쓰다 보면 애초 예상하지 못했던 점이 떠오르기도 하고, 초안과는 거의 다른 글이 되는 경우도 있다. 하지만 무슨 상관이랴. 자신의 생각이나 업무 지식이 글로 매끈하게 정리되었으면 그걸로 족한 거지. "두드려라, 그러면 열릴 것이다."라는 성경 말씀도 있지만, 이를 빗대어 표현하자면 이렇다. "컴퓨터 자판을 두드려라, 그러면 어느 사이엔가 글이 될 것이다."

더하여 종합지와 경제지를 최소한 한 가지씩은 정독해라. 거기서 많은 재료들을 얻을 수 있다. 대부분의 신문 기사와 칼럼은 글쓰기의 모범이다. 짧고 잘된 글들의 형식과 논리 전개를 모방해라.

로마의 위대한 장군 카이사르는 해야 할 일과 걱정거리가 쌓여 있는 와중에도 군 막사에 있거나 잠깐 눈을 붙일 틈이 생길 때마다 글쓰기에 매달렸다. 그리하여 총 일곱 권에 이르는 『갈리아 전기』 집필을 끝냈는데, 이것은 기원전 58년에서 기원전 52년까지 갈리아 지방 정복 과정을 연도별로 다루고 있다. 그의 활동상이 후세에 자세히 알려진 이유이기도 하다.

수정하라, 글의 품질이 높아진다

처음부터 잘 쓴 글은 없다. 이 방면에 재능을 타고난 사람을 제외하고는 말이다. 하지만 평범한 사람도 노력하면 자신의 생각을 깔끔하게 표현하는 수준까지는 도달할 수 있다. 수정을 거듭하면 글의 수준이 그만큼 높아진다. 정확한 단어를 찾기 위해 노력하고, 논리 전개의 어색함을 제거하면 발전할 수 있다. 사실 공개할 글은 아무리 짧더라도 여러 차례 수정 과정을 거쳐야 한다.

나는 국과위 시절 스무 차례가량 신문 기고문을 쓰면서 수정의 중요성을 새삼 느꼈다. 1850자 내외의 길지 않은 글인데도 족히 7~8시간은 소요되고, 열 차례 이상의 수정·보완 과정을 거쳐야 겨우 나 자신이 납득할 수 있는 정도가 되었다. 어떤 경우엔 애초에 쓴 글을 폐기하고 완전히 다시 쓰기도 했다.

헤밍웨이는 그의 작품 『무기여 잘 있거라』에서 마지막 스물두 행을 서른아홉 번이나 고쳐 썼다. 그 이유를 묻자 적합한 단어를 찾기 위해서라고 답했다. 『사이더 하우스』, 『가아프가 본 세상』 등의 작품을 쓴 소설가 존 어빙도 고쳐 쓰기의 중요성을 강조하며 이렇게 말했다. "작가로서 최선을 다해 하는 작업이 고쳐 쓰기입니다. 나는 소설이나 대본을 쓸 때 초안 작업보다 훨씬 많은 시간을 고쳐 쓰기에 할애합니다."

이처럼 치열하게 노력하면 더 좋은 글이 나올 수 있다. 자신의 글을 얼마나 정성 들여 수정하느냐에 따라 글의 품질이 좌우된다. 이 책을 쓰면서도 이 원칙을 적용했다. 우선 생각나는 대로 컴퓨터에 쳐 넣은 뒤, 여러 번 반복하여 고쳐 썼다. 그랬더니 겨우 이 정도나마 되었다.

쓰다 보면
다른 기회가 생긴다

글을 쓰다 보면 여러 가지 부수적 효과도 거둘 수 있다.

첫째, 새로운 책을 구입하거나 읽게 된다. 뭔가를 쓰려고 하면 현재의 지식과 자료만으론 부족한 법이다. 쓰기 위해선 더 많은 공부와 자료 수집이 필요하다. 결국 그 주제와 관련된 지식을 체계화하는 계기가 된다.

둘째, 짧은 글이 긴 글의 단초가 될 수 있다. 짧다고 해서 내용마저 보잘 것 없다는 것은 아니다. 압축적으로 요약한 한 페이지의 글은 수백 페이지 분량의 내용을 담을 수도 있다. 짧은 글은 어떤 주제에 대한 핵심 요약이다. 그것을 바탕으로 설명을 덧붙이고 사례와 통계 수치 등을 가미하면 긴 글이 되고, 마침내는 책자로 발전할 가능성이 있다. 과장 시절 두 권의 책을 쓴 경험이 있지만, 그 당시에도 바로 책을 쓰려고 무작정 돌입했다기보다는 전초전으로 열 쪽 내외의 글을 써서 발표하였고, 그것을 바탕으로 피와 살을 붙여 본격적으로 책을 써 나간 덕분에 혼선을 많이 줄일 수 있었다.

셋째, 글로 표현하면 말로 하는 것에 비해 정확성을 기할 수 있다. 우리가 누군가를 가르칠 때 가장 많이 배운다는 말이 있듯이, 글로 써 볼 때 비로소 그것이 자신의 실질적인 지식이 될 수 있다. 일반적으로 안다고 생각한 내용도 막상 글로 써 보면 자신이 얼마나 부정확하고 피상적으로 알고 있는지 깨닫는 경우가 많다. 그런 과정을 통해 그 방면에서 전문성을 축적해 나가는 디딤돌을 놓을 수 있다.

마지막으로, 추가적인 기회가 생길 수 있다. 새로운 청탁을 받을 가능성이 커진다. 업계는 넓으나 글 쓰는 수고를 아끼지 않는 인재는 의외로 찾기 어렵다. 운이 좋으면 꼬리에 꼬리를 물고 일이 전개되기도 한다. 적더라도 원고료가 나오면 동료나 팀원들에게 밥을 사라. 그러면서 너의 글에 대한 솔직한 피드백을 구해라. 발전은 피드백에서 나온다.

당장 하고 싶은
일을 하라

내일 무엇을 해야 할지 모르는 사람은 불행한 사람이다. (막심 고리키, 소설가)

할 일이 생각나거든 지금 하세요. 오늘 하늘은 맑지만, 내일은 구름이 보일지 모릅니다. 어제는 이미 당신의 것이 아니니 지금 하세요. (찰스 스펄전, 목사)

🗨 하고 싶었던 일을 시작하다

이제 마지막 장에 이르렀다. 여기까지 읽어 주어 고맙다. 머리말에서 약간 언급은 했지만 이 책을 쓰게 된 과정을 좀 더 설명하면서 일을 대하는 태도에 대해서도 몇 가지 추가로 생각해 보는 기회를 가졌으면 좋겠다.

지난 3월 하순 어느 날부터인가 내가 아침에 출근하지 않는다는 사실을 너도 알았을 거다. 이 책을 쓰기로 마음먹은 것은 그 무렵이었다. 32년 공무원 생활을 퇴직하고 나면 다음 일자리가 금방 나타나지도 않을 것이고, 아무래도 여유 시간이 늘어날 것인데 뭘 하는 게 좋을까 이것저것 생각해 봤다.

주위에서는 좋은 말로 재충전을 위해 그간 하고 싶어도 시간이 없어 미루어 왔던 독서나 운동을 하고, 여행도 가고, 봉사 활동도 하면서 유익하게 시간을 보내면 좋지 않겠느냐고 했다. 색소폰 같은 악기를 하나 배워 보는 것이 어떠냐는 권유도 있었다. 모두 솔깃한 말이었지만, 나는 모처럼 맞은 자유로운 시간을 어떻게 활용하는 게 앞으로 내 삶에 도움이 될지를 먼저 생각했다. 며칠 고민한 끝에 나는 책 쓰는 작업을 당분간의 일로 삼기로 마음을 굳혔다. 평소 하고 싶었지만 바쁜 직장 생활로 미루어 왔던 일 중 하나였다. 또한 단순히 시간을 보내려는 방편이 아니라 오히려 새로운 성과물을 창출할 수 있다는 점에서 나 자신에게 긴장감을 조성할 수도 있다고 보았다.

9월 말 출간을 목표로, 원고를 쓰는 기간은 4개월로 잡았다. 그다음은 주제 선정이 문제였다. 업무를 마무리하면서 자료를 정리하다 보니 최근 2년간 신문에 기고한 칼럼이 스무 편가량 되었다. 주로 R&D(연구 개발)와 관련된 글들이었다. 그 칼럼들을 바탕으로 보완하고 새로이 추가하는 것도 한 방법이겠다는 생각이 들었다. 하지만 썩 마음이 동하지 않았다. 그런 주제를 다루기에는 아무래도 나의 지식과 경험이 얕기 때문일 것이다. 솔직히 차별화된 메시지를 전할 수 있을지 자신이 없었다.

그 대안으로 떠오른 것이 사회에 진출하는 자식에게 주고 싶은 말을 조언 형식으로 정리해 보는 글이었다. 일종의 멘토 역할이라고 보면 되겠다. 평소 이런 부분에 대해 관심이 많아 '잔소리'도 가끔 했을 뿐만 아니라 이 분야의 책도 즐겨 읽는 편이었고, 비록 A4 용지 한 장의 짧은 분량이었지만 너에게 해 주고 싶었던 얘기를 이미 전해 준 적도 있었다. 실상 결론이 먼저 쓰였다고도 할 수 있다. 거기에 살을 붙이고 피를 돌게 하면서, 32년의 직장 생활 경험을 가미하면 나름대로 읽어 볼 만한 한 편의 글이 될 수 있을 거라는 계산이 섰다.

💬 나만의 일자리 만들기

너는 잘 기억하지 못하겠지만, 1997년에 일어난 소위 'IMF 사태'는 많은 이들의 일자리를 앗아 갔다. 그때 읽은 글 중 하나가 법정 스님의 신문 기고 칼럼 「일자리를 잃으면 일거리를 찾아라」였다. 직장을 잃은 사람들에게 시대가 준 아픔을 보듬으면서 그런 가운데서도 스스로 일거리를 찾는다면 거기서 새로운 일자리가 만들어질 수도 있다는 내용이었다. 당시에 나는 소위 '철밥통'이라 불리는 튼튼한 일자리가 있었기 때문에 심각하게 받아들이진 않았지만 그 말씀의 요지는 내 머릿속에 확실하게 박혔다.

원인이야 다르지만 나도 일자리를 잃은 상황에서 15년 전 법정 스님의 그 글귀가 불현듯 머릿속을 스쳐 갔다. 아침에 고정적으로 출근할 곳은 없지만 내 마음먹기 여하에 따라 매일 일정하게 할 수 있는 일거리는 충분히 만들어 낼 수 있겠다 싶었다. 누구의 간섭이나 영향을 받지 않고도 말이다. 내게는 그 일거리가 바로 이 책을 쓰는 작업이 된 것이다. "일하지 않는 자는 먹지도 말라."는 성경 구절도 그 결심에 한몫 거들었다.

 퇴직 다음 날부터 바로 작업에 착수했다. 먼저 '회사원 모범 18'이라는 임시 제목을 붙였다. 애초 A4 용지에 적어 준 항목이 열여덟 가지임을 생각해서였다. 분량은 가장 읽기에 부담 없는 신국판 크기로 하고 250페이지 내외라면 알맞겠다고 판단했다. 그간 읽은 책 중에서 몇 권 골라서 비교해 본 결과였다. 세부 목차는 열여덟 가지 조언을 기본으로 했다.(물론 최종의 열여덟 가지는 내용상 조정되어 처음 항목과 똑같지는 않다.) 자식에게 주는 말이므로 모두 긍정적인 방향을 제시하는 것이었다. 제목과 대강의 목차가 정해지니 일의 반은 끝났다는 생각마저 들었다. 역시 '시작이 반'이구나 실감했다.

 하루 목표량은 3페이지로 잡았다. 10년 전 과장 시절 책을 써 본 경험을 참작하여 설정하였다. 과도한 목표는 아니라고 생각했다. 충분히 달성할 수 있다고 보았다. 열심히 컴퓨터 자판을 두드렸다. 평상시의 근무 시간 정도를 글 쓰는 데 쏟아 부었다. 그동안 정리된 생각도 있었고, 메모 자료와 밑줄 쳐 놓은 책들이 참고 자료가 되었다. 뜻밖에 속도가 났다.

💬 현재의 처지를
긍정적으로 받아들이기

일자리가 없는 것은 지난 32년 중 처음 맞이하는 상황이었다. 잘 감당할 수 있을까 걱정되었다. 지금까지 살아오는 동안은 쭉 일자리가 있었기 때문에 일이란 항상 주어진 것으로 여겼다. 당연히 '일'의 의미에 대해선 깊이 생각해 본 적이 없었다. 누구나 늘 가까이 있는 것에 대해서는 깊이 고민하지 않으니까. 대신 그 자리에서 주어진 일을 어떻게 하면 제대로 해낼 수 있을까 궁리해 왔던 것이다.

그렇게 살아온 어느 날 아침 눈을 떴는데 더 이상 출근할 사무실이 없다는 사실을 깨닫고는 이 현실을 어떻게 받아들여야 하나 그저 난감한 기분이었다. 일찍이 맹자는 "일정한 일(직업)을 가지지 아니한 자는 안정된 마음을 가질 수 없다."고 하지 않았던가!

일은 어쩌면 우리의 삶 자체이고 우리 자신이고 존재 이유이다. 온종일 하는 것이 일이니까. 그럼에도 나는 그저 앞으로도 공직에 계속 머물 수 있으려니 하는 막연한 기대감 속에서 일이 없는 상황에 대비하여 준비하고 있지 않았다.

한때 자신이 설립한 애플에서 쫓겨나 일자리를 잃었던 스티브 잡스는 나중에 이렇게 회고했다. "애플에서 해고된 것이 최고의 행운이었다. 애플에서 해고되지 않았더라면 무엇 하나 시작하지 못했을 것이다." 스티브 잡스는 말하자면 해고라는 믿기지 않는 현실을 긍정적으로 받아들여 다시 사업을 시작했고, 그 성공을 바탕으로 훗날 애플로 복귀할 수 있었다.

출근할 곳이 없는 현실을 어떻게 받아들일지는 전적으로 내게 달려 있었다. 나는 달리 뾰족한 방법이 없다는 것을 깨닫고, 있는 그대로 그 상황을 받아들이기로 했다. 호기를 놓쳐서도 안 되지만, 위기를 무단히 낭비해서도 안 된다. 무엇을 할지에 대한 고민은 그다음 순서였다. 결과적으로 이 책을 쓸 좋은 기회가 내게 주어진 셈이었다. 원하진 않았지만 하고 싶었던 일을 할 수 있는 긴 휴가를 받았다고 여기니 마음이 의외로 편해졌다. 또 다른 출발을 위해서는 휴식도 필요한 법이니까.

목표를 아주 높게 잡아라

하지만 책을 쓰는 것은 간단치 않은 일이다. 아니, 솔직히 아무나 할 수 있는 일이 아니다. 성공할 확률이 실상 매우 낮다. 그런데 내가 그것을 하겠다고 들고 나선 것이다. 의욕이 앞서 목표를 너무 높게 잡은 것은 아닌지 한편으로 걱정되기도 했다.

하지만 손정의 회장의 말을 떠올리며 용기를 얻었다. "터무니없어 보이는 높은 목표를 공개적으로 밝히는 것이 성공의 비결이다." 실제로 그는 19세 때 세운 자신의 '인생 50년 계획'에서 30대에 적어도 1000억 엔의 재산을 모은다는 어마어마한 목표를 설정한 바 있다. 세계적인 경영학자 짐 콜린스도 비슷한 말을 했다. "목표를 높게 잡지 마라. 아주 아주 높게 잡아라." 이 두 사람의 말은 우리가 어떤 일을 계획할 때 목표를 '아주 높이' 설정하지 않으면 결코 '높이' 달성할 수 없다는 뜻이다. 그런 면에서 내가 목표로 잡은 책 쓰기는 '아주 높은' 목표에 해당하는지, 아니면 그저 '높은' 목표에 해당하는지 어떤지 모르겠다.

내가 책을 쓰기로 했다고 친구들에게 말하면 대체로 미더워하지 않은 표정을 지을 것이 선해 처음에는 전혀 귀띔하지 않았다. 그들은 분명 속으로 이렇게 생각할 터였다. '말이 아니라 완성품을 내놓고 얘기하라.'고. 누가 내게 그런 말을 하더라도 그저 가벼운 얘기 정도로 받아들일 가능성이 높기 때문이다.

물론 네 엄마에게는 시작하기 전에 계획을 얘기해 주었다. 다행히 믿어 주었다. 한 달이 지나고 원고량이 제법 두툼해지면서 어느 정도 자신감이 생겨 그때부터는 내 계획을 주변에 얘기하기 시작했다. 왜냐하면 혼자서 묵묵히 실천해 나갈 수도 있지만 목표는 주위에 공표해야 실제로 달성할 가능성이 높아지기 때문이다.

💬 남의 눈을
너무 의식하지 말길

이제 책이 출판될 시점이 다가왔다. 애초 계획과 비교해 크게 어긋나지 않아 다행이라는 생각에 가슴을 쓸어내리고 있다. 여기까지 오는 과정에서 나는 일과 관련된 몇 가지 귀중한 원칙을 새삼 확인하고 배웠다. 나 자신의 고유한 깨우침이 아니라 일반적으로 유통되는 원칙의 재확인이라 이해해 주면 좋겠다. 이 앞 장까지 내용에선 크게 취급되지 않았던 것들이다. 위에 제시한 '일자리를 잃을 때는 일거리를 찾는다', '현재의 처지를 긍정적으로 받아들인다', '목표를 아주 높게 잡는다'도 그 속에 포함된다. 나머지를 정리해 보면 다음과 같다.

첫째, 지금 하고 있는 일을 좋아해야 한다. 사실 가장 바람직한 것은 하고 싶은 일을 하는 것이다. 하고 싶은 일, 좋아하는 일이라야 열의가 생기고 진도도 나가는 법이다. 하고 싶은 일을 계속 미루기에는 우리 인생이 너무 짧다. 더 늦기 전에 하고 싶은 일이 있다면 시도해라. 네게 주고 싶은 말이다.

그렇지만 현실의 직장이란 자기가 하고 싶은 일만 할 수 있는 곳은 아니다. 만약 지금 처지가 자기가 좋아하는 일을 할 수 없는 상황이라면, 지금 하고 있는 일이 좋아지게 하는 게 급선무이다. 그 일을 그만둘 수 없는 처지라면 말이다. 가급적 지금 하고 있는 일에서 하루속히 가치를 찾도록 노력해라. 우리는 싫어하는 일에서도 뭔가를 배울 수 있다.

둘째, 지금 바로 시작해야 한다. 미적거리지 말고 바로 시작하라는 것이다. "시작이 반이다."라는 속담을 새삼 들먹일 생각은 없다. 사실 목표를 제대로 설정했다면 이미 반은 이룬 것이나 마찬가지이다. 하지만 시작하지 않으면 목적지에 도달할 수 없는 건 자명하다. 그럼에도 불구하고 꾸물거리면서 차일피일 미루는 것이 우리 대부분의 행태이다. 시작하지 못하는 핑계를 대려면 한두 가지가 아니다. 나는 퇴직 다음 날 아침 바로 소매를 걷어붙이고 달려들었다. 죽이 되든 밥이 되든 걱정은 나중에 하기로 하고 바로 글을 쓰기 시작했다. 나갈 사무실은 없지만 마음만은 평소와 다름없이 출근한다고 생각하면서. 어떤 목표를 세웠으면 오늘 당장 시작해라. 성공은 시작에서 출발한다.

셋째, 과제는 세분화하여 추진한다. 사실 책 쓰는 일은 여간한 일이 아니다. 엄두가 나지 않기 십상이다. 이때 자동차 왕 헨리 포드의 말이 부담을 덜어 주었다. "일을 잘게 나눈다면 특별히 어려운 일이란 없다." 아무리 큰일이라도 잘게 나누면 어렵지 않게 처리할 수 있다는 말이다. 그 원칙에 따라 하루에 3페이지만 쓰면 된다는 생각을 나 스스로 반복해서 주입시켰다. 사실 3페이지 분량은 하루의 작업량으로서는 '적은 일'이다. 특별히 어려운 정도는 아니다. 매일 해 나가는 것이 힘들 뿐이지. 이렇게 목표를 잘게 나누고 단계별로 실천해 나가면 된다.

다이어트를 할 때 한꺼번에 5킬로그램을 감량하는 것은 도저히 무리지만, 하루에 100~200그램씩 나누어 목표를 설정하면 달성하기가 그만큼 수월해진다. 이 책에도 몇 번 인용한 바 있는 교세라의 이나모리 가즈오 회장은 "하루에 최소한 한발만이라도 앞으로 내딛자."는 자세로 일해 왔다고 한다. 잘게 나누면 아무리 큰일이라도 겁나지 않는다.

넷째, 남의 눈을 너무 의식하지 않는다. 남의 눈치를 보게 되면 자신의 도전 정신이나 창의성을 억누를 수 있다. 다른 사람의 의견 때문에 자신이 진심으로 하고자 하는 욕구를 지워서는 결코 어떤 일을 해낼 수 없다. 때로는 남이야 뭐라 하건 자신의 길을 갈 줄도 알아야 한다. 2010년 한국심리학회가 제안한 '행복 십계명'에는 이런 내용이 있더라. "자기 삶의 주인이 되라. 다른 사람의 시선에 얽매이지 말고 원하는 것을 행하는 사람이 행복한 사람이다."

다섯째, 그 일에 몰두한다. 다시 말해 집중력을 유지하라는 것이다. 사실 모든 일의 성패는 집중력의 발휘 여부에 달려 있다고 생각한다. 축구 경기를 중계할 때 해설자들이 흔히 하는 말이 "자, 이제 남은 시간이 중요합니다. 우리 선수들 집중력을 발휘해야 합니다. 느슨해지면 절대 안 됩니다."이다. 나는 이 책을 쓰는 초반 두 달 동안 TV를 거의 보지 않았고, 신문도 외면했으며 시간이 나면 오로지 자판을 두드리는 데 집중했다. 우선순위를 거기에 두었기 때문이다.

어느 순간이든 우리의 모든 에너지를 정말 중요하게 생각하는 일에 투입한다면 실현 가능성은 한층 높아진다. 100미터 달리기 시합을 할 때 골인 지점 외에 다른 생각을 하는 사람은 거의 없을 것이다. 토미 라소다 전 LA다저스 감독은 이런 명언을 남겼다. "관중석에 신경을 쓰면 곧 관중석에 앉게 된다." 사족인데, '몰두'는 고교 1학년 때 우리 반 급훈이었다.

여섯째, 너무 일찍 포기하지 않는다. 사실 목표를 세우고 달려왔지만, 중간에 회의가 든 적도 있었다. 어느 지점에서는 작업 진도가 전혀 나가지 않았다. 이리 고치고 저리 고쳐 봐도 마음에 차지 않았다. 역시 과욕인가, 안 되는 건가 하는 생각도 들었다. 그 고비를 지나 원고가 상당히 다듬어졌을 때, 이제는 됐다 싶어서 가까운 친구 몇에게 코멘트를 받기 위해 보여 주었다. 반응은 예상보다 신통찮았다. 이런 유형의 글이 너무 많아 식상할지도 모른다고 했다. 팔릴 것 같지 않은 주제라고도 했다. 가슴이 서늘했다. 그간의 노력이 물거품이 되나 아찔했다. 하지만 한번 세운 목표니까 좀 더 가보자고 재차 결의를 다졌다. 여든 번이나 출판을 거절당하고도 포기하지 않는 작가도 있지 않느냐. 에디슨은 말했다. 대부분 "실패자들은 알고 보면 성공 일보 직전에 포기한 자들"이라고.

일곱째, '다음에 뭘 할까'를 항상 생각한다. 이제 이 책도 마무리 과정에 접어들었다. 하지만 일이 여기서 멈추는 것은 아니다. 다음에 뭘 할지를 고민하고 있다. 직장에서도 마찬가지이다. 하나의 과제가 끝나기 전에 다음에 할 일을 고민해야 한다.

'다음에 할 일'을 생각하는 일이야말로 우리를 앞으로 나아가게 하는 원동력이다. '다음 다음에 할 일'은 모르겠다만 최소한 '다음 할 일'에 대해서는 지금의 일이 끝나기 전에 고민해야 한다. 그 일도 물론 '아주 높이' 목표를 설정하는 것이 좋겠다. 바둑에서도 고수가 되려면 최소한 다음 한두 수를 생각한 후에 돌을 놓아야 한다.

💬 일도 있을 때 잘해야 한다

나는 일자리가 없어지고 나서야 일거리를 찾기 위해 고민하다가 이 일을 생각해 냈다. 일이 없어서야 이런 고민을 하게 된 것은 어쩔 수 없는 일이지만, 요즘 들어 부쩍 앞에서 제시한 이런 원칙들을 일자리가 있을 때 더 열심히 진지하게 적용했더라면 좀 더 성과를 올릴 수 있지 않았을까 하는 아쉬움이 든다.

하지만 반성은 늘 새로운 발전을 불러오는 법이고, 지금이라도 그런 부분을 조금은 이해하게 되었다고 생각하면 그것도 다행스러운 일이다. 네게 주고 싶은 말은 이것이다. 일자리가 있을 때, 일이 있을 때 더 잘하면 일자리가 절대로 없어지지 않을 거란 점이다. 다른 일자리를 찾아 나설 필요가 없는 유일한 길이기도 하다. 일자리를 잃고 나서 일을 찾기 위해 고심하기보다는 일자리가 있을 때 자신의 일의 귀중함을 알고 조직에 기여하는 성과를 낼 수 있도록 힘을 다해라.

부모에게도 있을 때 잘해야 하고, 형제자매도 있을 때 잘해야 하고, 선생님에게도 있을 때 잘해야 하고, 친구에게도 있을 때 잘해야 하고, 사랑하는 사람에게도 있을 때 잘하란 말이 있듯이 일도 있을 때 잘해야 한다는 점을 강조하고 싶다. 그런 의미에서 네 취향에 맞지는 않겠지만 오승근의 노래 「있을 때 잘해」를 띄운다. 한번 들어 봐라.

다시 은지에게

그리고 지금은 사랑할 때다

사랑이 없는 삶, 사랑하는 사람이 없는 생활, 그것은 낡은 환등기가 비춰 주는 '쇼'에 지나지 않는다. 나는 슬라이드를 잇따라 바꾸어 비춰 보지만 어느 것을 본들 모두가 시시해서 다시 되돌려 놓고는 다음 슬라이드로 다급히 바꾸고는 한다. (괴테)

"미국 국민 여러분, 조국이 여러분을 위해 무엇을 할 수 있을 것인지 묻지 말고, 여러분이 조국을 위해 무엇을 할 수 있는지 먼저 물어 보십시오." 1961년 1월 존 F. 케네디 대통령의 취임사 중 가장 유명한 구절이다. 이를 패러디하여 아빠는 네게 말한다. "회사가 네게 무엇을 해 줄 것인가를 묻지 말고 먼저 네가 회사를 위해 무엇을 할 수 있는지를 물어라."

어쩌면 이 말을 하기 위해 열여덟 가지 조언을 하며 먼 길을 돌아왔는지도 모르겠다. 너를 채용해 준 회사에 대한 1차적 보답은 회사가 기대하는 것보다 좀 더 성과를 내는 것이다. 회사가 성장하면 너도 같이 성장할 수 있다. 사회가 너에 대해 기대하는 것도 마찬가지다. 너의 일을 통해서 우리 사회가 좀 더 살기 좋은 곳으로 바뀔 수 있기를 바라고 있다. 자신에게 주어진 역할에 충실할 수 있도록 끊임없이 애써라.

하지만 이 모든 것들은 들러리에 불과하다. '사랑'에 비해서는 말이다. 젊은 너에게 가장 필요한 것은 사랑이고, 중요한 것도 사랑이다. 일도 해야 하지만 사랑이 있어야 기쁨이 있고 설렘이 있다. 사랑에 대한 설렘 없이 일어나는 아침이 무슨 의미가 있겠느냐. 아픔도 있고 슬픔도 있다. 부풀기도 하고 사그라지기도 한다. 삶의 끈이 빨랫줄처럼 팽팽해진다. 지루하게 사는 것은 젊은이가 선택할 길이 아니다. 나는 네가 사랑에 들뜨고 사랑에 빠져드는 모습을 보고 싶다. 아무리 일에 바빠도 사랑할 시간이 줄어들지는 않는다. 우리 생활에 달콤한 향수를 선물해 준 코코 샤넬은 말한다. "일할 시간이 있고 사랑할 시간이 있다. 이것을 빼면 남는 시간은 없다." 그것이 인생이다.

인생을 살다 보면 무엇이든지 때가 있는 법이다. 꽃도 피어야 될 때 피어야 가장 아름답다. 때를 놓치면 색깔은 바래고 의미는 반감된다. 살다 보면 생각해야 할 시간이 있고 행동해야 할 시간이 있는 법이다. 마찬가지로 일해야 할 시간이 있고 사랑해야 할 시간이 있는 법이다. 그중엔 아마도 사랑이 제일일 것이다. "지금 사랑하지 않는 자, 유죄." 최영미 시인의 말이다. 죄를 지으면서 세상을 살아서야 되겠느냐. 일하기 위해 사는 인생이 아니라 사랑하기 위해 사는 인생이 되어야 한다.

사랑, 너무 어렵게 생각할 것도 없다. 마음을 여는 데서부터 사랑은 시작된다. 맛깔스런 음식을 앞에다 두고 생각나는 사람이 없다면 불행한 거다. 새벽 물안개를 마주하고 보고 싶은 얼굴이 떠오르지 않는다면 삶이 잘못된 방향으로 가고 있는 거다. KTX 차창 밖을 내다보면서 전화할 이름이 생각나지 않는다면 네 가슴이 너무 메마른 거다. 네가 연락 없이 늦어 이 아버지가 안절부절못하면서 거실을 서성거리더라도 사랑을 했으면 좋겠구나. 거친 원석을 '사랑으로' 갈고 다듬으면 빛나는 보석으로 다시 태어나듯이 상대방을 소중하게 보듬을 때 사랑은 자란다. 일하고, 그리고 사랑하고 사랑해라.

감사의 말

역시 사람은 누구나 동기를 부여받을 필요가 있다. 자신은 그런 줄도 모르지만 이 글을 쓰게끔 은연중 용기를 갖게 해 준 미래창조과학부 김정희 사무관과 한국생산성본부 여상철 상무에게 먼저 고마움을 전한다. 좋은 의미에서 '말이 씨가 된' 경우이다.

이성한 전 국제금융센타 원장의 조언은 이 글의 방향을 잡는 데 큰 도움이 되었다. 아울러 현실적 코멘트를 해 준 김기주 한화손해사정 대표, 김형진 신한금융지주 부사장, 서영득 법무법인 충무 대표, 임재범 전 하이트진로 상무에게 감사드린다. 김영환 KT 고문, 진영호 두산캐피탈 대표, 강신정 식품의약품안전처 의료제품연구부장, 최병원 스틱인베스트먼트 대표이사의 조언은 출간에 많은 도움이 되었다.

국과위에서 2년간 모셨던 김도연 전 위원장님의 격려는 무엇보다 큰 힘이 되었다. 윤상현 자유총연맹 수석부총재님과 손일수 달구벌희망포럼 회장님도 원기를 보태 주셨다. 세 분께 특히 감사드린다. 책이 언제 나오느냐고 계속 관심을 보여 주며 지난 수개월간 긴장의 끈을 놓지 않게 해 준 기획재정부 후배들과 미래창조과학부로 옮긴 전 국과위 직원들에게도 고마움을 전한다. 국과위에서 일하다 학교로 다시 복귀한 이용석 순천향대 교수는 책 출간에 대비하여 별도 홍보용 블로그까지 준비해 뒀다고 알려와, 내가 중도하차할 수 없게 만들었다.

김상균 삼성전자 법무실장, 이재태 경북대 학생처장, 조현관 전 서울지방국세청장, 이원태 수협은행장, 박구선 과학기술기획평가원 부원장, 임해종 산업은행 감사, 성기중 철도공사 법무실장, 김영동 삼성선물 감사, 박용곤 한국식품연구원 박사의 성원 전화도 잊히지 않는다. 조선호·서승우 서울공대 교수, 김후식 뷰웍스 대표, 이상곤 갑산한의원장 등 '화사모'(김화동을 사랑하는 모임?) 후배들로부터도 귀한 격려를 받았음을 밝혀 둔다. 하윤희·임우근 새누리당 수석전문위원은 가끔 "홧-팅-!"으로 열기가 수그러들지 않게 해 주었다. 오랜 세월 늘 변함없이 5미터 거리에서 힘이 되어 주는 대구 친구 강태근, 제주에 있는 이강원은 나의 구상을 듣고 무조건 찬성해 주었다. 우리 집에서는 큰딸이 고맙게도 여러 군데 흠집을 꼬집어 주었다.

일일이 다 거명하긴 어렵지만 재충전의 시기를 의미 있게 보낼 수 있도록 도와준 주변의 많은 분들께도 감사드린다. 이분들과도 '활자화의 기쁨'을 함께 나누고 싶다. 덧붙여 출판을 맡아 주신 민음인 분들께도 감사드린다. 그러고 보면 나는 운이 좋은 축에 속하는 것 같다.

하지만 한계는 늘 있는 법이다. 책 내용 중 단 몇 곳이라도 독자들에게 여운이 남고 삶에 보탬이 될 수 있다면 더 이상 바랄 것이 없겠다. 행여 내용 가운데 착각이나 오류가 있다면 모두 필자의 몫으로 여기고 발전의 계기로 삼겠다.

2013년 가을 김화동

추천의 말

　김화동 전 상임위원은 말과 행동이 서로 다르지 않은 사람이기에 그의 글은 설득력이 있다. 진실은 꾸밀 필요가 없는 것이다. 지난 2년간 국과위 시절에도 종종 직원들과 글로 소통하며 공감을 불러 온 것을 기억하고 있다. 그 연장선에서 재충전의 시간을 이용하여 젊은이들과 직장인들을 위한 애정을 담은 글을 쓴 것은 그다운 일이다. 이런 투명한 글을 쓸 수 있는 사람은 흔치 않다.
　― 김도연, 전 국가과학기술위원회 위원장

　사회라는 정글 속에서 여성으로서 고군분투하며 깨달은 기본 원칙의 중요성을 누구보다 잘 알고 있기에 아버지가 딸에게 주는 이 책이 매우 소중하게 느껴진다. 아마 딸은 책장을 덮을 때쯤 자신을 향한 아버지의 마음을 조금이나마 알게 될 것이다. 첫발을 내딛는 모든 사회

초년생들의 필독서로 이 책을 추천한다.
— 권은희, 국회의원

저자의 열여덟 가지 교훈(조언)은 경험과 지혜의 결집이다. 32년간의 공직 생활에서 우러나온 내공이 보인다. 사회 초년생에게는 직장 생활의 '방향'을 알려 주고, 이미 직장을 다니고 있는 이들에게는 '일의 의미'를 되짚어 보게 한다. 사회생활을 멋지게 해내고 꿈을 이루고 싶은 모든 이들에게 일독을 권한다.
— 박용주, 한국노인인력개발원장

오랜 세월 경제 부처에 근무한 공직자로서의 경험과 지식을 바탕으로 저술한 '열여덟 가지 조언'을 담은 이 책에는 사랑하는 자식의 앞날을 생각하고 염려하는 아빠의 마음이 담겨 있다. 젊은이들은 물론 이 시대를 살아가는 우리 모든 직장인에게 한번쯤 자신의 주변을 되돌아보게 하는 계기를 마련해 줄 것이다.
— 서유헌, 한국뇌연구원 원장

읽고 이해하기 쉬우면서, 깊고 충실한 글이 좋은 글이다. 이 책이 그렇다. 공무원도 이렇게 글을 쓸 수 있구나, 평생 글을 업으로 삼아 온 사람으로서 경탄하지 않을 수 없다. 32년 공직 생활을 한 아빠가 막 취직한 딸에게 주는 충고 형식이지만 어떤 위치의 사람이라도 새겨들어야 할 내용으로 가득 차 있다. 처세를 넘어 삶 자체에 대해서도 생각하게 한다.

— 이용식, 문화일보 논설실장

    자식을 사랑하지 않는 부모는 없다. 그러나 어떻게 사랑을 해야 하는지 아는 부모는 많지 않다. 저자는 바쁜 공직 생활에도 불구하고 아버지로서의 자식에 대한 사랑을 온몸으로 보여 주고 있다. 오늘날 한국의 가정에서 아버지들의 공간이 점점 사라져 가고 있는 모습에 비추어 볼 때, 이 땅의 아버지들께도 일독을 권한다.

— 정해방, 한국은행 금융통화위원

    이 책에서 청년들은 인생의 성공에 이르게 하는 황금 나침반을, 그리고 이 세상 부모들은 젊은 세대와 소통하는 방법과 지혜를 얻게 될 것임을 확신한다. 우리 사회의 모든 젊은이와 부모들이 읽어야 할 책이다.

— 박기태, 법무법인 바른 변호사

참고 문헌

기타 야스토시, 『동행이인』, 박현석 옮김, 21세기북스, 2009

김귀현, 『리자청』, 김&정, 2007

김병완, 『48분 기적의 독서법』, 미다스북스, 2013

김상렬, 『홀로 있을 때조차 신중하라』, 아인북스, 2011

김성호, 『일본전산 이야기』, 샘앤파커스, 2009

나카타니 아키히로, 『입사 3년 안에 꼭 알아야 할 75가지』, 이선희 옮김, 바움, 2004

나폴레온 힐, 『성공학 노트 1』, 남문희 옮김, 국일미디어, 2002

──, 『놓치고 싶지 않은 나의 꿈 나의 인생 1』, 권혁철 옮김, 국일미디어, 2010

닉 모건, 『파워 오브 스피치』, 안명희 옮김, 세종서적, 2004

다니엘 패트릭 프레스토, 『빌 게이츠는 왜 생각주간을 만들었을까』, 이민주 옮김, 토네이도, 2012

다사카 히로시, 『나에게 고맙다』, 김윤희 옮김, 세계사, 2007

대니얼 맥닐, 『얼굴』, 안정희 옮김, 사이언스북스, 2003

데이비드 오길비, 『나는 광고로 세계를 움직였다』, 강두필 옮김, 다산북스, 2008

래리 킹, 『래리 킹 대화의 법칙』, 강서일 옮김, 청년정신, 2004

레일 라운즈, 『사람을 얻는 기술』, 이민주 옮김, 토네이도, 2008

마이클 겔브, 『위대한 생각의 발견』, 정준희 옮김, 추수밭, 2007

마커스 버킹엄, 『위대한 나의 발견 강점혁명』, 박정숙 옮김, 청림출판, 2005

모리야 히로시, 『중국 3천년의 인간력』, 박화 옮김, 청년정신, 2004

민경조, 『논어 경영학』, 청림출판, 2009

밥 보딘, 『WHO 후』, 조혜연·김명철 옮김, 웅진지식하우스, 2009

브라이언 트레이시,『백만불짜리 습관』, 서사봉 옮김, 용오름, 2005

———,『빅토리』, 김동수·이성엽 옮김, 21세기북스, 2004

빌 게이츠 외,『위대함의 법칙』, 구세희 옮김, 랜덤하우스코리아, 2009

사이토 다카시,『세계사를 움직이는 다섯 가지 힘』, 홍성민 옮김, 뜨인돌, 2009

사카토 켄지,『메모의 기술』, 고은진 옮김, 해바라기, 2003

새뮤얼 스마일스,『너 자신을 경영하라』, 최홍규 옮김, 평단, 2006

샘 혼,『엘리베이터 스피치』, 이상원 옮김, 갈매나무, 2008

송숙희,『당신의 글에 투자하라』, 웅진웰북, 2009

스즈키 오사무,『작아서 더 강한 기업 스즈키』, 김소운 옮김, 리더스북, 2010

스테파니 윈스턴,『성공한 CEO들의 일하는 방식』, 김경섭 옮김, 3mecca, 2005

스티븐 샘플,『창조적 괴짜들의 리더쉽』, 표완수 옮김, 김영사, 2003

스티븐 존슨,『탁월한 아이디어는 어디서 오는가』, 서영조 옮김, 한국경제신문, 2012

스티븐 코비,『성공하는 사람들의 7가지 습관』, 김경섭 옮김, 김영사, 1994

시모노세키 마구로,『메모는 기억보다 강하다』, 김은주 옮김, 이코북, 2009

시무라 가이찌로,『21세기에 남길 유산』, 김상영 옮김, 범우사, 1988

신시아 샤피로,『회사가 당신에게 알려주지 않는 50가지 비밀』, 공혜진 옮김, 서돌, 2007

안종인 외,『자녀습관 길들이기』, 노벨과 개미, 2007

앨런 웨버,『그들에게 있었다』, 김원옥 옮김, 엘도라도, 2010

에이드리안 슬라이워츠키,『수익경영의 달인』, 손원재 옮김, 세종서적, 2003

왕중추,『디테일의 힘』, 허유영 옮김, 올림, 2005

윌리엄 코헨,『리더스 윈도우(피터 드러커)』, 김경준 외 옮김, 쿠폰북, 2010

유영만,『상상하여 창조하라』, 위즈덤하우스, 111쪽

윤석철, 『경제 · 경영 · 인생 강좌 45편』, 위즈덤하우스, 2006
이강재, 『논어(개인윤리와 사회윤리의 조화)』, 살림, 2006
이나모리 카즈오, 『카르마 경영』, 김형철 옮김, 서돌, 2002
──, 『왜 일하는가』, 신정길 옮김, 서돌, 2010
이노우에 아쓰오, 『일본의 제일부자 손정의』, 하연수 옮김, 김영사, 2006
이황, 『퇴계 이황 아들에게 편지를 쓰다』, 이장우 · 전일주 옮김, 연암서가, 2011
잭 캔필드 · 재클린 밀러, 『차 한잔 나누며』, 김형곤 옮김, 물푸레, 1999
제리 와이즈먼, 『프리젠테이션 마스터』, 정진호 옮김, 에이콘, 2011
제임스 기어리, 『인생의 급소를 찌르다』, 강주헌 옮김, 갤리온, 2006
제임스 C. 흄스, 『링컨처럼 서서 처칠처럼 말하라』, 이채진 옮김, 시아출판사, 2012
제프리 페퍼, 『권력의 기술』, 이경 남 옮김, 청림출판, 2011
──, 『지혜 경영』, 이재석 옮김, 국일증권경제연구소, 2008
제프리 J. 폭스, 『CEO의 저녁식탁』, 노지양 옮김, 흐름출판, 2008
──, 『레인메이커』, 최영철 옮김, 더난출판, 2002
조 지라드, 『누구에게나 최고의 하루가 있다』, 김영철 옮김, 다산북스, 2012
조쉬 링크너, 『창의는 전략이다』, 이미정 옮김, 베가북스, 2011
조안 마그레타, 『경영이란 무엇인가』, 권영설 옮김, 김영사, 2005
지그 지글러, 『시도하지 않으면 아무것도 할 수 없다』, 이구용 옮김, 큰나무, 2006
지윤정, 『10년차 선배가 5년차 후배에게』, 타임비즈, 2012
짐 홀트지, 『스토리를 훔쳐라』, 이미숙 옮김, 21세기북스, 2013
창송, 『데일 카네기와의 티타임』, 김수연 옮김, 미다스북스, 2009
최기억, 『인간 경영의 천재, 세종』, 이지북, 2008
최재목, 『퇴계가 소년들에게 전하고 싶은 말들』, 영남퇴계학연구원, 2009

칩 하스·댄 히스, 『스틱』, 안진환·박슬라 옮김, 웅진윙스, 2009

카민 갤로, 『스티브 잡스 프리젠테이션의 비밀』, 김태훈 옮김, 랜덤하우스, 2011

———, 『리더의 자격』, 사윤정 옮김, 북하이브, 2012

캐서린 크롤리·캐시 엘스터, 『당신과 일하기 힘들어 죽겠어』, 김우열 옮김, 랜덤하우스코리아, 2006

캐서린 K. 리어돈, 『성공한 사람들의 정치력 101』, 조영희 옮김, 에코의서재, 2005

키이스 페라지·탈 리즈, 『혼자 밥 먹지 마라』, 이종선 옮김, 랜덤하우스코리아, 2005

탈 벤-샤하르, 『완벽의 추구』, 노혜숙 옮김, 위즈덤하우스, 2010

톰 피터스, 『리틀 빅 씽』, 최은수·황미리 옮김, 더난출판, 2010

폴 스미스, 『스토리로 리드하라』, 김용성 옮김, IGMbooks, 2013

폴 슬론, 『아이디어 사용설명서』, 이진선 옮김, 에이도스, 2011

프랑크 아르놀트, 『경영』, 최다경 옮김, 더숲, 2011

프랭크 베트거, 『실패에서 성공으로』, 최염순 옮김, 씨앗을 뿌리는 사람, 2005

피터 드러커, 『피터 드러커의 위대한 혁신』, 전미옥·권영설 옮김, 한국경제신문, 2008

피터 드러커, 『피터 드러커의 자기경영 노트』, 이재규 옮김, 한국경제신문, 2003

필립 체스터필드, 『아들아, 더 큰 세상을 꿈꾸어라』, 김수혁 옮김, 책이있는풍경, 2008

하워드 가드너, 『통찰과 포용』, 송기동 옮김, 북스넛, 2006

하이럼 스미스, 『성공하는 시간관리와 인생관리를 위한 10가지 자연법칙』, 김경섭·이경재 옮김, 김영사, 2002

허버트 뉴트 카슨, 『짧고 깊은 조언』, 황현덕 옮김, 수린재, 2012

헬게 헤세, 『천마디를 이긴 한마디 2』, 박종대 옮김, 북스코프, 2008

KBS 생로병사의 비밀 제작팀, 『생로병사의 비밀2』, 가치창조, 2005

R. 이안 시모어, 『멘토』, 강헌구 옮김, 씨앗을 뿌리는 사람, 2003

주석

| 1부 | 미래를 위한 초석을 다져라

생각과 계획에 집중하라
20쪽 실제로 그는 매일 동트기 전에 일어나……: 마이클 겔브, 『위대한 생각의 발견』, 214쪽 인용.

타인의 기대를 넘어서라
36쪽 내가 도매상 판매원으로 일할 때……: 김귀현, 『리자청』 46쪽 인용.
39쪽 네가 양계를 한다고 들었는데……: 김상렬 엮음, 『홀로 있을 때조차 신중하라』 106쪽 인용.
48~49쪽 존 스티븐 아크와리 이야기는 폴 스미스의 『스토리로 리드하라』 223쪽과 인터넷 검색 자료를 참조하여 정리.

상사도 칭찬에 목말라 한단다
65쪽 상사와 일하는 데 개인적으로 어려움을……: 프랑크 아르놀트, 『경영』 276쪽 참조.
65쪽~66쪽 윗사람에게 자신의 의견을 말하는……: 모리야 히로시, 『중국 3천 년의 인간력』 39쪽 인용.

인사는 때로 불공평하다
71쪽 존 F. 케네디 전 대통령은 군 징집 대상자들의……: 헬게 헤세, 『천마디를 이긴 한마디 2』 116쪽 참조.
76쪽 불연성 인간은 회사에 없어도……: 이나모리 카즈오, 『카르마 경영』 114쪽 인용.
77~78쪽 대학 미식축구계의 명감독 루 홀츠는……: 잭 캔필드·재클린 밀러, 『잭 캔필드와 차 한잔 나누며』 80쪽 참조.

| 2부 | 차돌 같이 단단한 기본기를 갖춰라

언제나 15분의 여유를!
93~94쪽   도스토옙스키 사형 관련 일화는 《경향신문》 2010. 12. 21. 칼럼 「어제와 오늘」 및 인터넷 검색 자료를 활용하여 정리.

메모해야 살아남는다
101쪽   학자들, 아마추어 과학자들, 문인이……: 스티븐 존슨, 『탁월한 아이디어는 어디서 오는가』 98쪽 참조.

스피치 능력은 향상시킬 수 있다
109~110쪽   사실 남들 앞에서 말하는 일은……: 키이스 페라지·탈 리즈 『혼자 밥 먹지 마라』 147쪽 참조.
114쪽   사우스웨스트 항공사의 최장 CEO인……: 칩 하스·댄 하스, 『스틱』 52쪽 인용.
114쪽   일본 스즈키 자동차 회장 스즈키……: 스즈키 오사무, 『작아서 더 강한 기업 스즈키』 38쪽 인용.
114쪽   어느 날 한 출판업자가 그에게 다음과……: 제리 와이즈먼, 『프리젠테이션 마스터』 41쪽 인용.
120~121쪽   영국의 소설가 E.M. 포스터는……: 폴 슬론, 『아이디어 사용설명서』 207쪽 인용.
121쪽   말 잘하는 사람들의 여덟 가지 공통점: 래리 킹, 『래리킹 대화의 법칙』 105쪽 인용.
122쪽   어떤 기업의 CEO가 사내……: 빌 게이츠 외, 『위대함의 법칙』 217쪽 참조.

보고는 타이밍이다
126~127쪽   예를 들면 보고서의 초안 작성에도……: 피터 드러커, 『피터 드러커의 자기경영 노트』 29쪽 인용.
131~132쪽   완벽주의에서 벗어나지 못하면……: 나카타니 아키히로, 『입사 3년 안에 꼭

알아야 할 75가지』 230쪽 인용.
132~133쪽 위대한 연극 감독인 데이비드……: 스테파니 윈스턴, 『성공한 CEO들의 일하는 방법』 66쪽 참조.
133쪽 한 장으로 압축하는 습관을……: 톰 피터스, 『리틀 빅 씽』 421쪽 인용.
138쪽 능력을 두 배로 인정받는 보고의 기술: 《조선일보》 2005. 6. 2. 기사 인용.

| 3부 | 기꺼이 쐐기돌 역할을 맡아라

혼자 밥 먹지 마라
157쪽 가령 난 식당에서 밥을 먹고 나올 때……: 《중앙일보》 2012. 3. 3. 인터뷰 기사에서 인용.

말할 필요가 없을 때는 침묵하라
163쪽 가장 손쉬운 길은 '혀를 내밀기보다는……: 프랭크 베트거, 『실패에서 성공으로』 123쪽 참조.
168~169쪽 '위대한 영혼' 간디는 일주일에……: 지윤정, 『10년차 선배가 5년차 후배에게』 210쪽 인용.

친절과 겸손은 사람을 머물게 한다
172~174쪽 미국 필라델피아에서 일어난……: 변호사 윤경 수필 「작은 친절이 가져온 행운」(http://yklawyer.tistory.com/896) 인용.
177쪽 어느 날 노드스트롬 백화점 경영진은……: 샘 혼, 『엘리베이터 스피치』 30쪽 참조.
177~178쪽 노드스트롬 백화점 친절 사례는 칩 히스·댄 히스, 『스틱』 110쪽 참조.
180쪽 겸손의 반대말은 교만……: 모리야 히로시, 『중국 3천년 인간력』 133쪽 참조.
181쪽 '만초손 겸수익' 관련 내용은 《경기신문》 2011. 10. 31. 칼럼 「근당의 고전」에서 인용.
181쪽 퇴계 가훈은 최재목, 『퇴계가 소년들에게 전하고 싶은 말들』 67쪽에서 참조.

183쪽　일본 스즈키 자동차도 '겸손'을 무기로……: 스즈키 오사무, 『작아서 더 강한 기업 스즈키』 17쪽 참조.
184~185쪽　'맹사성' 관련 일화는 《고성미래신문》 2012. 10. 19. 칼럼 「맹사성의 겸양」 등을 참조.

승진의 비결은 있다

188쪽　장기간에 걸쳐서 영국 공무원……: 마커스 버킹엄 외, 『위대한 나의 발견 강점 혁명』 330쪽 인용.
190쪽　우선 매일 아침 15분씩 일찍 출근……: 지그 지글러, 『오늘 변하지 않으면 더 이상 물러설 곳이 없다』 108쪽 인용.
191쪽　내가 맡은 업무는 사무실 앞에 앉아서……: 《신동아》 2008년 8월호, 「실패한 뒤 더욱 빛나는 칼리 피오리나」에서 인용.
196쪽　민병대 장교로 복무하며 프랑스를……: 폴 존슨, 『영웅들의 세계사』 185쪽 인용.
196쪽　처칠은 영국 정계의 실력자인……: 박해용, 『역사 현장에서 찾아본 CEO의 언어』 65쪽 인용.
197쪽　한 건에 맛을 들이면 압수의……: 《스포츠경향》 2012. 11. 6. 기사 인용.

팀워크가 최우선이다

208~209쪽　기러기는 본능적으로 협동할 줄 아는……: 《충청투데이》 2010. 11. 12. 「기러기 편대의 멋스런 비행」 기사와 지그 지글러, 『정상에서 만납시다』 269쪽을 참조하여 작성.
211쪽　제2차 세계대전 전후 미국의 외교 문제……: 《경남매일》 2013. 7. 28. 기사 「썩은 사과」에서 인용.

| 4부 | 무뎌지면 숫돌로 날을 세워라

웃음으로 하루를 열고 미소로 하루를 닫아라

225쪽 웃음에 대한 한국인의 해부학적……: KBS 생로병사의 비밀 제작팀, 『생로병사의 비밀 2』 41쪽 인용.

228쪽 미국 볼 메모리얼 병원 건강 안내서……: 같은 책 27쪽 인용.

228~229쪽 영국의 심리학자 로버트 홀덴이……: 안종인 외, 『자녀습관 길들이기』 243쪽 및 인터넷 검색 자료를 참조하여 작성.

독서는 자신에 대한 R&D 투자다

230쪽 독서에 어찌 장소를 택해서……: 이황, 『퇴계 이황 아들에게 편지를 쓰다』 24쪽 인용.

231쪽 2011년 우리나라 성인의 1인당……: 《경남도민신문》 2012. 12. 6. 김경식 기고문 인용.

233~234쪽 '개권유익'에 대한 내용은 임종욱 『고사성어 대사전』 54쪽 및 인터넷 검색 자료를 참조하여 작성.

235쪽 그는 진중에서도 손에서 책을……: 김병완 『48분 기적의 독서법』 247쪽 인용.

변화를 바란다면 네모 사과를 떠올려라

249쪽 1950년대 초, 미국에서 TV가……: 피터 드러커, 『피터 드러커의 위대한 혁신』 41쪽 참조.

자신의 생각을 글로 써 보라

263쪽 로마의 위대한 장군 카이사르는……: 폴 존슨, 『영웅들의 세계사』 72쪽 인용.

264쪽 작가로서 최선을 다해……: 제리 와이즈먼, 『프리젠테이션 마스터』 71쪽 인용.

딸에게 힘이 되는 아빠의 직장 생활 안내서

1판 1쇄 펴냄 2013년 11월 6일
1판 13쇄 펴냄 2024년 6월 18일

지은이 | 김화동
발행인 | 박근섭
책임 편집 | 강성봉
펴낸곳 | ㈜민음인

출판등록 | 2009. 10. 8 (제2009-000273호)
주소 | 135-887 서울 강남구 신사동 506 강남출판문화센터 5층
전화 | 영업부 515-2000 편집부 3446-8774 팩시밀리 515-2007
홈페이지 | minumin.minumsa.com

도서 파본 등의 이유로 반송이 필요할 경우에는 구매처에서 교환하시고
출판사 교환이 필요할 경우에는 아래 주소로 반송 사유를 적어 도서와 함께 보내주세요.
135-887 서울 강남구 신사동 506 강남출판문화센터 6층 민음인 마케팅부

ⓒ 김화동, 2013. Printed in Seoul, Korea
ISBN 978-89-6017-349-1 03320
㈜민음인은 민음사 출판 그룹의 자회사입니다.